AMOR NA VITRINE

REGINA NAVARRO LINS

AMOR NA VITRINE

UM OLHAR SOBRE AS RELAÇÕES AMOROSAS CONTEMPORÂNEAS

4ª edição

Rio de Janeiro | 2024

CIP-BRASIL. CATALOGAÇÃO NA PUBLICAÇÃO
SINDICATO NACIONAL DOS EDITORES DE LIVROS, RJ

L733a
4ª ed.

Lins, Regina Navarro, 1948-
　　Amor na vitrine : um olhar sobre as relações amorosas contemporâneas / Regina Navarro Lins – 4ª ed. – Rio de Janeiro: BestSeller, 2024.

　　ISBN 978-65-5712-014-9

　　1. Sucesso – Aspectos psicológicos. 2. Autoconhecimento. 3. Conportamentos sexual. 4. Técnicas de autoajuda. I. Título.

20-65087

CDD: 155.64
CDU: 159.942

Camila Donis Hartmann – Bibliotecária – CRB-7/6472

Texto revisado segundo o Acordo Ortográfico da Língua Portuguesa de 1990.

Copyright © 2020 by Regina Navarro Lins
Copyright da edição © 2020 by Editora Best Seller Ltda.

Todos os direitos reservados. Proibida a reprodução,
no todo ou em parte, sem autorização prévia por escrito da editora,
sejam quais forem os meios empregados.

Direitos exclusivos de publicação em língua portuguesa para o mundo
adquiridos pela
Editora Best Seller Ltda.
Rua Argentina, 171, parte, São Cristóvão
Rio de Janeiro, RJ – 20921-380
que se reserva a propriedade literária desta publicação

Impresso no Brasil

ISBN 978-65-5712-014-9

Seja um leitor preferencial Record.
Cadastre-se no site www.record.com.br e receba informações sobre
nossos lançamentos e nossas promoções.

Atendimento e venda direta ao leitor
sac@record.com.br

Para Taísa e Deni, meus filhos, e Diana,
minha neta, Flávio Braga, amigo, amante, parceiro,
meus amigos e aqueles que desejam uma melhor vida amorosa

Sumário

PARTE I — O INÍCIO 11

PARTE II — HOMENS & MULHERES 27
   Os homens 31
   As mulheres 45

PARTE III — SEDUÇÃO E CONQUISTA 83

PARTE IV — A PAIXÃO 99

PARTE V — O AMOR 111

PARTE VI — O AMOR ROMÂNTICO 125

PARTE VII — VIDA A DOIS 147
   A busca do par amoroso 151
   Início de uma relação amorosa 155
   Relação de casal 157
   Intimidade 161

Casamento 166
Dependência emocional na vida a dois 189
Medo do abandono 192
Controle, possessividade e ciúme 194
Briga de casal 200
Fidelidade 206
Respeito à individualidade do outro 229
O sexo no casamento 233
Violência no casal 242
O fim de um relacionamento 250

PARTE VIII — É POSSÍVEL
VIVER BEM SEM UM PAR AMOROSO? 271

PARTE IX — QUESTÕES DE GÊNERO 281
Masculino e feminino 285
Identidade de gênero 294

PARTE X — ORIENTAÇÃO SEXUAL 301
Heterossexualidade 305
Homossexualidade 307
Bissexualidade 325
Assexualidade 332

PARTE XI — O MUNDO EM TRANSFORMAÇÃO... 335

Notas 357

Referências 369

INTRODUÇÃO

Este é o meu 13º livro. Tenho consultório há 46 anos. Após vinte anos ouvindo meus pacientes, concluí que eles sofriam demais com questões ligadas ao amor e ao sexo, quando grande parte desse sofrimento me parecia desnecessário. Decidi então me aprofundar no estudo do amor e descobri a História das Mentalidades. Ao contrário da história que aprendemos na escola, baseada em datas e fatos, essa nova narrativa se refere a sentimentos e comportamentos coletivos de determinado período ou lugar — como as pessoas pensavam, viviam, se relacionavam, o que desejavam ou temiam.

Ao analisar a vida íntima de nossos antepassados, fica clara a mudança das mentalidades. Há grandes diferenças entre a forma como o amor e o sexo foram vividos, por exemplo, na Grécia, Idade Média, Iluminismo, Século XIX e a partir do advento da pílula anticoncepcional, no século XX. A partir daí, tive a certeza de que podemos modificar nossas expectativas e viver nossas relações amorosas de forma bem mais satisfatória. Meu primeiro livro, *A cama na varanda* (1997), tornou-se best-seller logo após o lançamento. Há 23 anos recebo inúmeras mensagens de homens e mulheres dizendo que mudaram a vida após a leitura. Isso me incentiva a continuar.

Em 2007, decidi examinar a fundo o tema e passei cinco anos pesquisando sobre o amor. Li, anotei, cruzei informações de aproximadamente 150 livros. Em 2012, *O livro do amor* foi lançado em dois volumes — da pré-história aos nossos dias — passando por todos os períodos do Ocidente.

No final de 2017, um novo livro: *Novas formas de amar*. O que me motivou a escrevê-lo tem uma razão. Após quatro décadas de atendimento individual e de casais, de seis anos para cá começaram a chegar casais no meu consultório, e também mensagens pelas redes sociais, abordando um novo conflito que eu nunca tinha visto — uma das partes propõe a abertura da relação, ou seja, a passagem da relação monogâmica para não monogâmica.

O livro que você tem em mãos é uma reunião de pensamentos selecionados em todos estes meus anos de prática e pesquisa, reflexões e trechos desta minha trajetória pelos caminhos das relações amorosas. Cada vez tenho menos dúvida de que é fundamental refletirmos sobre as crenças e os valores aprendidos, para nos livrar do moralismo e dos preconceitos — se desejarmos viver melhor, claro. Mas para isso é preciso ter coragem!

PARTE I

O INÍCIO...

O início de tudo está perdido num passado sem registros, na névoa da memória humana. Mas os pesquisadores desenvolveram técnicas para entender a pré-história, a partir do momento em que se produziram sinais: esculturas e desenhos na pedra, há milhares de anos. Quando os humanos caçavam para viver e se reproduziam. Mas havia amor? Sem dúvida reinava o desejo, mas havia alguém que se achava dono do outro?

Os resquícios desse longínquo passado indicam que a atividade mais fundamental dos humanos era a reprodução. Em torno dela se estabeleceu o confronto entre homens e mulheres. Isso ocorreu há aproximadamente cinco mil anos. Vamos acompanhar a seguir como a mulher foi submetida ao homem pela força e como surgiu o patriarcado, um sistema social que dividiu a humanidade em duas partes — homens e mulheres — e estabeleceu que a mulher é inferior ao homem.

Luta pela sobrevivência

A vida nas cavernas no paleolítico (anterior a 10 mil a.C.) era uma constante luta pela sobrevivência, e a natureza era tanto a provedora quanto o verdugo da humanidade. Há cerca de 4, 5 milhões de anos, nossos ancestrais andaram eretos pela primeira vez. Essa evolução certamente interferiu no relacionamento amoroso.

Num passado distante

O jornalista Dominique Simonett conversou com vários historiadores, de cada período, e nos diz: "Um dia, ou talvez uma noite, muitas dezenas de milênios antes da nossa era, um gesto foi feito, uma palavra foi dita, um sentimento nasceu... Talvez seja preciso ir procurar bem longe em nosso passado o despertar daquilo que mais tarde terá o nome de 'amor'"...[1]

Vênus de Willendorf

Arqueólogos encontraram quase duzentas estatuetas que testemunham o culto à fecundação. Nenhuma representa o ato sexual ou tem qualquer sinal de erotismo. A maioria foi descoberta na Europa Central e data de uma época entre 30 mil e 25 mil a.C. Eram feitas de marfim de mamute, pedra macia ou argila misturada com cinzas e depois cozida. O rosto nunca era retratado. Ao que parece, o símbolo sexual do período paleolítico foi a mais famosa dessas estatuetas: a Vênus de Willendorf, desenterrada nesse local, próximo a Viena, na Áustria. Mede mais ou menos 12cm de altura e representa uma mulher de nádegas e seios imensos, quadris largos, barriga muito proeminente e uma grande fenda vaginal.

Ninguém sabia que o homem participava da procriação

Até cinco mil anos atrás, não se imaginava que os homens tivessem alguma participação no nascimento de uma criança; isso tinha sido ignorado por milênios. A fertilidade era característica exclusivamente feminina. Supunham que a vida pré-natal das crianças começava nas águas, nas pedras, nas árvores ou nas grutas, no coração da terra-mãe, antes de serem introduzidas por um sopro no ventre de sua mãe humana.

Linhagem materna

Embora tudo indique que a mulher tivesse mais poder do que o homem, não havia submissão. Na pré-história, a ideia de casal era desconhecida. Cada mulher pertencia igualmente a todos os homens e cada homem a todas as mulheres. O matrimônio era por grupos. Cada criança tinha vários pais e várias mães e só havia a linhagem materna.

Deusas destronadas

Até o surgimento do sistema patriarcal, não havia nenhum deus masculino. As deusas foram então destronadas. Ishtar, deusa babilônica, por exemplo, tornou-se um deus masculino com o nome Ashtar. Entre os árabes, as três deusas, Al-Lat, Al-Uzza e Al-Manat, tinham um grande poder. Para que Alá e o Islã triunfassem, era necessário que elas deixassem de existir. Maomé (século VII) não teve outra saída. As deusas foram eliminadas verbalmente e seus santuários destruídos.

O corpo da mulher

A historiadora americana Riane Eisler diz que nossos ancestrais imaginavam o corpo da mulher como um receptáculo mágico. Devem ter observado como sangra de acordo com a lua e como miraculosamente produz gente. Também devem ter se maravilhado com o fato de ele prover alimento, produzindo leite. Acrescente a isso o poder aparentemente mágico de fazer com que o órgão sexual masculino se erga e a capacidade extraordinária do corpo da mulher para o prazer sexual — tanto para experimentá-lo quanto para oferecê-lo — e não é de admirar que o poder sexual da mulher tenha infundido tanto respeito em nossos ancestrais.[2]

Culto ao falo

Num determinado momento da história, o princípio fálico, ideologia da supremacia do homem, condicionou o modo de viver da humanidade. Na qualidade de *phallos,* era reverenciado da mesma forma que o órgão feminino o fora durante milênios. O fenômeno do culto fálico se espalhou por todo o mundo antigo. Não se sabe ao certo onde e quando começou. É muito provável que essa ideia tenha surgido espontaneamente, em diferentes partes.

Déspota opressor

A descoberta de que o homem participava da procriação, fato até então ignorado, aliado ao advento da propriedade privada, fez com que ele fosse desenvolvendo um comportamento arrogante. Daquele parceiro igualitário de tanto tempo, a mulher assistiu ao surgimento do déspota opressor. A superioridade física se estende ao plano ideológico. Surge o patriarcado, sistema com estrutura social rígida, no qual o homem tem o poder e todos os direitos. A mente humana vai sendo remodelada, e a cultura dominada pelo homem, autoritária e violenta, acaba sendo vista como padrão e adequada. A dominação das mulheres foi apenas o início. A partir daí a mentalidade patriarcal se estendeu a outras áreas: homens mais fracos, povos mais fracos, Natureza, etc.[3]

Violência sexual contra a mulher

A sociedade de parceria entre homens e mulheres tornou-se coisa do passado, e a mulher passou a ser uma mercadoria valiosa. Rapto seguido de estupro foi o método mais usado para adquiri-la, ocorrendo na própria tribo ou na tribo vizinha. Isso era visto com tanta naturalidade, que muitos atribuem ser a origem do costume de o noivo carregar a noiva no colo e pronunciar o célebre "enfim sós", quando se veem longe de todos, após a festa de casamento. Em toda a história encontramos casos de violência sexual: da Bíblia às guerras do século XXI, passando pela mitologia greco-romana.

O patriarcado

Quando o sistema patriarcal se estabeleceu entre nós, há aproximadamente cinco mil anos, a humanidade foi dividida em duas partes — homens e mulheres — e uma foi colocada contra a outra. O patriarcado determinou com clareza o que é masculino e feminino, subordinando ambos os sexos a esses conceitos. E ao fazer isso, dividiu cada indivíduo contra si próprio, porque para corresponder ao ideal masculino ou feminino da nossa cultura, cada um tem que rejeitar uma parte de si, de alguma forma, se mutilando.

Grande descoberta

Quando abandonaram a caça e passaram a domesticar os animais, os homens perceberam dois fatos surpreendentes: as ovelhas segregadas não geravam cordeiros nem produziam leite, porém, num intervalo de tempo constante, após o carneiro cobrir a ovelha, nasciam filhotes. A contribuição do macho para a procriação foi enfim descoberta.

A divisão

Como resultado da divisão da humanidade, assistimos à divisão dos seres humanos. Para se adequar ao modelo patriarcal de homem e mulher, cada pessoa deve negar parte do seu eu, na tentativa de ser masculina ou feminina. Homens e mulheres são simultaneamente ativos e passivos, agressivos e submissos, fortes e fracos, mas perseguir o mito da masculinidade significa sacrificar uma parte de si mesmo, abrir mão de sua autonomia.

Relação homem/mulher através dos tempos

Agora isso é possível saber porque temos informação de milhares de anos do nosso passado, de outra história muito mais longa e anterior àquela que se inicia em 3000 a.C., após a invenção da escrita. O período neolítico — 10.000 a.C. até 3000 a.C.— foi bastante pacífico. Não há vestígios de guerra, fortificações militares ou armas. A mulher era respeitada e dividia todas as tarefas com o homem. Os valores viris dele não eram enaltecidos e, por isso, não havia motivo para se sentir superior ou exercer qualquer tipo de opressão sobre sua parceira. Até que houve uma reviravolta na história da humanidade.

O pai: único criador

O poder da procriação foi uma das causas da guerra entre os sexos. Há cinco mil anos, desde que os homens descobriram que seu sêmen é fundamental para o nascimento de um filho, coisa que durante milênios ignoraram, participar da procriação junto com a mulher parece não ter sido suficiente. Nos mitos da criação do mundo, específicos das sociedades patriarcais, a figura masculina do pai adquiriu importância exacerbada. Para a civilização judaico-cristã, Adão é criado por um Deus masculino. Eva, por sua vez, é moldada a partir da costela de Adão, que simboliza o ventre materno. Adão é pai e mãe de Eva. Na mitologia grega, encontramos também o pai como único criador. Atena e Dionísio nasceram de Zeus. Atena da cabeça e Dionísio da sua coxa.

Guerra entre os sexos

O poder de procriação parece ter sido uma das causas da guerra entre os sexos. Impossibilitados de excluir totalmente a participação da mulher, os homens tentaram reduzir de forma drástica a sua importância. O ventre materno foi desvalorizado ao máximo. Contudo, mesmo considerado um simples receptáculo, uma caverna ou um barco que serviria apenas de passagem para o feto, não foi possível apaziguar de todo a ansiedade do homem em relação à sua capacidade criadora. A paternidade mobiliza a inveja do homem diante da condição da mulher de gestar, parir e amamentar, do seu poder de criatividade e seu mistério.

Crença equivocada

Na tentativa de compensar a inferioridade paterna, pela capacidade de gestação e amamentação da mulher, algumas sociedades desenvolveram rituais de nascimento. Esses ritos de "couvade" podem ser encontrados nos diversos continentes e são praticados pelos homens para reforçar o sentimento de poder paterno. Eles funcionam para diminuir a diferença entre pai e mãe e levar os homens a compartilhar com a mulher o poder de procriação. Em alguns lugares, acredita-se que o vínculo entre pai e filho é mais importante do que entre mãe e filho ou, ainda, que através dos ritos, o pai nutre espiritualmente o filho.

Processo gradual

O estabelecimento do patriarcado na civilização ocidental foi um processo gradual que levou quase 2.500 anos, desde cerca de 3100 até 600 a.C. Mas a pílula anticoncepcional, na década de 1960, foi o golpe fatal nesse sistema, que se sustentou por cinco mil anos apoiado no controle da fecundidade da mulher. Desde então assistimos ao seu fim, que pode demorar várias décadas ainda para ser concluído.

Dores pelo corpo? De quê?

Entre os corsos, no momento do nascimento dos filhos, ninguém se preocupa com a mulher. O homem, no entanto, fica deitado vários dias, como se sentisse dor pelo corpo todo. No país basco, logo após o parto, as mulheres ocupavam-se dos trabalhos domésticos, enquanto os homens deitavam-se com os recém-nascidos e recebiam os cumprimentos dos vizinhos. Da mesma forma, vários estudos atuais feitos nos Estados Unidos, na França e na Inglaterra, revelam perturbações psicossomáticas dos pais durante a gravidez de suas mulheres: insônia, problemas digestivos, náuseas, dores abdominais, aumento de peso etc.

Dominação da mulher

O homem se definiu como um ser privilegiado, superior às mulheres. Toda a superioridade atribuída a ele serviu para justificar durante milênios a dominação da mulher. Há pouco mais de cinquenta anos as mulheres passaram a questionar e exigir o fim da distinção dos papéis masculinos e femininos, ocupando os espaços sempre reservados aos homens.

Herança só para o meu filho!

A descoberta de que o homem participava da procriação coincidiu com o surgimento da propriedade privada. O homem passou a dizer "a minha terra", "o meu rebanho". A mulher então foi aprisionada. Ele não queria correr o risco de deixar a sua herança para o filho de outro. A exigência de exclusividade sexual começou aí, mas somente para as mulheres. Até pouco tempo atrás, o homem tinha a esposa respeitável dentro de casa e o prazer ele ia buscar na rua. As mulheres aceitavam isso numa boa, alegando que "homem é assim mesmo".

Subordinação

O patriarcado é um sistema autoritário tão bem-sucedido que se sustenta porque as pessoas subordinadas ajudam a estimular a subordinação. Ideias novas são geralmente desqualificadas e tentativas de mudar os costumes são rejeitadas explicitamente, inclusive por várias mulheres, que, mesmo oprimidas, clamam pela manutenção de valores conservadores.

Opressão sobre a mulher

Durante esse período, a cultura dominada pelo homem, autoritária e, em geral, violenta, acabou por ser vista não apenas como o padrão, mas também como adequada. Apoiando-se em dois pilares básicos — controle da fecundidade da mulher e divisão de tarefas de acordo com o gênero — a sujeição física e mental da mulher foi o único meio de restringir sua sexualidade e mantê-la limitada a tarefas específicas.

Dominação ou parceria?

Superior/inferior, dominador/dominado. A ideologia patriarcal dividiu a humanidade em duas metades, acarretando desastrosas consequências. É evidente que a maneira como as relações entre homens e mulheres se estruturam — dominação ou parceria — tem implicações decisivas para nossas vidas pessoais, nossos papéis cotidianos e nossas opções de vida.

Sexo a três

No paleolítico (até 10.000 a.C.) foram descobertas algumas tumbas duplas: um homem enterrado com duas mulheres. Elas foram mortas ao mesmo tempo, para acompanhá-lo na morte. Essa prática será encontrada mais tarde na Antiguidade. Em Dolni Vestonicé, na Morávia, em um sítio de caçadores de mamutes, datado de 25 mil anos, descobriu-se uma mulher jovem cercada por dois homens jovens, um deles com a mão sobre a bacia (ou sobre o sexo) da mulher, recoberta de ocre nesse local específico. Seriam eles os precursores do sexo a três que agora ganha força? Posteriormente, no período neolítico (a partir de 10.000 a.C.), com a sociedade mais organizada, boa parte da liberdade da pré-história desapareceu.

Adoração pelo pênis

Foi quase natural que o pênis se tornasse objeto de adoração e fé religiosa. O fenômeno do culto fálico se espalhou por todo o mundo antigo e é representado em vários monumentos em diferentes lugares. Em alguns templos dedicados a divindades fálicas, o deus esculpido em madeira era visitado com tanta frequência por mulheres estéreis e esperançosas, que o pênis se desgastava pelo manuseio, pelos beijos, fricções e sucções a que era submetido. Para solucionar o problema, os sacerdotes fabricavam um falo muito comprido que emergia de um orifício entre as coxas do deus. Quando a ponta se desgastava, eles, por trás da estátua, davam marteladas, empurrando um pouco o pênis para a frente.

Perda do apoio

O patriarcado se sustentou por muito tempo no controle da fecundidade da mulher, mas, com o surgimento da pílula, a mulher passou a ter a possibilidade de escolher ter filhos com quem e quando quiser. A consequência foi a gradual destruição de valores tidos como inquestionáveis no que diz respeito ao amor, ao casamento e à sexualidade, trazendo a perspectiva do fim da guerra entre os sexos e o surgimento de uma sociedade onde possa haver parceria entre homens e mulheres.

PARTE II

HOMENS & MULHERES

A história da chamada civilização humana nos últimos cinco milênios exibe a violência como sua principal característica. O progresso econômico se deu primeiro pela escravidão das comunidades conquistadas pela força até a evolução com o processo capitalista. Mas, além das guerras entre povos, havia a dominação da mulher pelo homem.

O patriarcado sempre se guiou pela masculinidade tóxica e a ausência de diálogo com a mulher. Ela cuidava da casa e dos filhos e quando se afastava desses objetivos era a Eva, a feiticeira, a "perdida". Os homens desde meninos eram direcionados a afastar-se da mãe e cultuar o "macho" que ele deveria assumir. Isso tem um custo que até hoje os homens pagam.

A luta da mulher contra essa histórica opressão atravessa os séculos, mas já apresenta resultados concretos, principalmente após o surgimento da pílula. O que é ser homem? O que é ser mulher? Existem novas respostas.

OS HOMENS

Grande ameaça

A maioria dos homens ainda persegue o ideal masculino — força, sucesso, poder —, mas eles têm as mesmas necessidades psicológicas das mulheres: amar e ser amado, comunicar emoções e sentimentos. A questão é que desde crianças são ensinados a desprezar as emoções e a controlar os sentimentos. Demonstrar ternura, se entregar relaxado à troca de prazer sexual com a parceira, é difícil; perder o controle ou falhar é uma ameaça constante.

Sexualidade do homem machista

A sexualidade típica do machão é impessoal, estereotipada e limitada. Cumprir o papel de macho é o principal objetivo. Trocar afeto e prazer com a parceira é secundário. Importante mesmo é o pênis ficar ereto, bem rígido e ejacular bastante. A mulher, para tal homem, só é interessante como meio de lhe proporcionar esse prazer que, na realidade, não tem nada a ver com prazer sexual.

Nunca falhar

A mentalidade patriarcal cobra do homem nunca falhar no sexo. Isso gera ansiedade, o que leva a maioria a se preocupar demais com a ereção. Felizmente a fronteira entre masculino e feminino está se dissolvendo. Isso é uma pré-condição para uma sociedade de parceria entre homens e mulheres, inclusive no sexo. Agora, os homens que já se libertaram do mito da masculinidade — de corresponder ao ideal masculino — estão aptos a ter relações sexuais mais livres e satisfatórias, sem preocupações com a ereção para se afirmar como machos. Obter e proporcionar prazer à parceira passa a ser o objetivo principal.

O homem prudente

Na Roma Antiga, foi criada a ideia do "homem prudente". Se alguma mulher começa a afetar o homem, inspirando-lhe amor, o homem prudente afasta seus pensamentos para longe do amor, sabendo que o amor é uma doença. Se o homem sente falta de afeto, trate de satisfazer-se com as relações mais fáceis sem deixar-se perturbar pelas emoções.

O que dizia o homem prudente

O poeta e filósofo Lucrécio, nascido em 94 a.C, em Roma, dizia que o homem prudente deliberadamente estuda os defeitos da mulher, de modo a contemplá-la em retrato de corpo inteiro. Em vez de lhe admirar loucamente, ele percebe que ela é suja, que possui seios balançantes e que utiliza a linguagem sem escrúpulos. O homem prudente lembra a si mesmo que até a mais bela mulher faz as mesmas coisas que a mulher considerada feia: sua, elimina dejetos e abafa os cheiros corporais com perfume. "O homem racional não se deixa ludibriar."[4]

Segurança no sexo

Até algum tempo atrás, várias razões protegiam o homem e contribuíam para aumentar sua segurança no sexo: a mulher não podia manifestar prazer sexual, a divisão das mulheres em puras e impuras e a crença de que o desejo e a necessidade de sexo eram maiores no homem.

O machão em declínio

Durante muito tempo, o homem se mostrou confiante na sua virilidade, seguro do seu papel de macho. Hoje, os homens estão cada vez mais conscientes da manifestação da virilidade como um problema. O homem machão está perdendo o prestígio. Ainda bem. Isso é bom para a mulher e principalmente para ele próprio.

Pressões a serem enfrentadas

Há uma crise na masculinidade moderna, com homens que estão lutando para enfrentar as pressões de suas vidas pessoal e profissional, de acordo com um relatório de pesquisa publicado pela ONG britânica CALM (Campaign Against Living Miserably). O relato de pesquisa da CALM intitulado "A Crisis in Modern Masculinity: Understanding the Causes of Male Suicide" [Uma crise na masculinidade moderna: Compreendendo as causas do suicídio entre homens], analisou as pressões e expectativas com as quais homens e mulheres convivem cotidianamente e concluiu que os homens estão falhando em lidar com esses fatores, além de manterem seus problemas escondidos dos outros.[5]

Trava emocional

Muitas mulheres, por conta de tanta repressão, ainda têm dificuldades de encontrar prazer no sexo, mas não há dúvida de que os modelos tradicionais de masculinidade inibiram a capacidade de prazer sexual do homem também. Entregar-se relaxado à troca de prazer com a parceira não é simples. Perder o controle ou falhar é sempre uma ameaça, tornando o sexo uma experiência ansiosa. O processo de socialização que transforma os meninos em homens "machos" impede a intimidade deles com as mulheres. O sexo é limitado quando se é travado emocionalmente.

Homens abandonados

Menos de um ano depois de ser abandonado pela namorada, em 2013, o músico argentino Roberto Lázaro criou o "Clube de homens abandonados por uma mulher". Mil e setecentos homens que viveram experiências similares logo aderiram. Tudo começou quando Roberto postou uma música no Youtube para ser ouvida por homens que estivessem vivendo situação semelhante à sua, ou seja, passando por uma desilusão amorosa.

Grande repercussão

A repercussão nas redes sociais foi grande, e homens lhe procuravam para saber "se se tratava de um clube de abandonados". O músico gostou da ideia e a transformou numa realidade. Ele não tem dúvida de que o clube ajuda muitos homens a compartilharem o seu abandono com outros. Em sua opinião, isso significa o rompimento de um "estereótipo machista", já que habitualmente os homens tendem a ocultar a sua desilusão por medo ou vergonha.

As fronteiras se dissolvem

Estamos no meio de um processo de profunda mudança das mentalidades. As fronteiras entre o masculino e o feminino estão se dissolvendo, o que é ótimo. Não há mais assuntos que interessem exclusivamente a mulheres e não interessem aos homens, e vice-versa. É uma pré-condição para uma sociedade de parceria entre homens e mulheres. Mas muitos homens ainda não se libertaram do mito da masculinidade e continuam perseguindo, apesar de ser opressor, o ideal masculino da cultura patriarcal — poder, ousadia, coragem, não falhar etc. Para esses homens, qualquer situação em que não se sintam numa posição de superioridade é bastante ameaçadora.

O teste do sofá

O surgimento do filme falado e a multiplicação das salas de exibição fizeram com que milhares de jovens sonhassem com Hollywood. Muitas iam até lá tentar a sorte. Os produtores estavam dispostos a conhecer esses talentos, mas antes era necessário tirar a roupa para mostrar a "fotogenia". Os magnatas da indústria do sonho instituíram o teste do sofá, no qual jovens adolescentes se submetiam aos desejos deles. O sexo dominava os bastidores do cinema. Os jornais denunciavam as orgias regadas a champanhe. Em 1921, o hotel Saint Francis foi palco de uma tragédia. Durante uma dessas festas, a estreante Virgínia Rappe morreu ao tentar abortar usando o gargalo de uma garrafa de Don Perignon. As manchetes explodiram e quarenta dos estados americanos apelaram para a censura cinematográfica.

Desconstrução e reconstrução da masculinidade

É inegável que a masculinidade está em crise. Todo o esforço exigido deles para serem considerados "homens de verdade" provoca angústia, medo do fracasso e dificuldades afetivas. Mas como resolver o impasse entre a proibição social de expressar sentimentos considerados femininos e a crítica cada vez mais acirrada ao homem machista? Talvez o jeito seja se unir às mulheres e, examinando o mito da masculinidade, repudiar essa masculinidade como natural e desejável. Nem todos aceitam o roteiro do macho e cada vez mais homens, em todo o mundo, tomam consciência da desvantagem desse papel e empreendem a desconstrução e a reconstrução da masculinidade.

Machismo nocivo

Muitas pessoas já estão percebendo que o machismo é prejudicial aos homens. Alguns romperam na frente com os padrões estabelecidos. Pouco antes de ser assassinado, John Lennon declarou publicamente: "Gosto que se saiba que, sim, cuido do bebê e faço pão, que eu era dono de casa e me orgulho disso." E se isso fere o papel masculino, ele pergunta: "Não está na hora de destruirmos a ética do macho?... A que nos levaram todos esses milhares de anos?"

Deterioração da sexualidade

Pesquisas mostram que os homens que definem as relações humanas em termos de papéis rígidos "masculino-superior" e "feminino-inferior", assim como os que definem sua identidade masculina em termos de controle, violência e repressão dos afetos, apresentam, em muitos casos, um quadro de deterioração da sexualidade. Um estudo, na década de 1970, sobre extremistas políticos alemães da direita e da esquerda — inclusive membros do grupo terrorista alemão de esquerda Baaden-Meinhof —, constatou que esses homens apresentavam problemas de disfunção sexual, inclusive incapacidade de atingir o orgasmo. [6]

Sem estereótipos

O machão está perdendo seu lugar. Quanto mais autônoma e livre de estereótipos é a mulher, mais ela valoriza o homem sensível, que não se sente diminuído por ficar triste ou chorar, que fala dos seus sentimentos e aceita seus próprios fracassos.

Presença diária

Uma pesquisa do Ibope, que ouviu 2.002 mil pessoas em todas as regiões do país concluiu que o machismo está presente no cotidiano de 99% dos brasileiros. Para Ricardo Sales, pesquisador em diversidade na USP, o preconceito está naturalizado na sociedade brasileira. "A pesquisa alerta para a necessidade de falar mais sobre o assunto e refletir sobre atitudes que impedem o respeito e a conexão entre as pessoas no dia a dia."

O machismo também prejudica os homens

O machismo não prejudica somente as mulheres. A educação machista que muitos meninos recebem também causa grandes prejuízos a eles. Homens que definem as relações humanas em termos de papéis rígidos "masculino-superior" e "feminino-inferior", assim como os que definem sua identidade masculina em termos de controle, violência e repressão dos afetos, apresentam, em muitos casos, sérias dificuldades afetivas e sexuais.

Estar sempre pronto para o sexo

Na nossa cultura o homem aprende desde cedo que para corresponder ao papel de macho não pode recusar nenhuma mulher. Deve estar sempre pronto para o sexo, independentemente de estar cansado ou sem vontade. E, é claro, as consequências podem ser desastrosas. Provavelmente a sensação de vazio que alguns dizem sentir no dia seguinte é resultado de uma noite em que seu comportamento sexual foi mecânico e estereotipado. Talvez o mesmo não tivesse acontecido se, no encontro com uma mulher por quem se sentisse realmente atraído, o homem buscasse uma troca verdadeira de prazer.

O tribunal da impotência

Na França, desde a Idade Média (século V ao XV), uma mulher podia acusar o marido de impotência e com isso conseguir a anulação do casamento. Para verificar a impotência, a medicina medieval aconselhou o ato sexual público entre marido e mulher quando havia essa acusação. Todo esse processo era dramático para o homem, levado sob os gritos da multidão para a casa onde se lhe exige que cumpra o seu dever conjugal. Além do ridículo que experimenta, o marido é ameaçado, em caso de fracasso, de ser separado da mulher, de ter de devolver o dote e de ser condenado ao celibato para o resto dos seus dias.

Masculinidade tóxica

A Organização Pan-Americana da Saúde (OPAS) concluiu que a "masculinidade tóxica" reduz a expectativa de vida de homens na América. Em todo o continente, os homens vivem de cinco a oito anos a menos que as mulheres devido a comportamentos associados às expectativas sociais do gênero masculino. Os comportamentos "machistas" contribuem para maiores taxas de mortalidade por suicídio, homicídio, vícios e acidentes de trânsito, além de outras doenças.

O homem duro, viril a toda prova, está saindo de cena

No tempo em que meninos, jovens e adultos, ouviam com frequência "Seja homem!", "Prove que você é homem!", "Vem cá se você é homem!", ou seja, sempre desafiados a provar sua masculinidade, surgiu o homem dos cigarros Marlboro. A propaganda ilustrava de forma perfeita o que povoava a imaginação das massas: "O homem duro, solitário porque não precisa de ninguém, impassível, viril a toda prova. Todos os homens, em determinada época, sonharam ser assim: uma besta sexual com as mulheres, mas que não se liga a nenhuma delas; um ser que só encontra seus congêneres masculinos na competição, na guerra ou no esporte. Em suma, o mais duro dos duros, um mutilado de afeto", diz a filósofa francesa Elisabeth Badinter.[7]

Crises da masculinidade

Desde pequenos os homens são desafiados a provar sua masculinidade. A vida inteira devem estar atentos e mostrar que são homens. Devem ter atitudes, comportamentos e desejos masculinos. É possível que hoje exista mesmo uma crise da masculinidade... mas não é a primeira.

Crise da masculinidade do século XVII

O chamado *preciosismo* francês aconteceu no século XVII, entre 1650 e 1660. É identificado como a primeira crise de identidade masculina na história. Foi uma reação das mulheres à grosseria dos homens na corte de Henrique IV. França e Grã Bretanha foram o berço das primeiras expressões do feminismo, até porque eram os países mais cultos e liberais da Europa.

As preciosas

As mulheres que fizeram o preciosismo eram da elite; mulheres emancipadas com propostas que invertiam totalmente os valores de sua época e não se preocupavam com tarefas da maternidade. As crianças eram entregues a amas de leite. As preciosas reivindicavam dignidade e direito à ascensão social. Revoltavam-se contra o autoritarismo de pais e maridos e deixavam claro que o amor era um sentimento do homem pela mulher. O inverso dos laços habituais quando a mulher era a apaixonada.

Os preciosos

Alguns homens, os preciosos, aceitaram esse questionamento e adotaram uma moda feminina e refinada — perucas longas, plumas extravagantes, roupas com abas, pintas no rosto, perfumes, ruge. Recusavam-se a manifestar ciúme e a se comportar como tiranos domésticos. A zombaria a que foram submetidos mostra a influência que tinham. O próprio Molière, o mais importante dramaturgo francês do período, escreveu uma peça, *As preciosas ridículas*, ironizando os reivindicadores. Tornou-se uma mancha na biografia do escritor. Sorrateiramente os valores femininos progrediam na sociedade e, no século seguinte, eram dominantes.

Virada do século XIX para o XX

Na virada do século XIX para o XX, outra crise da masculinidade surgiu na Europa e nos Estados Unidos, quando as mulheres expressaram a vontade de desempenhar outros papéis além da função de mãe e dona de casa. Nesse período reivindicaram o direito a receber o mesmo salário que os homens e tentaram de todas as formas pôr fim às fronteiras sexuais existentes. Quando casavam, tinham menos filhos e não aceitavam se submeter ao marido. Reclamaram o direito ao divórcio, maior participação na vida pública e, é claro, o direito ao voto.

Como os homens reagem?

Essas mulheres são chamadas de terceiro sexo e os homens dizem que são um perigo à família. Em 1903, o presidente americano Theodore Roosevelt anuncia que o povo americano está a caminho do suicídio. Mesmo os democratas a favor do voto feminino achavam que as mulheres estavam indo longe demais. De fato, quanto mais as mulheres exprimiam em alto e bom som as suas reivindicações, mais exposta ficava a vulnerabilidade dos homens: papel masculino indefinido, pânico da feminização, o americano médio da década de 1900 não sabia mais como ser um homem digno desse nome.

Ser "homem" não é fácil

Várias sociedades utilizam ritos de iniciação para que o menino se afaste do mundo das mulheres e renasça como homem. Esses rituais comportam três etapas bastante dolorosas: a separação da mãe e do mundo feminino; a transferência para um mundo desconhecido; a passagem por provas dramáticas e públicas. Quando tudo isso é concluído, o menino é considerado um homem. Em diferentes culturas e épocas observa-se a preocupação de que os filhos sejam contaminados pelas mães.

Questionando o machismo

Como é a situação do homem atual? Muitos passaram a questionar a identidade masculina, desejosos de se libertar dos papéis tradicionais a eles atribuídos. Não mais subjugados ao mito da masculinidade, acreditando na igualdade entre os sexos, buscam uma vida afetiva com suas parceiras livres de obrigações e cobranças, que só servem para impedir uma relação verdadeira com elas. Mas nem todas as mulheres se deram conta disso.

E assim se constrói o machão

A partir da preocupação da sociedade chinesa com uma suposta falta de masculinidade dos meninos, foi fundada, há alguns anos, na cidade de Qinhuangdao, no leste do país, uma escola baseada na disciplina militar. Os alunos, que têm entre 5 e 12 anos de idade, correm sem camisa no inverno, escalam montanhas e aprendem a brigar aos gritos de "Quem somos? Somos homens". Inspirado em filmes com muitos estereótipos do "macho tradicional", o rígido treinamento militar tem como objetivo transformar os meninos em "homens de verdade". Usando luvas de boxe, os professores ensinam os garotos a mostrar sua virilidade através da força e sem choro. Eles aprendem também a reprimir a expressão das emoções e dos sentimentos.

Homem gosta mais de sexo do que a mulher?

Durante muito tempo se acreditou que necessitar e gostar de sexo fazia parte da natureza masculina. A mulher não ligaria para isso, além de considerar inadmissível desvincular sexo de amor. Claro que essas teorias, criadas pelos homens, mascaravam seu objetivo real: limitar a liberdade e o prazer sexual das mulheres, para que continuassem passivas e inexperientes. Só assim eles poderiam continuar seguros e confiantes numa área tão vulnerável como a sexualidade.

O novo pai

Como a pesquisa do sociólogo americano Scott Coltrane documenta, os homens mais jovens, principalmente, estão começando a descartar as definições estereotipadas de paternidade como um papel distante, provedor de disciplina, em vez de maior envolvimento com o cuidado da criança, geralmente classificado de "maternagem". Ao contrário do que prega a tradição cultural, a maternagem — cuidados cotidianos proporcionados à criança, acompanhados da consciência da responsabilidade direta por ela — não tem sexo, mas também nada tem a ver com os poucos minutos por dia que o pai tradicional dedica a seus filhos.[8]

O pai na gravidez da mulher

Há perturbações psicossomáticas em vários pais durante a gravidez de suas mulheres: insônia, problemas digestivos, aumento de peso etc. Uma pesquisa sobre paternidade feita com cinquenta homens cujas mulheres tinham acabado de dar à luz revelou dados interessantes. Entre eles, 22 acompanharam a preparação e assistiram ao parto, enquanto 28 não participaram. Todos os sintomas somáticos (com uma única exceção) ocorreram no grupo dos que não tinham sido envolvidos nos preparativos do parto. Tudo indica que as angústias surgidas nesse período são apaziguadas se o pai participa estreitamente das várias etapas da maternidade.

Pais e filhos

Quando, no século XIX, com a revolução industrial, os pais foram trabalhar nas fábricas e escritórios, houve um distanciamento entre eles e os filhos. A mãe passou a ser a única responsável pelos cuidados do lar e da criança. Atualmente, surge um novo pai na relação com os filhos, com atitudes até então ignoradas pelo homem. Esse novo pai alimenta, troca fraldas, dá banho e passeia sozinho com seus filhos. Em entrevista feita com dois mil meninos australianos da escola primária, interrogados sobre sua atitude em relação ao mundo que conheciam, revelaram a transformação: definiram o pai como "a pessoa que cuida da gente".

Ausência de filhos

Em todas as épocas e lugares, a partir da instituição do patriarcado, há cinco mil anos, era comum o homem repudiar a mulher e se casar novamente. Para isso não faltavam pretextos e um dos mais convincentes era o não nascimento de um filho. Afinal, ele queria ter um herdeiro ou mais braços para ajudá-lo no trabalho. O contrato de casamento era feito entre as duas famílias e, caso a mulher não procriasse, era devolvida aos pais ou ia para um convento. O casamento só se tornou indissolúvel a partir do século XIII, quando a Igreja passou a controlá-lo.

AS MULHERES

A OPRESSÃO

Conselhos às mulheres

A revista *Cláudia*, em 1962, orientou as mulheres: "Para amá-la, o homem necessita que sua mulher esteja inteiramente de bom humor, contente, inteiramente feliz. É necessário que o faça rir, mesmo quando não tem vontade, que seja espirituosa, mesmo quando tem dor de cabeça, sempre pronta a aceitar tudo, incapaz de ter mau humor: dócil, graciosíssima a seu serviço..."

O "eu" transformado em "nós"

Para o sociólogo inglês Anthony Giddens, até algumas décadas atrás, as mulheres só saíam da casa dos pais quando se casavam. Ao contrário da maioria dos homens, a maior parte das mulheres continua a identificar a sua inserção no mundo externo com o estabelecimento de ligações. Muitos estudiosos têm observado que, mesmo quando um indivíduo ainda está sozinho e apenas prevendo relacionamentos futuros, os homens em geral falam entre termos de "eu", enquanto as narrativas femininas sobre si tendem a ser expressas em termos de "nós". A "fala individualizada" aparente na citação acima é qualificada por um "nós" sub-reptício — alguém que vai ser "amado e cuidado" e transformará o "eu" em "nós".[9]

Submissa ao pai e ao marido

Para o direito romano, a mulher era uma eterna menor. A herança do pai lhe era recusada ou então submetida à autoridade do marido. A mulher, não passando de simples objeto, servia ao homem apenas como instrumento de promoção social através do casamento, como objeto de cobiça e distração ou como um ventre do qual ele tomava posse e cuja função principal era a de fazer filhos legítimos.

A conta do motel

Há cinquenta anos as mulheres lutam pela igualdade de direitos. Mas ainda é grande o número das que desejam usufruir dos benefícios da emancipação feminina, sem arcar com o ônus dessa emancipação. Isso só contribui para que as mulheres continuem sendo consideradas inferiores aos homens. Um bom exemplo são as mulheres que, quando saem com um homem, aceitam dividir a conta do cinema, teatro ou do restaurante. Mas dividir a conta do motel para elas é inadmissível!

Véu sim, cosméticos, não

Para os pais que frequentam a Igreja, a boa cristã deveria esconder seus encantos, usar véu e jamais usar cosméticos. São Jerônimo, no século IV, dizia que eles são cataplasmas da luxúria: "O que pode uma mulher esperar do céu quando, em súplica, ergue uma face que seu criador não reconhece?"

Relação de poder

Para a historiadora francesa Michelle Perrot, o corpo está no centro de toda relação de poder. Mas o corpo da mulher é o centro, de maneira imediata e específica. Sua aparência, beleza, formas, roupas, gestos, a maneira de andar, olhar, falar e rir são objeto de perpétua suspeita.

Nos últimos cinco mil anos

Você já parou para pensar por que existe tanta opressão contra as mulheres? Nos últimos cinco mil anos, assistimos sob diversas formas e em vários lugares ao domínio do homem sobre a mulher ser levado ao extremo.

Autoridade absoluta do homem

Na Grécia, século V a.C., as mulheres não tinham mais direitos políticos e legais do que os escravos. Não podiam mover processos nem possuir, comprar ou vender bens e propriedades. Para isso tinham que ser representadas pelo pai, marido ou irmão, ou ainda, na ausência destes, pelo parente masculino mais próximo. No caso de serem solteiras, eram obrigadas a se casar o mais breve possível com o parente mais próximo por parte de pai, geralmente com um primo ou um tio, a fim de que a herança permanecesse com a família. Durante toda a sua vida, eram sujeitas à autoridade absoluta de um homem.

Antifeminismo

O antifeminismo geral grego começava no quarto dos filhos, onde as crianças levadas eram ameaçadas com demônios — tendo todos os demônios forma de mulher. Quando as crianças cresciam, passavam a ouvir lendas como a de Pandora, fonte de todos os males humanos, e a de Helena, causa da terrível guerra de Troia. Os gregos acreditavam que existia uma mulher por trás de todas as guerras.

"Mulheres respeitáveis"

Na Grécia Clássica, uma mulher respeitável não devia ser vista em público, a não ser por algum sério motivo. Quando se recebiam convidados em casa, as mulheres da família não apareciam: ficavam confinadas no gineceu — lugar das mulheres. Eram os escravos que cuidavam dos visitantes. O homem saía de casa, sozinho, pela manhã e passava o dia em lugares públicos. Encontrava os amigos e divertia-se nas palestras, nos jogos e nos banquetes, que eram jantares organizados exclusivamente para os homens, seguidos por bebedeira, discussões e passatempos, que, na maioria das vezes, terminavam em orgias, com a participação das indispensáveis hetairas, as prostitutas de luxo.

Viúvas indianas

"A viúva deve sofrer até a morte, preservada e casta. Esposa virtuosa, que permanece pura após a morte de seu marido, vai para o Paraíso. Uma mulher infiel a seu marido irá renascer no útero de um chacal." As leis de Manu, redigidas entre os séculos II a.C. e II d.C. prega isso no Capítulo 5, do versículo 156 ao 161. Na Índia há milhões de viúvas. Muitas continuam vivendo em isolamento social, econômico e cultural como está escrito nos textos sagrados do Manu.

Interlocutores mudos

O século XIX foi o grande século da confissão, da introspecção, do diário íntimo próprio das moças de "boa família". Foi necessário haver interlocutores mudos para entreter a vibração da alma. Três deles desempenham um papel importante, na medida em que se revelou nas mulheres uma intensa necessidade de manifestar os sentimentos: a boneca, o animal doméstico e o piano.

Ódio às mulheres

Em 1558, o bispo inglês John Aylmer tratou do tema da dupla natureza da mulher. Em seu púlpito trovejou: "As mulheres são de duas espécies. Algumas são mais ponderadas, mais instruídas, mais discretas e mais constantes do que determinado número de homens. Mas uma outra espécie, muito pior de mulheres — que constitui a maior parte delas — é voluntariosa, amalucada, arrogante, tagarela, indecisa, destituída de espírito, inconsequente, fraca, descuidada, ríspida, orgulhosa, afetada, mexeriqueira, venenosa, perversa e, por todos os aspectos e modos, estupidificada pelos detritos da imundície do diabo."

A coragem de George Sand

George Sand não era um homem. Na verdade, tratava-se da baronesa Amandine-Aurore-Lucile Dupin, que utilizou o pseudônimo masculino para publicar seus primeiros textos. Com o sucesso, começou a frequentar o ambiente boêmio e intelectual de Paris. Aurore foi uma mulher que questionou os preconceitos e desafiou as convenções da época numa sociedade que não permitia à mulher mais do que ser a rainha do lar, cuidar do marido e dos filhos. Vestia smoking, fumava charuto, e teve diversos casos amorosos. Entre sua lista de grandes paixões encontram-se figuras como o compositor Frédéric Chopin e o poeta Alfred de Musset. Acredita-se que tenha tido um relacionamento amoroso também com a atriz Marie Dorval, sua amiga.

Mulher, a rainha do lar

Nos anos 1950/1960, as receitas para cativar o marido ou influenciá-lo sem que ele se desse conta são apenas formas ilusórias de compensação dada às mulheres por sua condição de submissão de fato. Para a historiadora Carla Bassanezi, o "jeitinho feminino" é apenas um recurso concedido às mulheres para reduzir ou escamotear conflitos e tensões nas relações homem-mulher, uma mera adaptação às estruturas e não uma ameaça real às relações de poder estabelecidas. O domínio da "rainha do lar" é o domínio do não essencial. A vida da dona de casa de classe média é uma vida "na sombra", vivida por "procuração", sem criatividade, incapaz de grandes realizações. A ideia de que a mulher é a "rainha do lar" contribui para manter o mundo feminino separado do masculino pela mesma distância que separa o assessório do essencial.[10]

Distribuição desigual de poderes

A adequação ao ideal da mulher de prendas domésticas, responsável pela harmonia do lar, que exerce um "poder nos bastidores", reforça a situação de hegemonia masculina na distribuição desigual de poderes entre homens e mulheres na sociedade. Este ideal atribui à mãe de família capacidades de heroína para abnegação, sacrifícios virtuosos em função do marido e dos filhos, além de desfavorecer a participação feminina no mundo do trabalho.[11]

Guerra dos sexos

A ideia da guerra dos sexos e de que homem e mulher são inimigos foi reforçada por vários textos que aconselhavam os homens a tomar distância em relação àquela que por vezes poderia até ser chamada de companheira. O Mahabharata — epopeia que faz um apanhado de crenças e lendas indianas ligadas ao vishnuísmo — apoia completamente essas ideias. "Nunca existiu nada mais culpado do que uma mulher. Na verdade, as mulheres são raízes de todos os males" (38.12). "O Deus do vento, a morte, as regiões (...) o lado cortante da lâmina, os venenos terríveis, as serpentes e o fogo infernais. Todos coabitam harmoniosamente entre as mulheres" (38.29).

Mulher de 40, homem de 20

Embora a moral sexual tenha sofrido grandes transformações, no inconsciente os antigos tabus ainda persistem. A mulher com mais idade que o homem é um deles. A partir do surgimento do sistema patriarcal, há cinco mil anos, a mulher foi considerada uma mercadoria que podia ser comprada, vendida ou trocada. Era comum um acordo comercial entre o pai de uma moça e o homem que desejasse comprá-la para ter como esposa. Sua principal função era dar ao marido o maior número possível de filhos, para que estes o ajudassem futuramente no trabalho. Como a mulher tem um período limitado de procriação, só as muito jovens podiam ter tantos filhos. Mais uma vez, na história da humanidade, os interesses econômicos condicionaram o modo de pensar das pessoas, que passaram a enxergar como verdade absoluta a necessidade de o homem ter mais idade do que a mulher.

Mulher "feminina"

Tanto a mulher que se sente insegura e frágil quanto a que se sabe competente, mas representa o papel feminino para agradar ao homem, são mulheres dependentes. Ambas acreditam necessitar de um homem ao seu lado sem o qual não imaginam ser capazes de viver. O movimento feminista da década de 1960 fez com que muitas mulheres se rebelassem contra o eterno papel de donas de casa e mães. Muitas, contudo, aceitam ainda servir de tela para os homens projetarem seus desejos. Acabaram convencidas de que seu papel não é o de um ser humano, mas o espelho que reflete o ideal e a fantasia do homem.

Ajustar sua imagem

Para a maioria das mulheres, ser mulher significa ajustar sua imagem de acordo com as necessidades e exigências dos homens. "A multidão de atributos expostos nesse papel — maneiras respeitosas, olhar recatado, sorriso constante, a risada que confirma, entonação crescente, gestos físicos cautelosos, e assim por diante — foi adequadamente chamada de atitudes de acomodação", diz a cineasta e escritora canadense Bonnie Kreps.[12]

Crendice popular

Um dos mais terríveis mitos sexuais de todos os tempos ocorreu na Inglaterra vitoriana, no século XIX, quando a sífilis devastava a Europa. Uma crendice popular ensinava que sexo com mulheres virgens poderia curar a doença. Os defloramentos por estupro e a compra de virgens passou a ser comum. Muitas meninas tinham 12/13 anos, ou até menos. Havia bordéis que mantinham um médico de plantão para atestar a virgindade da adolescente.

"Matadoras de maridos"

Elas são conhecidas como as "matadoras de maridos". Eram 1.100 mulheres que viviam em um pavilhão da Penitenciária Feminina de Kanater, no Egito. Impotentes e desesperadas, praticaram o mesmo crime: assassinaram seus maridos. Rejeitadas pelas próprias famílias, quase não recebiam visitas e, no entanto, a maioria não se arrepende do crime. Viveram tantos anos oprimidas e humilhadas dentro de casa, que mesmo na prisão se sentiam mais livres. Uma delas, condenada a uma pena de 25 anos, declarou que muitas vezes pediu ajuda à polícia, antes de cometer o crime, mas nada foi feito. A fúria do marido é que aumentava, e ela era, mais uma vez, brutalmente espancada. Mesmo sabendo que seria condenada, somente quando o viu morto teve a sensação de retomar a própria vida.

Eva

Existem diversas interpretações do mito de Adão e Eva, mas em quase todas Eva é a única responsável por todos os males, pois teria sido sua fraqueza que provocou a expulsão do Paraíso. Eva tenta Adão e, pelo caminho do pecado original, caímos na condição humana com todo seu sofrimento. A mulher é condenada duramente como origem do pecado e da degradação. No século II, o apologista Tertuliano escreveu *De virgimbus velandis* [Sobre o recato das virgens], no qual observou que as mulheres melhor fariam se usassem roupas de luto, já que eram descendentes de Eva, a causa de toda a miséria humana.

Mulheres incompetentes

No século XIX, médicos diziam que as mulheres tinham um sistema nervoso muito delicado, "doença mensal" e cérebro menor. Tudo isso fazia com que fosse perigoso para elas votar, trabalhar fora de casa, escrever livros, ir para a universidade, ou participar de debates públicos. Muitos continuam alimentando a mesma forma de pensar e agir de sempre: a mulher é frágil, desamparada, necessitando desesperadamente de um homem ao lado. Ao mesmo tempo em que qualquer homem é visto como perigoso, sempre disposto a enganar.

Mulheres se queixam

Muitas mulheres costumam se queixar dos homens com frases como "Os homens estão sempre pensando em sexo!". À primeira vista, fica difícil entender do que elas estão reclamando. Sexo não é bom? Não dá prazer? Então, qual é o problema? Além do mais, hoje todo mundo sabe que as mulheres também estão sempre pensando em sexo. Não confessam, é verdade. Tentam disfarçar, fingir que não dão muita importância ao assunto, mas não convencem mais ninguém.

Doenças no século XIX

Surgiram novas doenças. Uma delas era a "doença branca". Ela afetava as mulheres que não viam suficientemente o sol por medo de sair, porque temiam ser observadas por desconhecidos. A "doença verde" se caracterizava por mal estar provocado pelo receio de expelir gases em público depois das refeições, o que leva as mulheres a apertar convulsivamente as nádegas.

Espartilho: uma das marcas da opressão da mulher

Durante quatro século, do XVI ao XIX, o espartilho sustentou o busto das aristocratas e burguesas, moldando-lhes o corpo até a deformação. "Contém os fortes, sustenta os fracos, reúne os dispersos." O slogan na vitrine de uma loja revela um apelo bem humorado à venda do espartilho. Nos primórdios de sua invenção, o espartilho tinha uma armação de ferro que espremia o busto, muitas vezes ferindo-o. Os pequenos progressos dessa peça íntima apenas serviam para suavizar a rigidez do metal. A postura, contudo, deveria ser preservada às custas do esmagamento de costelas, do estômago e do plexo solar. Talvez por isso haja uma extensa lista de mulheres mortas por asfixia, e tenham associado a ideia de feminilidade a passividade, frequentes desmaios e má digestão.

Mulher precisa de proteção?

Muita gente se refere ao sexo feminino como sexo frágil. Talvez porque, ao contrário do homem, que é estimulado a ser independente desde que nasce, a mulher geralmente não é criada para se defender e cuidar de si própria. Apesar de o movimento feminista da década de 1960 ter influenciado grande parte das mulheres a se rebelar contra o eterno papel de donas de casa e mães, e as exigências práticas da vida não mais permitirem que elas se escondam sob a proteção do pai ou marido, para muitas a liberdade assusta. Elas foram ensinadas a acreditar que a mulher é frágil, com absoluta necessidade de proteção. As que se sentem capazes, com frequência temem desapontar as expectativas do homem.

Heroínas dos contos de fadas

Branca de Neve, Cinderela, A Bela Adormecida. Modelos de heroínas românticas que, ao contrário do que se poderia imaginar, no que diz respeito ao amor, são muito parecidas com muitas mulheres de hoje. A mensagem central dos românticos contos de fadas é a impotência feminina. O homem tem o poder, a coragem, a força e tudo o que uma mulher pode fazer é esperar que o Príncipe Encantado a considere atraente o suficiente para se interessar por ela.

Fantasias de serem salvas

O mais grave nos contos de fadas é a ideia de que as mulheres só podem ser salvas da miséria ou melhorar de vida por meio da relação com um homem. As meninas vão aprendendo, então, a ter fantasias de salvamento, em vez de desenvolver suas próprias capacidades e talentos. Para a historiadora americana Riane Eisler essas histórias incutem nas mentes das meninas um roteiro feminino no qual lhes ensinam a ver seus corpos como bens de comércio para segurança, felicidade — e, se conseguirem pegar não um sujeito comum, mas um príncipe —, status e riqueza.[13]

Mulheres guiadas pelos homens

Bonnie Kreps diz ser possível observar em qualquer lugar o ritual diário pelo qual as mulheres permitem que os homens as guiem em situações físicas que podem controlar perfeitamente sem assistência masculina ou então estariam mortas. "Ainda assim, lá está ele, o braço masculino onipresente em nossa direção, dirigindo-nos nas esquinas, através das portas, para dentro dos elevadores, subindo escadas rolantes, atravessando ruas. Esse braço não é necessariamente pesado ou grosseiro; é leve e delicado, porém firme, como dos cavaleiros mais confiantes com os cavalos mais bem treinados".[14]

Caça às bruxas

A Renascença, século XVI, foi extremamente cruel para as mulheres. Milhares delas, durante a "caça às bruxas", foram torturadas e queimadas vivas nas fogueiras. Acusadas de feitiçaria, roubo do sêmen de homens adormecidos, de provocar impotência, esterilidade e fazer abortos, além de doenças e deformidades às partes íntimas das pessoas. Moças atraentes eram suspeitas de ter relações sexuais com Satã. Este era representado com pênis longo, duro, guarnecido de ferro e de escamas, de onde escorria um esperma glacial. Sob tortura muitas mulheres confessavam sua relação com o Diabo e afirmavam voar à noite montadas em suas vassouras.

Submissão ao prazer do homem

A terra das gueixas foi uma das sociedades mais fechadas e patriarcais do mundo. A mulher vivia, em todos os momentos, em função do homem. Dar prazer ao macho, fosse ele marido ou cliente, no caso das gueixas, era condição básica. Os manuais sexuais japoneses tinham a função específica e dirigida de adestrar a mulher para dar prazer ao homem. Eram constituídos unicamente de desenhos, que representavam as posições e procedimentos. Chamados *Shunga, ou desenhos primaveris,* esses manuais ensinavam as noivas a receber os futuros maridos da forma mais prazerosa possível. Ao contrário de outros manuais do Oriente, eles não continham base religiosa nem filosófica. Eram apenas ilustrações sexualmente estimulantes e que sugeriam posições para o ato sexual.

Romântica e submissa

Não são poucas as mulheres que falam da decepção e do contraste entre o que sonharam e o cotidiano da vida real. A menina na nossa cultura aprende desde cedo a ser romântica e submissa. Além dos contos de fadas, todos os meios de comunicação, família e escola, colaboram para isso. Assim, quando se tornam adultas, já estão bem treinadas para se comportar ajustando sua imagem de acordo com as necessidades e exigências dos homens, prisioneiras que são do mito do amor romântico.

A visão que se tinha da mulher

No século XIX, a mulher era considerada indefesa ou estúpida. "Deus! Ela é como um cordeiro branco como leite que bale pela proteção do homem", exclamou o poeta Keats. O escritor Michelet lamentava a dor, languidez e fraqueza suportadas por essa pobre criatura por causa da menstruação. Ele dizia: "Nessa cicatrização de um ferimento interno, 15 ou vinte dias de 28 (podemos dizer quase sempre) a mulher é não somente uma inválida, como alguém ferido." Comte viu a feminilidade como uma espécie de infância prolongada e Balzac achou que as mulheres eram incapazes de raciocinar ou de absorver conhecimento útil dos livros. Hegel considerava as mulheres capazes de educação nas artes inferiores, mas de jeito nenhum nas ciências avançadas, na filosofia ou mesmo em algumas formas de arte.[15]

Mulher insaciável

Essa história de que mulher não gosta de sexo tanto quanto o homem só surgiu no século XIX, período de grande repressão da sexualidade. Antes, sempre houve muita desconfiança em relação à sexualidade feminina. Na Idade Média, por exemplo, os maridos eram aconselhados a manter a mulher bem trancada porque, entregue a si mesma, ela não teria limites. A origem da má natureza feminina seria uma sensualidade desenfreada, impossível de ser satisfeita por um só homem. Há textos árabes que dizem que os únicos machos equipados para fazer frente à mulher não sejam humanos, mas animais, o burro ou o urso, cujos pênis correspondem melhor aos desejos femininos.

Mulher: propriedade do homem

É evidente que a maneira como as relações entre homens e mulheres se estruturam — dominação ou parceria — tem implicações decisivas para nossa vida cotidiana. A partir do surgimento do patriarcado, as mulheres foram consideradas inferiores aos homens e se submeteram à sua dominação. A imagem da mulher respeitada foi trocada pela de simples objeto, que serviu ao homem apenas para lhe dar prazer sexual e filhos legítimos. Sendo propriedade dele, puni-la severamente ou mesmo matá-la é considerado, ainda por muitos, simplesmente o exercício de um direito.

Calúnia vil

É comum se acreditar que para a mulher sexo e amor devem caminhar sempre juntos. Os homens nunca pensaram assim e jamais isso foi cobrado deles. Essa história de valorizar ausência de desejo sexual na mulher começou com muita força no século XIX, período de grande repressão e que mesmo hoje nos afeta. Uma das afirmações de um famoso médico inglês, Lord Acton, é inacreditável e traduz o ponto de vista oficial da época: "Felizmente para a sociedade, a ideia de que a mulher possui desejos sexuais pode ser afastada como uma calúnia vil."

Sensualidade desenfreada

A origem da má natureza feminina seria uma sensualidade desenfreada. "As mulheres são ferozes. São dotadas de poderes ferozes. Nunca são satisfeitas por somente um ser do sexo oposto. Os homens não deveriam absolutamente amá-las. Quem se comportar de outra forma estará certamente correndo para sua perdição." O valor atribuído pelas religiões à virtude sexual contribuiu inevitavelmente para degradar a posição da mulher. Sendo vista como tentadora, todas as oportunidades de levar o homem à tentação tinham que ser reduzidas. As mulheres respeitáveis eram cercadas de restrições, e as pecadoras eram tratadas com desrespeito e insultos.

Serpente e Satã

Os padres da Igreja Católica associavam a mulher à serpente e a satã. Ela aparece com frequência nos sermões da Idade Média: "A mulher é má, lúbrica tanto quanto a víbora, escorregadia tanto quanto a enguia e, além do mais, curiosa, indiscreta, impertinente." No século XII, o bispo Etienne de Fougère, falando sobre as mulheres, exortava os homens a "mantê-las bem trancadas. Entregues a si mesmas, sua perversidade se expande; elas vão procurar satisfazer seu prazer junto dos empregados, ou então entre si".

A tortura do espartilho no século XIX

Uma jovem mulher, da qual todas as rivais admiravam a cintura fina, morreu dois dias após o baile. O que aconteceu? A família quis saber a causa dessa morte súbita em tão tenra idade e decidiu fazer uma autópsia. O resultado foi surpreendente: o fígado havia sido perfurado por três costelas! "Eis como se pode morrer aos 23 anos, não de tifo, nem de parto, mas por causa de um espartilho", esse foi o relato de um jornal parisiense, em 1859. Todas as mulheres usavam espartilho, e para a maioria delas era uma tortura.

Cinto de castidade

O século XIV assistiu à invenção do cinto de castidade, conhecido como *florentino*. Se o dinheiro podia ser trancafiado, por que não fazer o mesmo com a genitália das esposas? Era alimentada a crença de que mulheres eram libertinas e melhor seria tomar todos os cuidados. O cinto consistia numa estrutura de metal, que passava entre as coxas das mulheres, da frente para trás. O marido carregava a chave. Até o século XIX, ainda existiam cintos comercializados em Edimburgo, por um médico chamado John Moodie. Era um modelo que evitava os dildos (pênis artificiais), que segundo ele eram utilizados por metade das escocesas.

Masturbação e pênis artificiais

Na Grécia Clássica, a masturbação não era considerada um vício, mas válvula de segurança. Antes do século III a.C., escrevia-se pouco e sabia-se menos acerca da vida privada das mulheres gregas. "Entretanto, se as mulheres também não a praticassem, então os vendedores de Mileto estariam fracassando em seu trabalho. Mileto, uma importante cidade comercial na costa da Ásia Menor, era o centro fabricante e exportador do que os gregos chamavam *olisbos*, e gerações posteriores denominavam *dildo*, ou seja, pênis artificiais. Eles eram feitos tanto de madeira quanto de couro acolchoado, tendo que ser untado com óleo de oliva, antes do uso."[16]

Pés enfaixados e outros absurdos mais

Na China havia o costume de se enfaixar os pés das mulheres, que, após muitos anos de dores insuportáveis, ficavam completamente deformados. O motivo? Simplesmente porque os homens achavam pés pequenos sexualmente excitantes. Numa tribo da África, os lábios da vagina da mulher são, desde a infância, esticados ao máximo, ficando pendurados entre as pernas, porque os homens julgam ser mais atraente. No Oriente Médio e na África, as próprias mães obrigam suas filhas a se submeterem à extirpação do clitóris e à infibulação para satisfazer a expectativa do futuro marido.

Faziam-se de tolas e ignorantes

Em uma pesquisa entre estudantes, nos Estados Unidos, realizada em dois campus diferentes, quatro em cada dez mulheres admitiram que "se faziam de tolas" na presença de homens interessantes, pronunciavam mal, deliberadamente, palavras ocasionais; e, nos encontros marcados adotavam conscientemente a posição de quem diz que "eu não me incomodo com nada disso que você quer fazer".

O medo não era sem fundamento

O padre francês Grimaud, em seu livro *Futurs époux* [Futuros esposos], de 1920, premiado pela Academia Francesa, reforça a mentalidade de seu tempo ao aconselhar aos homens que evitem as intelectuais e as mulheres que trabalham fora, tanto quanto as prostitutas.

Uma ameaça no ar

Muitos homens se sentiam ameaçados diante de uma mulher que competisse com eles, que pudesse derrotá-los num debate, que conseguisse resolver mais rapidamente um problema de cálculo, ou redigir um texto melhor. Pouco à vontade, o homem diz a si mesmo que ela é "fria", "nada feminina", mas no inconsciente sente a ameaça que ela representa para a sua tradicional superioridade masculina e, dessa forma, para a sua própria potência. Não admira que a mulher que tivesse uma carreira com frequência ficasse solteira.[17]

Medo de não ser amada

Na primeira metade do século XX, a mulher consegue igualdade em relação ao homem em diversos aspectos legais, mas vive em conflito entre sua capacidade e o medo de não corresponder às expectativas masculinas. Ela teme que isso lhe custe a oportunidade de amar, de que a relegue à condição de "solteirona". Por um lado há o desejo de exercer seus direitos tão duramente conquistados, desenvolvendo-se tanto quanto o homem, mas por outro deseja ser protegida pelo homem e dependente dele. "Ela com frequência, adota o papel de 'coisa doce' ou 'cabeça de vento', a fim de não afugentar os homens."[18]

Amparo de um homem

As mulheres do período romântico (século XIX) desenvolveram características de dependência total. Achavam-se fracas, temerosas, ansiosas por amparo do homem. Essa mentalidade continua arraigada a muitas mulheres atualmente, mesmo entre as que conquistaram a independência financeira.

O século do pudor

O prazer sexual das mulheres era algo inaceitável no século XIX. Para o médico inglês Lord Acton, as esposas normais se submetiam aos desejos do marido apenas para o prazer deles. O amor pelos filhos e pelos deveres domésticos eram as únicas paixões que as mulheres sentiam. Nessa época elas deveriam ser, além de assexuadas, bobinhas, sentimentais e lânguidas. Havia até manuais pra ensinar à mulher a melhor forma de desmaiar!

As mulheres se tornaram uma ameaça

Desde a Antiguidade as mulheres detinham um saber próprio, transmitido de geração em geração: faziam partos, cultivavam ervas medicinais, curavam doentes. Na Idade Média seus conhecimentos se aprofundaram e elas se tornaram uma ameaça. Não só ao poder médico que surgia como também do ponto de vista político, por participarem das revoltas camponesas. No final da Idade Média, na parte central da Europa, começaram a surgir rumores de conspirações malignas que estariam tentando destruir os reinos cristãos através de magia e envenamento. Houve pânico.

Terror vivido pelas mulheres

Não é difícil imaginar que, nesse período, qualquer mulher pode ter se sentido como um animal caçado. Anne Barstow reflete sobre o terror vivido pelas mulheres. Para ela o terrorismo sexual é o sistema pelo qual os machos amedrontam, e amedrontando, dominam e controlam as fêmeas. Há uma multiplicidade de maneiras como isso é feito: pelo estupro, pelas revistas corporais, ofensas verbais e pela tortura. O principal artifício do século XVI para ensinar a ambos os sexos o controle definitivo dos homens sobre as mulheres, porém, foi a execução pública das feiticeiras.[19]

Supremacia masculina

Até os anos 1970, mesmo sendo capaz e talentosa, a mulher se sentia insegura, acreditando ser antinatural fazer uso de seus talentos. Afinal, ela ouvia muitos conselhos. Na Inglaterra, a supremacia masculina se reinstalou tão claramente que um guia dos anos 1950, *Como ser uma esposa perfeita*, aconselhava: "Sejam alegres (...) preocupando-se com o conforto dele trará grandes satisfações pessoais (...) Mostre sinceridade no desejo de agradar (...) Fale com voz lenta, terna e agradável(...) Lembre-se de que ele é o patrão e que por isso vai exercer sempre seu poder com justiça e habilidade (...) Não faça perguntas (...) uma boa esposa sabe reconhecer seu lugar."

Preparando a esposa submissa

Em *Cinderela, Branca de Neve* e *A Bela Adormecida* a mensagem central é a impotência da mulher. Sempre me surpreendo quando percebo pais e professores aceitarem naturalmente contar a seus filhos e alunos histórias como essas. A historiadora Riane Eisler diz: "Realmente é repulsiva a maneira como Cinderela tem sido apresentada a milhões de meninas como louvável por não falar nada, muito menos se rebelar contra a injustiça: por chorar em silêncio e trabalhar do alvorecer ao anoitecer, explorada miseravelmente como um perfeito burro de carga. Todas as vezes que li essa história, não me dei conta de como isso também fazia parte do seu treinamento para se ajustar ao sapato do príncipe — em outras palavras, para satisfazer as especificações para uma mulher do tipo esposa submissa."[20]

Estupros coletivos

Havia muitos jovens solteiros nas cidades europeias no fim da Idade Média, no século XV. Esses jovens frequentemente se reuniam na associação da juventude, com um chefe à sua frente. Era um bando, institucionalizado. Existia apenas uma dessas em cada cidade, e ela tinha alguns privilégios. Assim, esses jovens podiam, em alguns momentos, liberar sua libido na cidade mesmo. Eles eram autorizados a isso. As mulheres em situação marginal, mal integradas à família, eram as principais vítimas. O rito principal nessas associações da juventude era o estupro coletivo.

Pregação pela castidade

A rainha Vitória, da Inglaterra, empresta seu nome ao comportamento do século XIX: era vitoriana. Apesar de hipócrita, a pregação é pela castidade. A boa esposa, novo modelo de mulher, é uma mulher reprimida. As novas enfermidades dão bem ideia disso: surgem as histéricas e as frígidas. Mulheres que gostam muito de sexo são conhecidas como ninfomaníacas. Os clitóris são extirpados (clitoridectomia) para tentar conter a ameaça. Como as esposas não satisfazem seus maridos, floresce novamente a prostituição e o hábito masculino de ter amantes.

Conselhos dados às mulheres pelas revistas femininas

Algumas frases publicadas na imprensa entre o fim dos anos 1950 e os 1960 dão uma ideia da ideologia que era implantada:

"A mulher deve estar ciente que dificilmente um homem pode perdoar uma mulher por não ter resistido às experiências pré-nupciais, mostrando que era perfeita e única, exatamente como ele a idealizara."

(Revista Claudia, 1962)

"Não se deve irritar o homem com ciúmes e dúvidas."

(Jornal das Moças, 1957)

"Se desconfiar da infidelidade do marido, a esposa deve redobrar seu carinho e provas de afeto."

(Revista Claudia, 1962)

"A desordem em um banheiro desperta no marido a vontade de ir tomar banho fora de casa."

(Jornal das Moças, 1965)

"Se o seu marido fuma, não arrume briga pelo simples fato de caírem cinzas no tapete. Tenha cinzeiros espalhados por toda a casa."

(Jornal das moças, 1957)

"O lugar de mulher é no lar. O trabalho fora de casa masculiniza."

(Revista Querida, 1955)

Sapatos de salto

No século XVII, na Inglaterra, todas as mulheres que usassem sapatos de salto eram punidas como feiticeiras. Acreditava-se que o objetivo era atrair homens ao casamento. Um século depois, o grande sedutor Giovanni Casanova, em sua biografia, declarou seu amor pelos saltos, que, segundo ele, levantavam as armações das saias-balão, usadas à época, desta forma mostrando as pernas femininas. No século XIX, os saltos foram introduzidos nos Estados Unidos, importados diretamente dos bordéis de Paris. O sucesso dos sapatos na capital francesa era enorme, pois a maioria dos clientes preferia contratar os serviços de prostitutas que usavam saltos.

Roupa feminina

A modernização da roupa feminina foi lenta. Se o decote variou pelos idos do século XV, o encurtamento das mangas, com a exposição do cotovelo, apareceu no século XVII. A partir daí, o colo e os ombros da mulher ficam mais expostos, a cintura cada vez mais estreita e as saias mais volumosas, a fim de proteger a região que desperta o apetite sexual. A ideia é bem representada quando nos remetemos ao mito da sereia. Na sua parte superior, ela é um ser doce e puro, mas a parte inferior deve ser encoberta de escamas, uma vez que a nudez é causa de repulsa e objeto de sedução. A divisão entre superior e inferior nas vestimentas femininas perdurou até meados do século XX. Para fugir desse dilema as mulheres buscaram na calça comprida sua solução.

Queixas das mulheres

Uma das principais queixas das mulheres no sexo é que os homens dão pouca atenção às necessidades delas. Por que um homem, mesmo quando quer satisfazer uma mulher, se preocupa muito mais com o tamanho e a rigidez do pênis do que em prolongar as preliminares? Por que tanta pressa em penetrar a parceira? Temor de perder a ereção e não corresponder ao ideal masculino; desconhecimento da sexualidade feminina; ideia de que sexo não é tão importante assim para a mulher. Estes podem ser os responsáveis por tanto estranhamento na cama.

Ódio às mulheres

As mulheres foram literalmente penduradas em ganchos de açougue. A indústria do sexo, fomentada pelo capitalismo selvagem das décadas de 1950 e 1960, propiciou isso. A autora da proeza misógina foi a revista *Hustler*, que colocou na capa um corpo de mulher retalhado, preso no alto por um gancho. Essa mesma publicação, que se tornou notória por seu ódio às mulheres, mostrou em outra capa um homem impelindo uma perfuratriz na vagina de uma mulher, com a legenda "Preliminares". Os movimentos feministas denunciaram exaustivamente o uso da mulher em imagens desse tipo. O ápice da loucura antifeminina são os filmes *snuff*, nos quais mulheres são assassinadas diante das câmeras.

Garanhão, touro ou galo?

Quem nunca ouviu elogios ao desempenho sexual de um homem, comparando-o ao macho de algumas espécies animais, principalmente um garanhão, um touro ou um galo? Não dá para entender como sexo assim pode ser bom. A capacidade sexual dos animais implica numa total falta de diversidade, intimidade, e liberdade, presos a uma posição única e a um relógio biológico. Hollywood, que há tanto tempo influencia o comportamento ocidental, também fez a sua parte na divulgação de uma ideia falsa do prazer sexual. Num filme, em poucos minutos, às vezes com um simples abraço, a mulher fica instantaneamente lubrificada e a satisfação no ato sexual se dá rapidamente. A atriz Candice Bergen descreveu para a revista *Esquire* como desempenha um ótimo orgasmo: "Dez segundos de respiração profunda, girar a cabeça nas duas direções, simular um ataque de asma e morrer um pouco."

A LIBERTAÇÃO

Luta de séculos

A história da mulher é uma constante luta contra a opressão. As mulheres sempre sofreram todo tipo de constrangimento familiar e social. Foram humilhadas, menosprezadas e constantemente utilizadas como forma de prazer para os homens. Durante muito tempo afirmaram que as mulheres têm cérebro úmido, responsável por suas deficiências. O cérebro seco do homem explicaria seu juízo superior. A mulher sempre foi obrigada a obedecer ao marido em tudo. Os progressivos direitos adquiridos são resultado de muitos anos de luta.

O homem machista

Nas décadas de 1960 e 1970, os homens assistiram de braços cruzados às reivindicações femininas, sem perceber que eles também tinham do que se libertar. Somente de uns trinta anos para cá começaram a se dar conta de que o ideal masculino da nossa cultura patriarcal os oprime, e muito. Mas eles ainda estão sem saber muito bem como agir. O homem machista, que eles aprenderam a valorizar, é cada vez menos aceito e desejado.

Sem se mutilar

O machão perdeu seu lugar. Até um tempo atrás, os papéis sociais, masculino e feminino, eram claramente definidos. As mulheres se conformavam em apenas expressar características de personalidade que lhes eram atribuídas: meiguice, gentileza, fragilidade, indecisão. Ocultavam quaisquer outras que estivessem ligadas a coragem, força e decisão. Sabiam que seriam repudiadas. Assim, valorizavam homens que também só expressavam uma parte de si: força, agressão, coragem, desafio, poder. Acontece que, a partir daí, as mulheres passaram a se sentir no direito de ser mostrar por inteiro. Podiam ser fracas, mas também fortes, dóceis e agressivas, indecisas e decididas, medrosas e corajosas, dependendo do momento e das circunstâncias. O caminho natural foi desejar se relacionar com homens que pudessem ser inteiros também, que assim como elas não mais precisassem reprimir vários aspectos de sua personalidade.

Autonomia ameaçadora

Bonnie Kreps acredita que a autonomia das mulheres é ameaçadora a todos os homens que são influenciados pelo mito da masculinidade, sendo que o grau de ameaça sentido por um homem está diretamente relacionado com o grau de influência do mito sobre ele. Uma mulher autônoma, por sua própria existência, afirma duas coisas que nenhum homem masculino quer ouvir: "Não conte comigo para alimentar sua adequação", e, ainda pior, "Não conte comigo para deixar que você continue a vencer". Essas palavras, e especialmente os atos, são coisas proibidos no jogo masculino/feminino.[21]

De Cinderela a Valente

As mentalidades estão mudando. É o que mostram os novos desenhos animados em que as personagens femininas são fortes e independentes, e de forma alguma buscam encontrar um homem para viver um romance e para se sentir protegida. "Nosso destino está dentro de nós, você só precisa ser valente o bastante para vê-lo." Esta sentença da personagem Merida, sintetiza o argumento da animação *Valente*, dos Estúdios Disney.

Outros objetivos

Merida é uma princesa escocesa, filha do rei Fergus. Sua mãe, a rainha Elinor, busca adaptá-la aos padrões que a sua estatura dentro do reino exige. Tenta ensinar-lhe boas maneiras, a história do reino, lições para que se torne uma boa rainha e espera que ela se case. Mas a princesa Merida é diferente; não quer se casar e nem ser igual à sua mãe. Ela quer poder viver o seu próprio destino, e não aquele que a mãe e as outras pessoas do reino esperam dela.

O corpo da mulher não pertence a ninguém

Durante muito tempo a mulher teve que esconder seu corpo. Era proibida de mostrar as pernas — nem o calcanhar poderia aparecer —, a gravidez deveria ser disfarçada e ela não podia se olhar nua no espelho. "As mulheres querem delimitar o corpo como seu território. O corpo da mulher não pertence a nenhum homem — seja ele marido, namorado, pai, irmão, cafetão — ou nenhuma outra mulher. Tampouco é espaço de exploração coletiva, seja sexual ou imagética mercantilista. O corpo da mulher não foi feito para vender cerveja, refrigerante ou pneu. E nem para ser traficado internacionalmente. Muito menos para apanhar, sofrer estupro ou qualquer outra forma de maltrato. Pertence a ela mesma e a mais ninguém. Quando a mulher tira a roupa é para dizer que ela pode. Ela está se empoderando, tomando para si o seu destino. Sentindo na pele a sua autonomia. Gritando para os quatro ventos que não se enquadra nos padrões atuais. Isso é bonito demais. É corajoso. E revolucionário", diz Maíra Kubik, doutora em Ciências Sociais.[22]

O dragão satisfeito

Existe uma história mostrando como a mulher atual, que se libertou dos valores patriarcais, descarta qualquer proteção masculina. Ela vem na forma de um desenho humorístico. Na Idade Média, as regras da nobreza garantiam ao cavaleiro salvador a donzela que foi salva do perigo. O cenário é a terra dos dragões, donzelas em apuros e cavaleiros com armaduras brilhantes. Uma donzela e sua dama de companhia estão fitando a cabeça de um imenso dragão em cuja garganta está desaparecendo um cavaleiro. O dragão parece satisfeito, a donzela parece aliviada. Legenda: "Graças a Deus! Eu estava morrendo de medo de que ele matasse o dragão e eu tivesse que desposá-lo."

A difícil autonomia

Ter ou não um homem ao lado está aos poucos deixando de ser a questão básica da vida de uma mulher. Mas ainda são poucas as mulheres e os homens que buscam autonomia. A maioria mantém no amor os padrões de comportamento tradicionais, variando apenas o grau. Estamos no meio de um processo de mudança.

A mística feminina

Em 1963, Betty Friedan havia lançado *A mística feminina*, estudo em que analisa o vazio na mulher dona de casa. Friedan, em 1966, fundou a Organização Nacional para as Mulheres (National Organization for Women), e foi sua primeira presidente.

A queima dos sutiãs

O episódio conhecido como Bra-Burning, ou *A queima dos sutiãs*, foi um evento de protesto com cerca de quatrocentas ativistas do Women's Liberation Movement (WLM) contra a realização do concurso de Miss America em 7 de setembro de 1968, em Atlantic City, no Atlantic City Convention Hall. Na verdade, a "queima" propriamente dita nunca aconteceu e ninguém tirou o sutiã. Essas lendas urbanas surgiram porque, ao dar ampla cobertura para o evento, a mídia o associou a outros movimentos, — como o da liberação sexual; o dos jovens que queimaram seus cartões de seguro social em oposição à Guerra do Vietnã. Mas a atitude foi incendiária. A escolha da americana mais bonitinha era tida como uma visão arbitrária da beleza e opressiva às mulheres, por causa de sua exploração comercial. Elas colocaram no chão do espaço sutiãs, sapatos de salto, cílios postiços, sprays de laquê, maquiagens, revistas, espartilhos, cintas e outros "instrumentos de tortura" destinados a mulheres.

O combate por dentro

A jornalista americana Gloria Steinem desvendou o mundo sexista de Hugh Hefner. Fundou a *MS*, revista cujo título reivindicava o direito de mulheres não serem identificadas como *Miss* (senhorita) ou *Mrs* (senhora), designações que definem a mulher pelo seu relacionamento com um homem — senhorita, mulher que não tem homem; senhora, aquela que tem um homem ou já teve, mas ele partiu ou morreu.

Cavalheirismo é prejudicial às mulheres

Gentileza é ótimo! Homens e mulheres podem e devem ser gentis uns com os outros, mas cavalheirismo é outra coisa. Traz, de forma subliminar, a ideia de que a mulher é frágil e necessita de um homem para protegê-la, até nas coisas mais simples como abrir uma porta. É importante não esquecer que durante milênios a mulher foi considerada incapaz, incompetente e limitada, ou seja, um ser inferior. Muitas vezes algo que parece tão inocente pode ser profundamente prejudicial por reforçar inconscientemente ideias que já deveriam ter sido reformuladas.

Proteger de quê?

Que tipo de homem deseja proteger uma mulher? Certamente não seria um que a vê como uma igual, que a encara como um par. Mas aquele que se sente superior a ela. E como disse a atriz americana Mae West em um de seus filmes: "Todo homem que encontro quer me proteger... não posso imaginar do quê."

Retrocesso ao movimento feminista

A reação esperada ao movimento feminista dos anos 1960/1970 aconteceu na década de 1980. A mídia americana divulgou alarmantes sinais de que as mulheres haviam perdido muito com sua revolta contra a histórica opressão masculina. A revista *Newsweek* informou que o estresse atacava mulheres, que agora eram executivas de empresas. As mulheres solteiras e independentes estavam "deprimidas e confusas" devido à "falta de homens", disse o *New York Times*.

Sem homens?

A *Harper's Bazaar*, revista de moda feminina, opinou também, dizendo que o movimento feminista deu às mulheres mais perdas do que ganhos. Mas a crítica mais curiosa que o movimento recebeu foi de Mona Charen, uma jovem estudante de direito, que escreveu o seguinte: "O movimento feminista deu à minha geração altos rendimentos, os nossos próprios cigarros, a opção de ser mãe solo, delegacias de mulheres e amor livre, mas retirou aquilo sobre o qual repousa a felicidade da maioria das mulheres: os homens."

Mulher independente x mulher autônoma

Estamos no meio de um processo de profunda transformação das mentalidades. As mulheres foram oprimidas durante muito tempo e só há cinquenta anos elas passaram a reivindicar igualdade de direitos em relação ao homem. Muitas mulheres alcançaram independência financeira, mas ainda não são mulheres autônomas. Uma mulher autônoma é aquela que já se libertou dos padrões de comportamento impostos para a mulher na sociedade patriarcal, como: a mulher deve sempre tentar agradar o homem, não pode demonstrar que gosta de sexo, jamais deve tomar a iniciativa, precisa de um homem ao lado para protegê-la, se não tiver um parceiro fixo e estável é desvalorizada etc.

Projetos próprios

Vai longe o tempo em que mulheres não tinham projetos próprios e sempre aderiam aos planos do marido. Hoje, a vida conjugal passa a ser vista por outro prisma. Acredita-se cada vez menos que a união de duas pessoas deva exigir sacrifícios.

A vez das não reprimidas

A moça reprimida, que demonstra não se interessar por sexo, perdeu todo o seu glamour. Os tempos são outros, e não faltam estímulos para que se viva um sexo mais intenso e prazeroso, incluindo aí a realização de variadas fantasias.

Hoje, somos mais livres

Durante muito tempo, as mulheres solteiras eram geralmente enviadas para conventos. A outra opção seria trabalhar como prostituta nos bordéis. Não ter um marido ao lado significava não ter valor algum; quem não casasse tinha uma vida infeliz. As mulheres chamadas de "solteironas" viviam reclusas ou eram mal faladas. Essa mentalidade perdurou até algumas décadas atrás. Pascal Bruckner, filósofo francês diz: "As lamúrias quanto à solidão do homem contemporâneo, prato cheio para certa sociologia, esquecem que a solidão se tornou, sobretudo para as mulheres, um direito que substitui o velho pacto de servidão. Acabou a maldição que se abatia, até pouco tempo ainda, sobre solteiras, divorciadas e jovens viúvas, acusadas de levar vidas desregradas e de ter desejos criminosos. Estamos mais solitários hoje por sermos mais livres, mesmo que tal liberdade venha acompanhada de angústia. Nada garante que toleraríamos as obrigações e os tormentos que acompanhavam a segurança de antigamente. A bem comportada estabilidade celebrada nos séculos passados se baseava numa coerção que não gostaríamos de ter de volta".[23]

O voto da mulher

A luta pelo voto da mulher, na Inglaterra do século XIX, era o confronto com os argumentos mais ásperos que se possa imaginar. Os políticos conservadores argumentavam que, se mulheres não iam para a guerra, não chafurdavam nos lamaçais das selvas coloniais, não atravessavam os mares, enfrentando as tempestades em navios cargueiros, então não mereciam escolher seus governantes. Os motivos reais eram outros. Os líderes partidários temiam que mulheres fossem difíceis de controlar com argumentos práticos, além de não serem boas companhias de clube e carteado. Como tais argumentos poderiam soar pouco nobres, esses mesmos políticos argumentavam que as mulheres eram especiais demais e, portanto, mereciam moralidade também especial.

Mulheres atuando contra mulheres

As tolas embarcaram na ideia de que, se os problemas eram masculinos, o voto também deveria ser. Algumas líderes argumentavam que as mulheres poderiam influenciar os resultados eleitorais atuando sobre as mentes de maridos e filhos. Apesar dessas oposições dentro do próprio movimento, as mulheres conseguiram, em 1918, na Inglaterra, o direito de votar após a idade de trinta anos, e logo depois esta idade limite caiu para 21.

Homens também são oprimidos

Quando as mulheres começaram a se libertar da estrutura psicológica, que Betty Friedan denominou de mística feminina, os homens ainda acreditavam que não tinham nada do que se libertar, desprezando o fato de que, no sistema patriarcal, a construção do sexo feminino esteve ligada à construção do sexo masculino e que antes da mística feminina veio o mito da masculinidade. Demorou algum tempo para eles perceberem que o sistema patriarcal não oprime somente as mulheres. Afinal, ser sempre forte, poderoso, ganhar dinheiro e nunca falhar não é fácil e deixa os homens exaustos.

PARTE III

SEDUÇÃO E CONQUISTA

A dominação do homem sobre a mulher, nos muitos séculos de nossa história, não excluiu a sedução e a conquista, por isso devemos considerar a indomável competição masculina e a atração que envolve a busca pelo prazer. Durante séculos as relações foram mediadas pelas famílias, interligadas pelos valores econômicos e políticos.

Havia regras para sorrir ou até para o movimento das pálpebras, durante os olhares entre os candidatos. As mulheres mais desejadas eram classificadas como "fatais", e fortunas e reinos mudaram de controle por seus desejos. Muitas delas se tornaram mitos através da arte, com Carmem de Prosper Mérimée, de 1852, que se tornou ópera, de Bizet. Várias obras prosseguiram essa trajetória até a Hollywood do século XX. O caminho da sedução sempre passou pelo olhar, como observou a antropóloga americana Helen Fischer analisando a conquista e o amor.

Bundling

Entre os pobres havia um costume popular, o "bundling". Com o objetivo de fazer a corte, os casais solteiros ocupavam a mesma cama, sem tirar a roupa. Suas origens não são claras, mas floresceu em meados do século XVIII, nos Estados Unidos. As pequenas propriedades agrícolas do país exigiam o trabalho durante as horas do dia. A família geralmente se deitava com o pôr do sol. Como então os casais poderiam se encontrar para namorar? Não havia sala de visitas nem sofá. Mas com a permissão dos pais, o jovem podia passar a noite com a moça por quem tinha se interessado, a fim de conhecê-la melhor. Diversos modos foram inventados para impedir o contato físico: uma tábua podia ser colocada no meio da cama; a jovem devia ser envolta em uma espécie de comprida bolsa de lavanderia, até a altura das axilas, ou suas roupas costuradas em pontos estratégicos.

Gritinhos delicados

No século XIX, a mulher não deveria ser sexualmente atraente em qualquer aspecto nem mostrar o menor interesse em flertar com qualquer homem. Ela podia emitir gritinhos delicados à vista de um gafanhoto, podia chorar discretamente ao assistir a uma peça de teatro ou ao ouvir um concerto, podia mesmo, quando a oportunidade merecesse, desmaiar. Na maioria dos casos, o único recurso de que a moça dispunha para manifestar a sua resposta ao flerte de um jovem era, de acordo com um livro de boas maneiras do período, forçar um "tímido rubor" ou "o mais sutil dos sorrisos, a esvoaçar por entre as pálpebras semicerradas". Às vezes, esses fracos sinais chegavam ao seu destino, e o jovem ao qual se dirigiam obtinha permissão do pai da moça para visitá-la. Ela poderia passar algum tempo em companhia dele, conversando, tocando piano ou cantando, mas sempre com a presença de um adulto.

Pura e recatada

Nos anos 1950, a jovem deve "provar" que é "boa moça", pura, recatada, fiel, prendada, boa dona de casa e futura boa mãe. O rapaz precisa demonstrar, para a namorada e sua família que é honesto, responsável, trabalhador e "respeitador" com relação à sua eleita, enfim, um "bom partido".

Origem do beijo na boca

Outrora, as mães alimentavam os filhos mastigando a comida e introduzindo-a por um boca a boca, o que implicava naturalmente uma quantidade apreciável de pressões mútuas da língua e dos lábios. Esta forma de alimentar a criança, parecida com a das aves, foi praticada por nossa espécie por mais de um milhão de anos e o beijo erótico é um gesto-relíquia que dali veio. Nesse caso será uma relíquia não do nosso passado pessoal, mas da pré-história da nossa espécie. Se os amantes, que exploram a boca um do outro com a língua, encontram o bem-estar antigo da alimentação boca a boca, isso pode reforçar a confiança mútua e os seus elos de ligação.

Femmes fatales

Na história encontramos muitos exemplos de mulheres fatais. A primeira e a mais competente de que se tem notícia parece ter sido mesmo Eva. Ao tentar Adão, teria provocado a desgraça, não só para ele, mas para todos nós. Outra bem prestigiada é Cleópatra. Ela seduziu de tal forma Marco Antônio, que quando Roma toda ficou contra ele o suicídio foi sua única saída. No início do século XX, algumas cortesãs se misturavam com a alta sociedade e era chique um jovem ser arruinado por uma delas. Quanto mais dilapidavam uma fortuna, mais eram valorizadas. Na Inglaterra, dizem que Eduardo VIII foi vítima dessa perigosa atração ao desistir do trono, em 1936, para se casar com uma divorciada americana. E há quem atribua à atração que Yoko Ono exerceu sobre John Lennon, na década de 1970, o lamentável fim dos Beatles.

Vamps de papel

As mulheres sedutoras da literatura podem se tornar mitos tão fortes quanto as reais. Uma das mais festejadas e adaptadas foi *Carmen*. Ela surgiu como personagem de uma novela de Prosper Mérimée, de 1852, que depois se tornou ópera, por obra de Bizet. Foi adaptada para o cinema duas vezes, além de encenada como balé em inúmeras outras oportunidades. Sua estranha força vem talvez da oposição entre a condição de cigana da personagem *Carmen* e a representação do poder na pele do cabo José. Ela trabalha numa fábrica de cigarros, briga com uma companheira e José é enviado para prendê-la. *Carmen* não só o seduz como faz dele um bandido, depois o trai com um toureiro. Tudo anunciado nas cartas que ela lê. O pobre José não suporta sua perda e a mata.

Padrão comum durante o flerte

Um pesquisador alemão concluiu, através de fotografias que tirou secretamente de homens e mulheres em vários países, que existe um padrão comum na atitude deles durante o flerte. Todos utilizavam a mesma sequência de expressões quando flertavam. E ele se convenceu de que é um traço típico que vem se desenvolvendo ao longo de milhões de anos para demonstrar o interesse sexual. Primeiro, a mulher sorri para seu admirador e ergue as sobrancelhas em um movimento rápido, enquanto abre bem os olhos para olhar para ele. Depois, baixa as pálpebras, inclina levemente a cabeça para o lado e desvia os olhos. Frequentemente, cobre o rosto com as mãos e, enquanto o esconde, dá risadinhas nervosas. Assim como é comum os animais sacudirem a cabeça para trás para solicitar atenção, as mulheres quando flertam erguem os ombros, arqueiam as costas e jogam o cabelo para trás, tudo em um só movimento coordenado.

E os homens?

Os homens também utilizam as mesmas estratégias usadas por outras espécies. Para assumir uma postura de superioridade e parecer mais altos os animais utilizam uma mensagem corporal. O bacalhau ergue a cabeça e impele para a frente suas nadadeiras, as cobras, as rãs e os sapos inflam seus corpos, os antílopes distendem o tórax, os gorilas socam o peito e os homens apenas estufam o peito.

Amor, desejo e sedução

Será que existe diferença entre a sedução masculina e feminina? Homens e mulheres são ensinados a ser diferentes, sobretudo no que diz respeito à sensibilidade, ao desejo e às fantasias. Na relação a dois, com frequência, um imagina o outro como na realidade ele não é, e espera dele coisas que ele não pode dar. Como conseguem então comunicar a sua atração sexual?

A sedução em cinco estágios

Dois pesquisadores passaram centenas de horas em bares americanos e canadenses observando homens e mulheres escolhendo-se entre si. A antropóloga americana Helen Fisher[24] dividiu em cinco estágios a sedução nesses bares: "estabelecer o território e chamar a atenção para si"; "reconhecimento"; "conversa"; "contato físico" e "sintonia corporal".

1) Estabelecer o território e chamar a atenção para si: homens usam os gestos exagerados, erguem os ombros; os mais velhos mostram joias como prova de sucesso. Mulheres ajeitam o cabelo, empinam as costas, balançam os quadris.
2) Reconhecimento: basta um sorriso para que o jogo esteja aceito e então os dois se aproximam.
3) Conversa: a voz fica mais alta, suave e musical. O que se diz tem menos importância do que a forma como é dita. Falar é revelar nossas intenções.
4) Contato físico: atitudes de intenção (aproximação dos pés, braços etc.) até chegar ao toque propriamente dito. O tato é considerado o sentido-mestre. Se a outra pessoa retribuir o toque, é porque já aceitou um contato corporal.
5) Sintonia corporal: os corpos começam a se mover em um só movimento. Os ombros se aproximam e os corpos ficam de frente um para o outro. Enquanto um passa a mão no cabelo, o outro também o faz, e assim por diante.

O olhar

Helen Fisher considera que o instrumento mais importante do flerte entre seres humanos é o olhar. Afinal, fomos obrigados a experimentar um contato pré-verbal. Logo depois do nascimento, o único instrumento que tínhamos para nos comunicar com o mundo eram nossos olhos, que sempre encontram outros olhos. Aí é que tem a origem da sedução através do olhar. O olhar provoca duas reações — aceitação ou rejeição. Na verdade, é impossível ignorar o olhar de uma pessoa fixado em nós; isso exige uma reação. Podemos sorrir e começar a conversar; ou podemos olhar para o outro lado e nos afastar do local.[25]

Messalina

A esposa do Imperador romano Cláudio (42 d.C.) merece um lugar na galeria das mulheres fatais. Messalina, cujo nome é sinônimo de perversão sexual, convenceu o marido a ordenar o assassinato do senador Apio Silano. Ele havia cometido o pecado imperdoável de resistir ao charme dela.

Sedução original

Cleópatra se tornou rainha do Egito no ano 51 a.C. Aos 18 anos ela já era admirada por suas qualidades de estadista. A guerra ia mal para ela, quando o grande general romano Júlio César chegou à Alexandria e tomou o palácio real. Cleópatra resolveu então conquistar o apoio de César, que tinha trinta anos mais que ela, oferecendo-lhe seu corpo de rainha. Persuadiu um comerciante,

Apolodoro, a contrabandeá-la para dentro do palácio, embrulhada num tapete, que seria presente para o romano. Quando, nos aposentos de César, o tapete foi desenrolado, Cleópatra saiu dele. César ficou tão fascinado que Cleópatra logo o conquistou. Ela teria então argumentado que ficara encantada com as histórias amorosas de César e, portanto, desejosa de conhecê-lo. Tornou-se, assim, sua amante, o que ajudou a estabelecer o seu poder no país.

Casanova, mestre da sedução

O mais conhecido dos sedutores e o único que escreveu um registro completo das suas experiências amorosas foi o aventureiro veneziano Casanova (1725-1798). Sua técnica típica era a de se sentir apaixonado poucos momentos depois de se encontrar com uma nova mulher. A partir daí, punha em prática seus roteiros. Fazia uso da adulação, de palavras de veneração, de presentes e de dinheiro, se necessário. Lançava mão de emboscadas, se isso fosse possível e possibilitasse o que queria, e acabava sempre oferecendo casamento, quando todo o resto fracassava. Casanova seguiu seduzindo em toda a Europa. Era forçado a fugir das cidades para não ser morto por nobres desonrados. Conta-se que Casanova podia conquistar quem quisesse, sem dificuldade. Um dos seus biógrafos diz que ele tinha o dom "de manter a graça e a ereção quando todos em volta as estavam perdendo". O próprio julgamento de toda a sua vida está contido na última afirmação que fez: "Não me arrependo de nada."

Mitos de aproximação amorosa

O interesse pelo sexo gera os mais variados mitos sobre facilitação de conquistas. Feitiços, mandingas, padroeiros, engrossam os procedimentos para se conseguir a pessoa amada. Em parte da Europa, no Brasil e em outros países católicos, Santo Antônio é o "santo casamenteiro". As moças, solteiras ou "encalhadas", como se consideram aquelas que não casaram até certa idade, desfiam "novenas" (rezas de nove dias) para Santo Antônio. Há o costume de manter uma imagem do santo virada de cabeça para baixo até que apareça algum pretendente.

Jogo da sedução

Quando alguém nos olha, podemos sorrir e começar a conversar; ou podemos olhar para o outro lado e nos afastar do local. Mas primeiro levamos a mão até a orelha, ajeitamos a roupa, bocejamos, mexemos nos óculos ou realizamos qualquer outro movimento sem nenhum sentido — um "gesto de disfarce" — para aliviar a ansiedade, enquanto pensamos em como reagir a esse convite: se vamos embora ou se ficamos e aceitamos participar do jogo da sedução.

Regras bem-estabelecidas

O papel que homem e mulher desempenhavam no sexo sempre teve regras claramente estabelecidas. Fazia parte do jogo de sedução e conquista o homem insistir na proposta sexual e a mulher recusar. Ela tinha que se fazer de difícil. Quanto mais ela recusava mais ele insistia e mais emocionante o jogo se tornava. Só para ele, claro. Para a mulher era um tormento. Além de toda a culpa que carregava por estar permitindo intimidade a um homem, seu desejo era desconsiderado, assim como seu prazer. Como usufruir daquele encontro? Não podia relaxar um segundo. Ela sabia que, se não se controlasse, seria logo descartada e ainda por cima rotulada de "fácil". Ainda há homens com um jogo de sedução antigo, e insistem nele. Não percebem que a recusa pode ocorrer porque a mulher não está a fim mesmo.

Sedução: sexo ilícito

A prática de conquistar mulheres acompanha a história. No século XVIII, a definição básica de "sedução" era induzir uma mulher a fazer sexo ilícito porém consensual. Embora ambas as partes talvez fossem responsáveis por seu ato, a sedução em si não era considerada um crime — mesmo que se desse através de um engodo, como uma falsa promessa de casamento.

Sem fórmulas

Para seduzir um homem ou uma mulher não existem fórmulas nem regras fixas. E o que se busca além do sexo é uma experiência bem mais complexa que inclui, na maior parte das vezes, a obtenção de afeto e a transmissão de sensações. A igualdade entre os sexos tende a acabar com o típico conquistador; ambos buscam, cada vez mais, o que os iguala e tentam superar as diferenças. Mas para conquistar alguém penso só haver um jeito: perceber nossas singularidades e as da pessoa desejada e ser o mais espontâneo possível.

Alho?

Comer alho pode ajudar os homens na hora da conquista. Isso é o que diz um estudo, feito na República Tcheca. Na pesquisa, as mulheres analisaram o suor de mais de quarenta homens. Os que consumiram as maiores quantidades de alho tiveram o cheiro mais atraente, na opinião delas. A pesquisa é curiosa e engraçada, mas o fato é que esse assunto interessa a todos. Por que nos sentimos atraídos por alguém e de que forma atrair a pessoa desejada?[26]

Cantada irresistível?

Na tentativa de sedução todos os esforços são no sentido de fazer o outro se encantar e se entregar à sedução. Mas você acredita que existe aquela cantada a que ninguém resiste? Eu não acredito. A mesma cantada pode ser irresistível pra uma pessoa e completamente sem graça para a outra. Na realidade, pode até ter o efeito contrário: afastar qualquer possibilidade de conhecimento. Para se conquistar alguém é fundamental que o comportamento não seja o mesmo de sempre, estereotipado.

As preferências de cada um

Algumas mulheres gostam de cantadas ousadas, que denotem confiança e decisão. Outras preferem aquela quase imperceptível, que vem do homem tímido. Os homens não deixam de ter suas preferências. Há os que não resistem à mulher que toma a iniciativa — admiram sua coragem e se entregam a ela sem titubear.

Outros detestam mulheres tão decididas, alegando que se sentem desconfortáveis fora do papel de conquistador.

Don Juan

Don Juan, mito originário da Espanha, narra a sedução da filha do comandante da guarnição militar de Sevilha. É desafiado a um duelo, e Don Juan mata o comandante. Um tempo depois, oferece banquete ao lado da estátua da vítima. O monumento de pedra adquire vida e arranca Don Juan da mesa lançando-o aos infernos.

Magia

Quase todas as sociedades humanas possuem crenças ou inventam dizeres mágicos para encantar uma pessoa. Alguns povos se tornaram famosos pela eficácia de sua mágica do amor. Na Europa, os ciganos há muito são considerados os que possuem a melhor mágica. Ninguém duvida que a necessidade de sexo e afeto seja uma força imperiosa dentro de nós, mas encontrar a satisfação adequada não é nada fácil.

Receitas para conquistar alguém

"Prepare um bolinho com carne de hambúrguer. Embeba-o em seu próprio suor. Cozinhe. Sirva para a pessoa desejada." Esta é uma receita tipicamente americana para conquistar alguém. Um feitiço praticado em alguns lugares consiste em ferver um par de tênis que você tenha usado e depois, com a água, fazer uma bebida para oferecer a quem deseja seduzir. Um encantamento dos mais estranhos para homens vem do século XVI. Quem quer muito ter uma mulher deve pegar a língua de um pardal e prender em suas próprias roupas com cera virgem durante quatro dias. Depois, colocar debaixo da língua e beijar a pretendente.

Ficar atento

Nem todos apelam para reforços externos, preferindo se arriscar usando a própria capacidade de sedução. Esse jogo, cheio de rituais, se inicia com a escolha do parceiro e, embora muita gente tente negar, o objetivo final é fazer sexo com quem foi escolhido. E uma das maneiras de avaliar a aceitação ou rejeição é ficar atento aos sinais captados através da linguagem corporal, que expressam mais livremente os desejos inconscientes.

Conquistadores fora de moda

O movimento feminista e a liberação sexual tornaram os conquistadores tipos meio antiquados. A ideia de machos colecionarem conquistas saiu de moda, conforme a supremacia masculina entrou em declínio. Os conquistadores não deixaram de existir, nem sucumbirão apenas por uma questão de moda. O que mudou é a propaganda que fazem disso. As conquistas estão abertas a todos: homens e mulheres, de todas as orientações sexuais.

PARTE IV

A PAIXÃO

Percorrendo um caminho que teve início na religiosidade e que ainda domina o sentimento humano, somos quase todos vítimas da paixão em algum momento da vida. Ela nos entrega tensão e prazer. Exigimos do outro a sensação de plenitude e o êxtase. A paixão também atrai pela intuição de que podemos perder o outro a qualquer momento. Não há segurança. Alguns estudos indicam que sua duração média é de 18 meses a três anos. Mas há um inimigo mortal, a permissividade, que tem afastado sua força maior: a proibição.

Perdas e danos

Stephen Flemming é um dos líderes do parlamento inglês, com reputação intocável e comportamento familiar exemplar. Isto até se apaixonar pela noiva do filho, Anna. O filme *Perdas e danos*, com Juliette Binoche e Jeremy Irons, ilustra bem a paixão. Stephen então altera sua rotina para estar com ela em seus encontros furtivos. Eles sabem o quanto esse relacionamento pode abalar as pessoas que amam e destruir suas vidas, mas a paixão é mais forte do que a razão. O amor apaixonado tem sido sempre libertador, mas apenas no sentido de gerar uma quebra da rotina e do dever. Foi precisamente essa qualidade que sempre o colocou à parte das instituições existentes. Até pouco tempo atrás, nunca foi aceito como base para o casamento; ninguém ousava criar ligações duradouras a partir de um amor apaixonado.

Expectativas que alimentamos

A paixão é claramente identificável, o prazer e a tensão que vem com ela nos levam à transcendência, ou pelo menos a uma intensa emoção. Desejamos e exigimos, inconscientemente, que o outro mantenha esse êxtase, essa sensação de plenitude. Mas, da mesma forma que acontece quando cessa o efeito de uma droga, quando a paixão chega ao fim nosso universo se desmorona, embora muitas vezes permaneçamos ao lado daquela pessoa que nos levou ao ápice na vida.

O hábito de se apaixonar

Bonnie Kreps diz que deixar o hábito de "apaixonar-se loucamente" para a novidade de entrar num tipo de amor sem projeções e idealizações também tem sua própria excitação. A sensação geral é a de começar a utilizar novos músculos, que sempre tivemos, mas nunca usamos por causa de nosso modo de vida; e, ao começar a utilizá-los, podemos fazer com nosso corpo coisas que nunca conseguimos. Os músculos psicológicos também existem, e devemos olhar através da camuflagem do mito do amor romântico a fim de encontrá-los — e, então, ver com que se parecerá o amor quando mais pessoas começarem a flexioná-los.[27]

Paixão x amor

Paixão, amor romântico e amor são sentimentos distintos, embora confundidos. Para o sociólogo inglês Anthony Giddens, a paixão é sem dúvida a que causa mais tormentas. Sua característica principal é a urgência; é tão invasiva e poderosa que pode fazer com que sejam ignoradas todas as obrigações habituais. Perturba as relações cotidianas, arrancando a pessoa das atividades a que está acostumada, deixando-a completamente fora do ar. É comum fazermos escolhas radicais e muitas vezes penosas — faltamos ao trabalho, largamos o emprego, mudamos de cidade, abandonamos a família.[28]

A paixão

Aqueles que se apaixonam intuem que podem perder quem amam sem ter ideia de quando isso pode acontecer, o que gera medo e provoca dor. A ideia de que a paixão não vai ter fim pode ser o fim dela, mas são coisas que imaginamos. Queremos a estabilidade e lutamos por ela, mas não há nenhuma segurança disso.

Risco da perda

É muito raro encontrar alguém que nunca tenha se apaixonado. Não se sabe nada do outro, vemos o que queremos ver, e a pessoa por quem estamos apaixonados faz o mesmo. A conversa dura pouco, mas isso não impede de que se façam planos e se imaginem situações. Mas o medo da perda está sempre presente. "Quando amamos, sempre corremos o risco da perda — por alguma crítica, rejeição pela separação e, em última análise, pela morte —, independentemente do esforço que façamos para dela nos defender. A introdução da incerteza às vezes nada mais exige senão o abandono da ilusão da certeza. Nessa mudança de percepção, reconhecemos o mistério intrínseco de nosso parceiro."[29]

Quando o outro se apaixona

Conversando, há alguns anos, sobre a paixão com Angel Vianna, coreógrafa e pesquisadora de dança, ouvi coisas bem interessantes: "Acho que amar é aceitar os momentos de cada um. A paixão é um impulso, se o parceiro se apaixona por outra pessoa, é importante ceder... ele tem que experimentar isso. Mas para isso tem que haver muito amor pelo ser humano, uma compreensão especial de gente." "E como fica o ciúme?", perguntei. "O único jeito é engolir o ciúme. Além disso, descobrir uma maneira de crescer como pessoa, em todos os sentidos."

Aprendemos a desejar uma paixão

Êxtase, euforia, apreensão, dias inquietos, noites insones... Você conhece alguém que nunca se apaixonou? É raro. Todos nós aprendemos, desde cedo, a desejar viver uma paixão. Mas os tormentos causados pela paixão são muitos. Por essa razão, e por ter no ardor sexual um forte componente, ela sempre foi considerada perigosa do ponto de vista da ordem e do dever social.

Papéis fixos

A paixão nos faz olhar o mundo de outra forma. Tudo assume cores intensas e vibrantes. É possível estar com muita gente em volta e ficar preso por uma única imagem, a da pessoa amada, que se torna a única presença que nos importa. Começamos a perceber em nós aspectos que até então estavam inconscientes. Mas não é só isso. "Reduzimo-nos também descartando aspectos importantes da nossa personalidade em nome da paixão. Não devemos nos surpreender que a paixão acabe quando prendemos a nós mesmos e nossos parceiros a papéis fixos. Os dois lados perdem. Não só você esgotou a paixão, como também não conseguiu grande satisfação. A fragilidade desse equilíbrio artificial fica evidente quando um parceiro infringe as regras da convivência e insiste em trazer partes mais autênticas de si mesmo para a relação."[30]

Inventamos uma paixão

Muitas vezes inventa-se uma grande paixão e até se sofre por ela. Mas o sofrimento não é o problema: pode ser estancado de imediato. É só aparecer outro alguém, que a transferência do amor logo acontece. Afinal, somos apaixonados pela paixão.

Incerteza

A paixão pode ser comparada a estar hipnotizado. A fixação no ser amado é tanta que em muitos casos se torna uma obsessão. Os amantes, quando estão vivendo uma paixão, se sentem plenos. Mas existem alguns pré-requisitos: certo distanciamento e mistério são essenciais para a paixão; em geral, as pessoas não se apaixonam por alguém que conhecem bem. O filósofo francês Pascal Bruckner diz: "Apaixonar-se por alguém é dar permissão a essa pessoa para uma mistificação consentida. A cristalização de nossos desejos num indivíduo específico significa que o descobrimos tanto quanto o inventamos, correndo o risco de 'dourá-lo' nesse percurso. Os mais perfeitos embustes se valem sempre das linguagens do entusiasmo e da devoção. Mesmo que o outro esteja sendo sincero no momento em que declara sua paixão, nada garante que manterá sua palavra, pois assim como eu, não tem o controle das próprias emoções."[31]

Paixão e sofrimento

Para Denis de Rougemont, um dos maiores estudiosos do amor no Ocidente, a palavra paixão significa sofrimento. O desejo e o sofrimento fazem com que todos se sintam vivos, proporcionando um frisson, e muitas surpresas. Necessita-se do outro, não como ele é no real, mas como instrumento que torna possível viver uma paixão ardente. Ele acredita que somos envolvidos por um sentimento tão intenso que por ele ansiamos, apesar de nos fazer sofrer. Os apaixonados não precisam da presença do outro, mas da sua ausência.[32]

18 meses a três anos

Em meados da década de 1960 a psicóloga americana Dorothy Tennov já havia chegado à conclusão de que a duração média de uma paixão é de 18 meses a três anos. Suspeita-se que seu término também se deva à fisiologia cerebral; o cérebro não suportaria manter eternamente essa excitação.

Paixão x amor romântico

A paixão é, de certa forma, um fenômeno universal, mas o amor romântico é específico do Ocidente. Aproveitou alguns elementos da paixão, diferenciando-se dela em importantes aspectos. Ao contrário da paixão, em que ninguém consegue raciocinar, o amor romântico prevê uma vida a dois estável e duradoura. Geralmente ele está associado ao amor à primeira vista, ao casamento e à maternidade e também à crença de que o verdadeiro amor é para sempre. Desde o início se intuem as qualidades da pessoa, e a atração que se sente ocorre na mesma medida em que se supõe que ela vá tornar completa a vida do outro.[33]

Não há proteção?

Conversando com o professor de teoria psicanalítica e escritor Luiz Alfredo Garcia-Roza sobre a diferença entre o amor e a paixão, ouvi dele: "O amor é bem comportado, se faz no lugar da ordem. É exercido a partir de uma série de referências bem ordenadas. A paixão, não. Ela subverte, perverte, te vira pelo avesso. A paixão te coloca fora da lei. O amor é legal, tem futuro, faz promessas... Não dá pra você antecipar por quem vai se apaixonar, nem qual o motivo que te faz se apaixonar. O apaixonamento é algo que te atropela, você é assolado, é tomado por aquilo. E exatamente o que o torna imprevisível é a impossibilidade de você estabelecer quais são os elementos que vão possibilitar esse apaixonamento. Caso contrário, você se protegeria. Para se apaixonar basta estar vivo e desejante, aberto para isso."

A extinção da paixão

A filósofa francesa Elisabeth Badinter acredita que a paixão está em via de extinção; agora, homens e mulheres sonham com outra coisa diferente dos dilaceramentos. Se as promessas de sofrimento devem vencer os prazeres, preferimos nos desligar. Além disso, a permissividade tirou da paixão seu motor mais poderoso: a proibição. Ao admitir que o coração não está mais fora da lei, mas acima dela, pregou-se uma peça no desejo. Badinter acredita que mesmo que ainda quiséssemos, não poderíamos mais. As condições da paixão não estão mais reunidas, tanto do ponto de vista social quanto psicológico.[34]

PARTE V

O AMOR

Amor, essa palavra que diz tanto e de formas tão variadas, mas que traduz fundamentalmente o "querer" foi encarcerada pela Igreja na Idade Média. Só havia uma forma unilateral de amar: unicamente a Deus. Isso se deu entre os séculos V e XV, por mil anos.
   Após esse período e até hoje o amor é uma festa de interpretações em todas as partes do mundo. Ama-se sem discussão a família, mas quando a relação é com quem lhe dá prazer tudo se complica. O amor, por interferir muito na vida humana, é uma construção social, se transforma, evolui. Não amamos como nossos pais e, provavelmente, nossos filhos não amam como nós. Mas é preciso amar!

Lugar dos desejos

Nossa existência é uma corda bamba entre a satisfação de nossos desejos e a repercussão deles no nosso meio social. Amor e prazer afetam o equilíbrio das relações também com a família. A reflexão sobre os aspectos importantes dos nossos relacionamentos pode nos proporcionar melhores opções de vida.

O amor se torna ridículo

No século XVIII, ninguém podia ser escravo das emoções. Homens e mulheres tinham grande preocupação em ocultar seus verdadeiros sentimentos. O amor se tornou ridículo. As pessoas precisavam demonstrar frieza, estratégia, hipocrisia e habilidade para manipular. A etiqueta exigia que se usassem expressões verbais afetadas e elegantes; um vaivém de palavras rebuscadas, protocolos e intermináveis cumprimentos verbais. Os amantes eram limitados por essas regras gerais de comportamento e conduta.

Impossível manifestar amor

Para os beduínos do deserto ocidental do Egito, o amor é reservado aos pais, irmãos e filhos — nunca ao cônjuge. Assim, é inadmissível para eles qualquer manifestação pública de afeto entre marido e mulher.

Desequilíbrio

O filósofo francês Georges Bataille acredita que nas experiências extremas do amor e do erotismo, o indivíduo põe violentamente em crise todas as próprias certezas e coloca a si mesmo numa condição existencial de desequilíbrio.[35]

Ulisses e Penélope

Ulisses e Penélope não tinham ficado juntos por mais de um ano. Logo tiveram de interromper sua união, em virtude dos acontecimentos que levaram Ulisses à Guerra de Troia. Durante sua longa ausência, e quando era duvidoso que ele ainda vivesse, e muito improvável que regressasse, Penélope é importunada por inúmeros pretendentes, dos quais parecia não poder se livrar senão escolhendo um deles para marido. Ela, contudo, lança mão de todos os artifícios para ganhar tempo, ainda esperançosa pelo regresso de Ulisses. Um desses artifícios foi o de alegar que estava empenhada em tecer uma tela para o dossel funerário de Laertes, pai de Ulisses, comprometendo-se a fazer sua escolha entre os pretendentes quando a obra estivesse pronta. Durante o dia, trabalhava na tela, mas, à noite, desfazia o trabalho feito.

Os dois pilares do amor

O amor se baseia em dois pilares: entrega e autonomia. Ao mesmo tempo que temos necessidade de união com o outro também temos necessidade de distanciamento. Com excesso de distância não pode haver vínculo. Mas o excesso de união elimina a independência.

"Então nada mais resta a transcender, não há ponte para se atravessar, ninguém para se visitar do outro lado, nenhum outro mundo interno onde entrar. Quando as pessoas se fundem, quando dois viram um, não há com quem estabelecer uma ligação. Assim, o distanciamento é uma condição para a ligação: este é o paradoxo essencial da intimidade e do sexo."[36]

O amor se apresenta de várias formas

É comum pensarmos no amor como se ele nunca mudasse. O amor é uma construção social, e em cada época da história se apresenta de uma forma. Crenças, valores, expectativas, determinam a conduta íntima de homens e mulheres. Podemos acompanhar sua origem, desenvolvimento e transformações observando a história. Crenças, valores, expectativas, determinam a conduta íntima de homens e mulheres.

Educação para amar

Há alguns anos, educadores progressistas começaram pela primeira vez, nos Estados Unidos, a abordar a educação para amar, ou seja, a educação para a alfabetização emocional —, para ajudar os estudantes a aprender maneiras de ser e de se relacionar que os capacitassem a se ajustar a uma sociedade de parceria e não de dominação. Essa educação está sendo introduzida lentamente no currículo escolar.

O que se ensina

Há escolas que ensinam seus alunos de literatura e história a empatia através do que chamam de "monólogos interiores", nos quais os estudantes são encorajados a pensar a partir da perspectiva dos diferentes personagens na história, na literatura e na vida. Outra escola tem como objetivo elevar o nível da competência emocional e social das crianças como parte da educação. Como exigência para alunos do ensino médio, uma escola na Califórnia pretende estimular dimensões da inteligência quase sempre omitidas: sensibilidade em relação aos outros, autocompreensão, intuição, imaginação e conhecimento do corpo.

A Corte do Amor no século XII

A partir dos trovadores, o amor passou a ocupar lugar relevante na conversação da corte. O amor cortês era praticado no interior do castelo. O código cortês não servia exclusivamente para fazer versos; era tido como aplicável à vida. A rainha Leonor de Aquitânia criou a Corte do Amor, na França, onde todos se reuniam num grande salão para debater questões amorosas, segundo regras rigorosas. Algumas perguntas eram lançadas: "Quem é mais fácil conquistar, a esposa de um homem impotente ou a de um homem ciumento?"; "O que você prefere: roupas quentes no inverno ou uma amante da corte no verão?"; "Se a sua senhora, para entregar-se a você, oferecesse como condição passar uma noite com um velho desdentado, você preferiria que ela cumprisse a condição antes ou depois?"; "Pode um cavaleiro que perdeu toda a esperança de ver a sua dama (que um marido ciumento mantém encarcerada) buscar novo amor?"

A Corte do Amor promoveu profunda alteração nos sentimentos das camadas mais elevadas da sociedade europeia.

A força do condicionamento cultural

Desde que nascemos, muitas coisas nos são ensinadas como verdades absolutas. Todos os meios de comunicação — televisão, cinema, teatro, literatura, rádio — participam ativamente, sem contar a família, a escola, os vizinhos. O condicionamento cultural é tão forte que chegamos à idade adulta sem saber o que realmente desejamos e o que aprendemos a desejar. Isso ocorre em todas as áreas, portanto, também no que diz respeito ao amor.

Regras sobre o amor

As regras sobre o que é amar ou ser amado por alguém são muitas. Se você sentir isso, não é amor. Agora, se sentir aquilo, aí, sim, é amor. Às vezes escutamos alguém dizer: "Se estiver me relacionando com uma pessoa e sentir desejo por outra, é porque, então, não a amo." Ou "Quem ama quer ficar o tempo todo ao lado da pessoa amada, nada mais lhe interessa." Felizmente nada disso é verdade.

"Eu te amo"

Uma história popular relata o caso de uma jovem que desejava muito viver uma relação de amor e então deixou um bilhete num local onde seria fácil de ser encontrado. A mensagem era a seguinte:

"A qualquer pessoa que encontre este bilhete: Eu te amo." A visão que durante tanto tempo se teve da mulher, e na qual ela também acreditou, era assim: frágil, desamparada, necessitando desesperadamente encontrar um homem que lhe desse amor e proteção e, mais do que tudo, que desse um significado à sua vida. Ainda bem que, atualmente, muitas mulheres já questionam a ideia de que para viverem bem é fundamental ter um homem ao lado.

O que chamamos de amor

"Quantas pessoas estariam amando se nunca tivéssemos ouvido a palavra amor?", perguntou o escritor La Rochefoucauld, há mais de trezentos anos. A resposta é "nenhum de nós", pois amar não é experimentar uma sensação natural, e sim participar de uma das grandes e contínuas inovações da moderna cultura ocidental.

Invenção social

Para o filósofo americano Robert Solomon o que chamamos amor é uma invenção social, a construção de conceitos que têm uma função muito especial na nossa sociedade. O que chamamos "amor" não é um fenômeno universal, e sim uma interpretação específica cultural do fenômeno universal de atração sexual e suas complicações. O amor pode começar na biologia, porém é essencialmente um conjunto de ideias, que talvez se voltem contra os impulsos biológicos que são sua própria fonte.[37]

Surge um novo tipo de amor

Durante a Idade Média (séculos V ao XV) deu-se um grande passo, do amor unilateral para o amor recíproco. A Igreja ordenava amar unicamente Deus. Até o século XII o amor por outra pessoa era impensável. Amava-se Deus sem exigir nada em troca. Poetas e nobres construíram uma nova relação bastante original entre o homem e a mulher, conhecida como amor cortês, origem do amor romântico.

Liberdade de amar

O psicoterapeuta e escritor Roberto Freire considera que o verdadeiro ato de amor é o que garante à pessoa que amamos a liberdade de amar, além e apesar de nós e de nosso amor. Ele acredita que, apesar de muita gente considerar que essa ideologia amorosa é pura utopia, quase todos sonham com essa possibilidade. "Pessoalmente é tudo o que desejo: o meu amor, tanto meu sentimento quanto a pessoa que amo, além de amá-los apenas do jeito que gosto, deixo-os livres para amar do jeito que gostam, até mesmo além e apesar de mim. Procuro pessoas que também amam assim. Tem sido difícil, mas acabo sempre por encontrá-las. É fascinante, assustador, maravilhoso, doloroso, prazeroso, novo, imprevisível, incontrolável, rico, maluco, romântico, caótico, aventureiro."[38]

O que é amar?

O psiquiatra francês Jacques Salomé acredita que o vínculo com a pessoa amada desencadeia um sentimento de bem-estar, de algo que é bom e inspira confiança, mas suscita também sentimentos de vulnerabilidade no sentido em que faz apelo a uma dependência e ao risco de perda. "Antes da minha revolução pessoal, eu julgava que o amor era ignorar minhas próprias necessidades, censurar inúmeros desejos, renunciar aos direitos pessoais para satisfazer as expectativas e necessidades do meu companheiro, realizar seus desejos de ajustar-me às suas escolhas sem levar em consideração as minhas. Estava enganado, precisei me livrar da ideia de fusão para viver com integridade."[39]

Telefone e automóvel

Uma grande novidade do amor, no início do século XX, foi o encontro marcado. Telefone e automóvel transformaram as relações amorosas. Em lugar do encontro na igreja, da conversa preliminar com o pai e das tardes muito bem vigiadas na sala de visitas da família, os jovens passaram a marcar encontros por telefone e sair a passeio a sós, de carro. A partir de 1940, o casamento por amor se generalizou.

Medo de amar

O olhar da pessoa amada sobre o que temos de mais íntimo dentro de nós pode causar desconforto e até vergonha. Essa exposição pode vir acompanhada de uma sensação de fragilidade. Há os que, mesmo amando, se mantêm protegidos, temendo não serem aceitos.

Mantendo distância

Passaram-se dois mil anos e muitas pessoas ainda sentem medo de amar. Evitam qualquer relação mais frequente, tentando não se tornar íntimas do outro. Muitas vezes a pessoa rompe, magoa o outro, cria situações de brigas. Pode criar também expectativas impossíveis de serem realizadas. O medo das consequências do amor é grande — medo de não ser amado e de ser abandonado... o que limita bastante a vida.

Confiar em si mesmo

Para Donald Winnicott, psicanalista inglês, as pessoas com dificuldade nos contatos pessoais são indivíduos fechados numa dura couraça que protege um núcleo central inseguro e mole. Todo processo de amadurecimento pessoal consiste nessa progressiva conquista de uma cada vez maior confiança em si mesmo. Só nessas condições uma pessoa poderá baixar a guarda sem medo e transformar a couraça numa membrana periférica e permeável às trocas com os outros.

PARTE VI

O AMOR ROMÂNTICO

O amor romântico possui origens muito antigas. No século XII, com o mito de Tristão e Isolda, mas só se tornou uma prática mais constante no século XX, após 1940, com o núcleo familiar consolidado pela revolução industrial e o efeito causado por Hollywood.

As estrelas do cinema americano ajudaram a constituir um formato amoroso de idealização, em que as pessoas atribuem ao outro características de personalidade que na verdade ele não possui, é a busca da "outra metade da laranja". Mas esse formato não suporta a união estável, o dia a dia expõe a todos como cada um é. Mas um amor sem projeções e idealizações começa a surgir para a construção de relações mais satisfatórias.

O amor é uma construção social

A forma como amamos é construída socialmente. O amor romântico não é apenas uma forma de amor, mas todo um conjunto psicológico — uma combinação de ideais, crenças, atitudes e expectativas. Essas ideias coexistem no inconsciente das pessoas e dominam seus comportamentos e reações. Inconscientemente, predetermina-se como deve ser o relacionamento com outra pessoa, o que se deve sentir e como reagir.[40]

A idealização

As características do amor romântico são bastante claras: você idealiza a pessoa amada e projeta nela tudo o que gostaria que ela fosse. Atribui a ela características de personalidade que na verdade não possui. Não se relaciona com a pessoa real, mas com a inventada de acordo com as próprias necessidades. Ansiosos por experimentar as emoções tão propaladas desse amor, quase todos no mundo ocidental constroem a história que bem entendem, sem nem se dar conta disso.

Desencanto

É difícil esse tipo de amor resistir à convivência diária do casamento. Nela, a excessiva intimidade torna obrigatório enxergar o parceiro como ele é, e a idealização não tem mais como se sustentar. O desencanto é inevitável trazendo além do tédio, sofrimento e a sensação de ter sido enganado. Quando percebemos que o outro é um ser humano e não a personificação de nossas fantasias, nos ressentimos e geralmente o culpamos.

Hollywood entra em ação

Hollywood consolidou a tecnologia em favor do amor romântico. No pós-guerra, o destino da mulher é o lar. Condicionada a corresponder às expectativas masculinas, ela não tem voz própria. As atrizes Dorys Day e Debbie Reynolds encarnam a mulher americana de classe média, a famosa "maioria silenciosa". A sociedade de consumo explode na América. Os Estados Unidos são a grande nação do planeta.

A convivência

No amor romântico é comum não se saber nada do outro, a conversa pode durar pouco, mas isso não impede de que se façam planos e se imagine situações. Há quem questione se esse tipo de amor pode ser duradouro. A questão é saber se entre a pessoa real e a imagem que se formou dela existe grande distância. Se existir, em pouco tempo o namoro ou casamento se torna insuportável. As características de personalidade do outro que não nos agradam agora são percebidas, comprometendo a relação.

Proposta de fusão

As crianças deveriam aprender a desenvolver a capacidade de ficar bem sozinhas, longe da ideia equivocada de que só é possível ser feliz se houver um par amoroso. O problema é que a nossa cultura condiciona todos a essa crença. Busca-se tanto o amor romântico porque esse tipo de amor acena com a possibilidade de fusão, de os dois se transformarem num só, ou seja, de simbiose. Só que na realidade isso não existe; quer dizer, existe, sim... mas apenas no útero da mãe.

Expectativas e ideais

O amor romântico nos é imposto, desde muito cedo, como única forma de amor. Apresenta atitudes e ideais próprios. Contém a ideia de que duas pessoas se transformam numa só, havendo complementação total e nada lhes faltando. Há várias outras expectativas que não se cumprem: não é possível amar duas pessoas ao mesmo tempo, quem ama não sente desejo sexual por mais ninguém, o amado é a única fonte de interesse do outro, que um terá todas as suas necessidades atendidas pelo outro...

E foram felizes para sempre?

Não é à toa que, tanto nos contos de fadas como nas novelas, o herói e a heroína só podem ficar juntos no último capítulo — exaustos depois de superar tantos obstáculos impostos ao seu amor —, que termina com "E foram felizes para sempre". São cristalizados para sempre naquele estado apaixonado porque é a única maneira de se garantir que assim ficarão para sempre.

O amor não entrava no casamento

Esse ideal amoroso começou no século XII, mas não podia fazer parte do casamento. Só passou a ser uma possibilidade no casamento a partir do século XIX. Antes, os casamentos se davam por interesses financeiros das famílias. Como fenômeno de massa começou a partir de 1940, quando todos passaram a desejar casar por amor. É um tipo de amor que só existe no Ocidente.

Sem projeções e idealizações

É claro que é possível viver um tipo de amor bem diferente, sem projeções e idealizações, longe da camuflagem do mito do amor romântico. Para isso precisamos, primeiro, ter coragem de abrir mão das nossas antigas expectativas amorosas e depois, então, torcer para que mais pessoas façam o mesmo. Descobrindo outras formas de amar podemos experimentar sensações até agora desconhecidas, mas nem por isso menos excitantes.[41]

Remédio para todos os males

Após a industrialização, as modificações sociais são rápidas e geram insegurança. O amor é considerado o remédio para curar diversos males como descontentamento profissional, ansiedade, solidão.

Não é difícil entender então o indiscutível fascínio que o amor passa a exercer. A ideia inovadora de que para ser feliz é necessário viver com alguém escolhido pela própria pessoa, e que o sentimento deve ser recíproco, atinge todas as classes sociais. O amor torna-se, assim, o alicerce do casal. O casamento de conveniência começa a se tornar coisa do passado.

Olhando nos olhos

Homens e mulheres do século XIX consideravam o amor como sendo uma finalidade nobre da vida. Eles falavam de amor poeticamente, mas retraíam-se fugindo à sexualidade. O mais comum é amar alguém muito pouco real. "A idealização do outro faz com que seja possível amar sem precisar conversar, estar apaixonado sem falar, só olhando nos olhos. É como ser atingido por um raio e ficar paralisado, prisioneiro desse raio", diz Theodore Zeldin.[42]

Mandar flores não tem nada a ver com amor romântico

A minha crítica ao amor romântico não é ao fato de se mandar flores, dançar olho no olho ou jantar à luz de velas. Isso tudo é ótimo! Critico a idealização do outro e do par amoroso e as expectativas alimentadas nesse tipo de amor, que são falsas. Num primeiro momento o amor romântico é muito atraente pela empolgação que provoca. O que há de melhor para o nosso desamparo do que a fantasia de se fundir com outra pessoa, exatamente como a criança no útero da mãe? Como são expectativas impossíveis de serem satisfeitas, na convivência íntima em pouco tempo o desencanto se instala. Muitas vezes surge o rancor pelo outro ao se constatar que ele frustrou as expectativas de complementação. Enfim, o amor romântico gera muito mais sofrimento do que alegrias.

Glorificação de uma única pessoa

A partir do século XX, mais do que em qualquer outra época, o amor ganhou importância. As pessoas passaram a acreditar que sem viver um grande amor a vida não tem sentido. Para Solomon, "a idealização faz do amor algo maior do que desejo sexual e companheirismo. A idealização envolve a glorificação de uma única pessoa, a própria glorificação e a da relação também. Mas nós levamos essa glorificação a extremos e transformamos o amor numa questão de tudo ou nada. Procuramos alguém que nos ame totalmente, sem compromissos anteriores, sem paixões recolhidas de amores antigos e coisas não ditas ou não feitas, a suposta atração das virgens e a alegada inocência das crianças."[43]

Papéis claramente determinados

O mito do amor romântico determina com tanta clareza o papel que homens e mulheres devem desempenhar no romance que, quando em *Não sou um anjo*, considerado o filme do ano em 1933, a atriz Mae West diz ao jovem ator Cary Grant: "Qualquer hora em que você não tiver nada para fazer — e bastante tempo — venha", além de sofrer pressões exercidas pela Liga da Decência dos Estados Unidos, que tentava proteger o público da corrupção moral do cinema, alguns críticos sugeriram que ela era um homem disfarçado.

Prazeres e projetos

Alimentados pelo mito do amor romântico, homens e mulheres esperam que através do casamento as pessoas que se amam se tornem uma só. Desistem de seus prazeres e projetos pessoais, se afastam dos amigos, sempre apostando na satisfação mágica de todas as necessidades. Participam sem cerimônia da vida do outro, mas o controle que daí decorre não é evitado. É aceito como necessário para garantir a complementação total, o que na realidade não existe.

Heroínas românticas

Até cinquenta anos atrás, as diferenças entre homens e mulheres eram creditadas de tal forma à natureza que se aceitava como legítimo que não exercessem as mesmas tarefas, nem tivessem os mesmos direitos. Os espaços reservados a cada um dos sexos eram bem delimitados, reforçando a separação e a diferença.

Simone de Beauvoir, nos anos 1950, em seu livro *O segundo sexo*, diz: "A mulher é a Bela Adormecida, a Cinderela, a Branca de Neve, aquela que recebe e submete-se. As canções e as lendas contam de um rapaz aventureiro, partindo em busca de uma mulher; ele mata o dragão, enfrenta os gigantes; ela está trancafiada numa torre, num palácio, num jardim, numa caverna, amarrada a uma rocha, cativa, profundamente adormecida: ela aguarda."

Romeu e Julieta

A história de Romeu e Julieta, do final do século XVI, é o exemplo de uma ideia que começa a se propagar lentamente, o casamento por amor. Ainda seriam necessários alguns séculos para que o amor romântico aliado ao casamento se tornasse uma característica do Ocidente — todos passaram a desejar casar por amor a partir de meados do século XX —, mas na Renascença já eram observados os primeiros sinais de uma mudança de mentalidade que estava a caminho.

Propaganda

Esse ideal amoroso começou há oitocentos anos, no século XII, e é a propaganda mais difundida, poderosa e eficaz do mundo ocidental. Chega até nós diariamente através de novelas, músicas, cinema. Com um detalhe: o amor romântico é uma mentira. Mente sobre mulheres e homens e sobre o próprio amor. É uma mentira há tanto tempo que queremos vivê-lo de qualquer jeito. Amamos o fato de estar amando, nos apaixonamos pela paixão. Sem perceber, idealizamos o outro e projetamos nele tudo o que desejamos.

Era vitoriana

O surgimento do romantismo como possibilidade no casamento, no século XIX, fez renascer o conservadorismo de uma forma nova. Ao contrário do século XVIII, a ênfase era no afeto e não no sexo. A mulher frágil e dependente do marido era o modelo. O homem caseiro e dedicado à família era o esposo ideal. A mulher cuidava dos filhos, era submissa e religiosa.

Unanimidade no Ocidente

Homens e mulheres do Ocidente absorvem e aceitam a cultura do amor romântico. Há séculos, no formato literário, como em *Tristão e Isolda*, do século XII, ou *Romeu e Julieta*, do século XVI, e vários outros títulos, até as mídias audiovisuais, como cinema e TV, a produção cultural fundamenta esse formato de amor. Há quase que um consenso a respeito dele.

Diversas emoções

Solomon diz que gostaríamos de juntar emoções e constância, excitação e segurança num só pacote, um pacote supostamente garantido pelo amor. Mas o amor é só um ingrediente nesse pacote. Mesmo que seja indesejável, podemos ter amor sem companheirismo, amor sem sexo, amor sem apoio emocional, amor sem excitação, amor sem estabilidade. Para Solomon, o que muitos consideram o colapso do amor é, na verdade, a perda de um desses desejáveis acompanhamentos dele.

"O amor está sempre ligado a outras emoções, e seu potencial inclui não só o oposto do amor, o ódio, mas também raiva, inveja, ciúme, dúvidas a respeito dos próprios sentimentos, orgulho, ressentimento, ansiedade, frustração, etc... Como o amor envolve um sentido de pertencer, corporifica a possibilidade de perda, como no ciúme, e inclui uma espécie de forte confronto com o outro, que pode se transformar em ódio. Assim, também, o amor se encaixa numa matriz de necessidades, desejos, esperanças, medos e expectativas."[44]

Torrentes de emoções

"Na floresta, gritei como um demônio; rolei no chão; triturei ramos com os dentes... Num acesso de raiva, mordi minha mão com força; o sangue jorrou, e eu cuspi para os céus um pedaço de carne viva... Eu gostaria de ter cuspido o meu coração, naquele momento." Esta foi a carta escrita por um jovem estudante de medicina francês, no século XIX, que sofria por não ter visto a mulher amada por três semanas. Ao contrário dos racionalistas, do século XVIII, que reprimiam as emoções e liberavam a sexualidade, os românticos, do século XIX, restringiam a sexualidade e deixavam fluir torrentes de emoções.

Obstáculos a transpor

Até o século XIX, apesar de arrebatar corações, o amor romântico não podia se misturar a uma relação fixa e duradoura. Casamento por amor, nem pensar! Impossível de se realizar, inatingível e tormentoso, as histórias de Tristão e Isolda e de Romeu e Julieta ilustram bem como esse tipo de amor é regido pela impossibilidade. Quanto mais obstáculos a transpor, mais apaixonada a pessoa fica.

Romance ideal

Nos séculos XIX e XX, ascendeu à plenitude do interesse popular a narrativa romântica. São os contos de fadas, os romances água com açúcar. Sempre utilizando o conteúdo tradicional e óbvio do que o amor romântico promete a todos nós.

A escolha do parceiro se generaliza

Em nenhuma fase da história se considerou tanto o amor como no século XX. Amar e ser amado passou a ser condição para uma vida feliz. A ideia inovadora de escolher o parceiro amoroso se generalizou. O amor torna-se o alicerce do casal, e o ideal era juntá-lo também ao prazer, embora a maioria não alcançasse isso. A atração romântica é considerada como a base adequada e, na verdade, a única para qualquer um escolher a pessoa que seria sua companheira para o resto da vida.

Para manter a idealização não se pode conhecer bem o outro

Um canadense se casou há pouco com uma japonesa. Ela não falava inglês, nem francês. Ele não falava japonês. Eles formavam o casal ideal — amantíssimos, atenciosos, completamente apaixonados, aparentemente a própria imagem da fusão de dois seres humanos. Porém, ela começou a aprender inglês. Agora, brigam o tempo todo. Estão começando a se conhecer. E o sexo já não é tão bom quanto antes. O que antes era um excitante mistério recíproco transformou-se num ressentimento mútuo. O elo entre os dois baseava-se na ignorância a respeito do outro.

Exigências afetivas

Regidos pelo amor romântico, cada um espera ter todas as suas necessidades satisfeitas pelo outro. Acredita-se que o amado deve ser a única fonte de interesse. Antes da Revolução Industrial, no final do século XVIII, as famílias eram extensas — pai, mãe, filhos, primos, tios, avós — e as exigências emocionais eram divididas por todos os membros que viviam juntos no campo. A família nuclear — pai, mãe e filhos—, que caracteriza a época contemporânea, reduz a troca afetiva a um número pequeno de pessoas, favorecendo a simbiose entre o casal e sobrecarregando marido e mulher como depositários das projeções e exigências afetivas do outro.

Uma nova forma de amar

Uma nova forma de amor parece estar surgindo. Sem idealizar o outro você vai poder perceber a pessoa do jeito que ela é, e não do jeito que você inventou. Tudo indica que ele será baseado no companheirismo, na amizade e na solidariedade. Isso me parece ótimo, afinal, questões de amor estão entre as grandes causas do sofrimento humano.

Excessiva idealização do amor

A excessiva idealização do amor faz com que muita gente acredite que o amor é a coisa mais importante da vida. Até há pouco esse recurso foi usado contra as mulheres para desencorajá-las na busca de uma profissão e de um questionamento sobre os valores que as aprisionavam.

Destino?

Para o psiquiatra americano M. Scott Peck, o mito do amor romântico nos diz que para cada homem no mundo há uma mulher que "foi feita para ele" e vice-versa. Além disso, o mito implica que só há um homem destinado a uma mulher e uma só mulher para um homem e que isso foi predeterminado "nas estrelas". Quando conhecemos a pessoa a quem estamos destinados, o reconhecimento vem do fato de nos apaixonarmos. Encontramos a pessoa a quem os céus nos tinham destinado, e uma vez que a união é perfeita, seremos capazes de satisfazer as necessidades um do outro para sempre, e, portanto, viver felizes para sempre em perfeita união e harmonia.[45] E quando surgem os atritos?

Quando surgem os atritos

Scott acrescenta que se acontecer, no entanto, de não satisfazermos ou não irmos de encontro a todas as necessidades um do outro, surgem atritos e o sentimento acaba. Está claro que cometemos um erro terrível, interpretamos as estrelas erradamente, não nos entendemos com nosso único par perfeito, o que pensamos ser amor não era amor real ou "verdadeiro", e não há nada a fazer quanto à situação a não ser viver infelizes para sempre ou obter o divórcio.[46]

Para muitos só existe esse tipo de amor

Acredita-se que sem uma relação amorosa do tipo romântica — fixa, exclusiva e duradoura —, não se pode ter uma vida satisfatória.

Esse modelo imposto de felicidade, além de não corresponder à vida real, gera sofrimento por induzir as pessoas à busca incessante do parceiro idealizado.

Bela Adormecida ao avesso

A escritora canadense Bonnie Kreps diz que na busca incessante do amor romântico, a mulher, na nossa cultura, quando encontra um par, se torna a Bela Adormecida ao avesso. Adormece e se esforça para assim permanecer.[47]

Depressão e amor romântico

Num estudo sobre a relação entre a depressão e o amor romântico, o psiquiatra italiano Silvano Arieti concluiu que as mulheres casadas sofrem mais de depressão do que os homens na proporção de dois para um. Nas outras categorias — solteiras, divorciadas e viúvas — as mulheres têm taxas mais baixas do que os homens. Entre os fatores socioculturais que estão por trás da depressão feminina se encontra o fato de que o objetivo dominante para muitas mulheres não é a busca de um "eu" autêntico, mas a busca do amor romântico. E que quando este se torna a única preocupação, a vida fica excessivamente restrita a padrões rígidos. Assim, será difícil encontrar alternativas mais tarde. Inclusive para a procura de outros tipos de amor.[48]

"Estou precisando me apaixonar"

Geralmente é com essa certeza, "Estou precisando tanto me apaixonar!", que se parte em busca de um parceiro. As pessoas na verdade amam estar amando, se apaixonam pela paixão, muito mais do que por alguém em especial. Basta encontrar quem corresponda mais ou menos ao que se deseja e pronto: inventa-se uma nova paixão e até se sofre por ela. Mas o sofrimento não é problema: pode ser estancado de imediato. É só aparecer outro alguém, que a transferência do amor logo acontece. Busca-se, portanto, desesperadamente, o amor. Acredita-se tanto nisso que a sua ausência abala profundamente a autoestima de uma pessoa e faz com que se sinta desvalorizada.

Mulher respeitável

Os homens nunca tiveram problemas para resolver a questão entre o amor romântico, carinhoso e terno do casamento e a paixão sexual pela amante. E a vida seguia em frente com o confinamento da sexualidade feminina ao lar, e a mulher orgulhosa por ser considerada respeitável.

Não é fácil deixar o hábito de formar um par

O único problema é que a ideia de procurar "alguém que me complete" não passa de uma ilusão. Na realidade, ninguém completa ninguém. Mas, ignorando isso, reeditamos inconscientemente com o parceiro nossas necessidades infantis. O outro se torna tão indispensável para nossa sobrevivência emocional que a possessividade e o cerceamento da liberdade sobrecarregam a relação. Por mais encantamento e exaltação que o amor romântico cause num primeiro momento, ele se torna opressivo por se opor à nossa individualidade.

Equívocos do amor

Muitos entram num namoro ou casamento acreditando que os dois têm que se transformar numa só pessoa. Nem os pensamentos podem ser reservados. Acham que amar alguém é estar tão misturado que fica até difícil saber quem é quem. Isso acontece porque as pessoas imaginam que assim vão estar completas, que nunca vão se sentir sozinhas. Os dois têm que gostar sempre das mesmas coisas e, é lógico, só admitem sair juntos. Se um não for, o outro não vai, e os amigos têm que ser comuns (se houver). É claro que a isso tudo se acrescenta a ideia de que quem ama jamais vai sentir desejo por outra pessoa. Seria uma grande traição. Embora não verbalizem, pensam que os dois devem morrer para o mundo e viver só para o seu amor.

Bonecos: a vida amorosa de Barbie e Ken

A influência da boneca Barbie até hoje, sem dúvida, é marcante. Ela e seu namorado Ken, criado alguns anos depois dela, há 59 anos, invadem milhões de lares em todo o mundo, projetando um sonho de beleza, equilíbrio e perfeição. O sucesso de Barbie inspirou a artista canadense Dina Goldstein. Ela transportou, a partir de montagens fotográficas com modelos humanos, o casal de bonecos para uma hipotética vida real. A obra, intitulada *In The Dollhouse*, questiona a relação amorosa perfeita criada no imaginário de várias gerações. A autora desmistifica a história do casal e vai retratando o seu cotidiano, que não tem nada da vida idealizada que o amor romântico prega.

Longe da relação verdadeira

A autora Bonnie Kreps afirma que, quando se pensa numa mulher romântica, logo se imagina uma mulher sonhadora, delicada, suave, meiga, dócil. Como se veste? Tons claros, principalmente cor-de- rosa e enfeites de renda. É a mesma ideia que se tem da mulher feminina. Sua competência é limitada e sua sexualidade deve ser apenas do tipo passivo. O mito do amor romântico se opõe à autonomia pessoal. Quem aprova os papéis tradicionais de masculino e feminino, carregados de estereótipos, tende a buscar experiências amorosas do tipo romântico, longe da relação verdadeira com a outra pessoa.[49]

Escola de princesas

O que essas mães que matriculam suas filhas numa "escola de princesas" têm na cabeça? Talvez lhes falte conhecer a história das mulheres. É bom explicar a elas que as mulheres sempre foram consideradas inferiores. Diziam que são incompetentes, incapazes, desinteressantes. Deveriam ser obedientes e relegadas ao espaço privado, se esforçando para serem boas mães e donas de casa. A luta das mulheres pela emancipação tem sido árdua. O movimento feminista, iniciado nos anos 1960 tenta pôr fim à discriminação.

Mas quando se pensa que estamos evoluindo, ondas conservadoras mostram suas garras.

O amor se transforma

Para o historiador inglês Theodore Zeldin os humanos são capazes de introduzir novos significados no amor, sem parar, e ficar surpresos como quem acabou de transformar trigo em pão, pudim de frutas em mil folhas.[50]

Estabilidade nas relações ou liberdade?

A fusão proposta pelo amor romântico é extremamente sedutora. A grande maioria das pessoas acredita que não há remédio melhor para o nosso desamparo do que a sensação de nos completarmos na relação com outra pessoa. Entretanto, no século XXI, com tantas opções de vida, o que homens e mulheres mais desejam: estabilidade nas relações amorosas ou liberdade? Vivemos um período de grandes transformações no mundo e, no que diz respeito ao amor, o dilema atual parece se situar entre o desejo de simbiose com o parceiro e o desejo de liberdade.

PARTE VII

VIDA A DOIS

A consolidação da vida a dois nas grandes cidades, a partir do século XX, é resultado de uma longa trajetória de desenvolvimento. Uma superação de dogmas religiosos radicais, de famílias interligadas com regras rígidas começa a permitir a emancipação de espíritos e corpos das pessoas no dia a dia. Novos códigos de conduta, identificação e encontro entre as pessoas entraram em uso. A busca do par amoroso continua sendo uma meta, mas se começa a perceber que isso não é tudo. O controle, o desejo de posse sobre o outro, o ciúme causam violência no casal. As separações acontecem, mas se busca uma individualidade que nos permita seguir adiante.

A BUSCA DO PAR AMOROSO

Busca-se um amor

Há mulheres que buscam desesperadamente um par, não importando se a relação é limitadora ou monótona. Para se sentirem valorizadas, julgam ser fundamental ter um homem ao lado, o resto se constrói ou se inventa. Afinal, acreditam que qualquer coisa é melhor do que ficar sozinhas. É preciso mudar isso!

Viver sem um amor

A jornalista italiana Rosella Simone diz num artigo que, acima de tudo, uma mulher não se resigna a viver sem amor, e o procura incessantemente, ainda que de modo errado. Mil vezes pronta a se enganar, a fazer mal a si própria, a sofrer abusos e afrontas, até o desespero.[51]

Por que se busca tanto um par amoroso?

O anseio amoroso de todo ser humano parece ser o de recuperar a sensação de harmonia vivida antes do nascimento. O útero da mãe é o único lugar do mundo onde podemos obter a satisfação imediata de todas as nossas necessidades. Ali desconhecemos fome, sede e falta de aconchego. Depois que nascemos, precisamos respirar com nossos próprios pulmões, reclamar da fralda molhada, nos desesperamos com a cólica. Somos tomados por um profundo sentimento de falta. Uma angustiante sensação de desamparo nos invade. Sem retorno ao estágio anterior, isso nos acompanhará por toda a vida.

O mito do andrógino

Não são poucos os que acreditam que devem buscar sua outra metade. O primeiro filósofo do amor foi Platão (século V a.C.). Em *O Banquete*, livro/diálogo, Platão narra uma festa em que os sete convidados presentes fazem discursos sobre o amor. Destaca-se o de Aristófanes, no qual ele explica o mistério da atração que uns sentem pelos outros, relatando o mito do andrógino original, que evoca o dualismo das criaturas. No início nossa natureza era muito diferente do que é hoje. Cada humano tinha forma redonda, como uma esfera fechada sobre si mesma, com quatro mãos, quatro pernas, duas cabeças, dois órgãos sexuais e todo o resto harmonioso. Havia três espécies de seres.

Andros, Gynos e Androgynos

Andros, entidade masculina composta de oito membros e duas cabeças, ambas masculinas, *Gynos* idem, porém femininas, e *Androgynos* composto por metade masculina, metade feminina. Dotados de coragem extraordinária, eles atacaram os deuses, que, para puni-los e fazer com que se tornassem menos poderosos, os dividiram em dois. Seccionado, de *Andros* surgiram dois homens, que apesar de seus corpos estarem agora separados, suas almas estavam ligadas, por isso cada um procurava a sua metade. *Andros* deu origem aos homens homossexuais. O mesmo ocorre com os outros dois.

Gynos às lésbicas, e *Androgynos* aos heterossexuais. Quando se encontravam eram tomados por ternura, confiança, amor e desejo de se fundirem ao objeto amado e constituírem um só em vez de dois. Desde então, as metades separadas andam em busca de sua metade complementar.

Ansiedade e insatisfação

Por que nos deparamos com tanta gente insatisfeita com o parceiro, se queixando do seu jeito de ser? A resposta está na ansiedade de se encontrar um par amoroso, impedindo que se vivam os encontros com tranquilidade. Sem perceber adequadamente o outro, projetamos nele o que desejamos, tentando encaixá-lo no modelo idealizado. Aí as pessoas acreditam estar perdidamente apaixonadas. Quantas frustrações seriam evitadas se fosse possível iniciar uma relação amorosa somente com quem realmente nos causa interesse?

Mapa amoroso

Para o sexólogo americano John Money antes de qualquer escolha amorosa, já havíamos desenvolvido um mapa mental, um modelo cheio de circuitos cerebrais que determinam o que desperta nossa sexualidade e o que nos leva a nos apaixonarmos por uma pessoa e não por outra. Money denomina mapa amoroso um dos mecanismos pelo qual as pessoas são atraídas por alguém em particular. A forma como nossa mãe nos escuta ou nos repreende, o jeito do nosso pai brincar ou caminhar, o riso gostoso de uma tia, ou o mau humor do avô. A casa animada, cheia de amigos, ou tranquila e silenciosa, aspectos da personalidade que apreciamos num professor ou detestamos num colega, e assim por diante. Algumas características nos atraem, outras repudiamos. Quando conhecemos uma pessoa, a voz dela, seu jeito de falar, suas amizades, seu senso de humor, seus interesses, suas aspirações. São milhares de coisas óbvias, e também minúsculos elementos subliminares atuam em conjunto para tornar essa pessoa mais atraente do que outra.[52]

O Barba Azul

Henri Désiré Landru, sedutor e assassino francês, tornou-se conhecido como Barba Azul, em referência ao conto infantil homônimo de Charles Perrault. Landru não era uma ficção e foi responsável pela morte de dez mulheres, entre 1914 e 1921. Ele colocava nos jornais o seguinte anúncio: *Viúvo, sério, com 43 anos e duas filhas, renda que permite uma vida confortável e trânsito na boa sociedade, deseja encontrar viúva com vistas ao matrimônio.* Mais de trezentas mulheres responderam a Landru. Seu plano era seduzir mulheres que tivessem alguma fortuna, tirar o que pudesse delas, depois matá-las. Realizou sua intenção. Assassinou dez mulheres, um jovem e dois cachorros. Cortou os corpos em pedaços, pulverizou-os num forno e enterrou as cinzas no jardim. Foi descoberto e executado em 1922. Charles Chaplin realizou um dos primeiros filmes falados de sua carreira baseado na vida do Barba Azul. O filme chamou-se *Monsieur Verdoux*.

Nada grave e muito grave

Não é nada grave se desejar um par amoroso. O grave é acreditar que só conseguiremos viver bem se tivermos um par amoroso.

O que nos atrai no outro

Para Jacques Salomé, a atração pode ser física, emocional ou espiritual. Pode ser igualmente circunstancial, ligada a um estado particular, uma sensibilidade ou receptividade privilegiada. Podemos ser atraídos não só pela beleza ou charme, mas também pela fragilidade, aflição ou, até mesmo, pela brutalidade de alguém. Podemos ficar perturbados, mobilizados e estimulados por uma recusa, rejeição ou desinteresse manifestado em relação a nós ou algum de nossos aspectos. Podemos ser sensíveis a vulnerabilidade ou fraqueza de uma pessoa que suscitará em nós compaixão, dedicação ou sentimentos mais complexos em torno da necessidade de reparar, ajudar, amparar ou salvar.[53]

INÍCIO DE UMA RELAÇÃO AMOROSA

Códigos na relação amorosa

Toda relação é regida por códigos, que são passados de um para o outro, na maioria das vezes de forma inconsciente. Através de gestos, olhares, sorrisos e comentários, deixamos o parceiro perceber quais são nossas expectativas a seu respeito. O que admiramos ou rejeitamos no seu comportamento, o que esperamos que faça em determinada situação e até as atitudes que não admitimos de jeito nenhum. A questão é que depois que os códigos são estabelecidos não adianta lamentar. É difícil revertê-los.

Encontros

Para Theodore Zeldin, os acontecimentos mais importantes e transformadores da vida são os encontros entre as pessoas. Há gente que se decepciona, desiste de procurar e se torna cínica. Mas há muitas outras pessoas que continuam a procurar novos encontros. "São muito importantes os encontros com outros, com pessoas ou lugares, porque propiciam inspiração e coragem para se escapar às rotinas tediosas. Ocorre um desperdício de oportunidades, sempre que um encontro se realiza e nada acontece. Na maior parte dos encontros, orgulho ou cautela ainda proíbem alguém de dizer o que sente no mais fundo do íntimo. O ruído do mundo é feito de silêncios."[54]

O possível desencanto

Passageira ou duradoura, inventada ou real, o início de uma relação amorosa é decisivo. É comum nessa fase de conhecimento e descoberta as duas pessoas mostrarem o melhor de si, seus aspectos mais atraentes e sedutores. Não se incomodam de abdicar de coisas que lhes dão prazer só para agradar ao outro.

Quando se inicia uma relação amorosa

A pessoa se agarra ao amor e não quer que acabe. Quanto mais você se apega à outra pessoa, mais medo tem da perda. É comum abrir mão da liberdade em troca de um pouco de estabilidade. Não são poucos os que abandonam os amigos, projetos interessantes... acreditando que o mais importante é satisfazer o outro, corresponder às suas expectativas.... Todos os apaixonados pressentem que um dia podem perder a pessoa amada, que isso pode acontecer a qualquer momento, e sofrem.

RELAÇÃO DE CASAL

Emancipação

Quando a classe média industrial predominou, no começo do século XIX, no Ocidente, ela estabeleceu como padrão de amor um romantismo domesticado, pudico, patriarcal e sentimental. Saindo desse período de enclausuramento delineou-se uma revolução dos costumes que lentamente amadureceu até os anos 1960. "De fato, foi preciso uma longa progressão das mentalidades para que os indivíduos ousassem se emancipar da influência da religião, da família, da pequena cidade ou da profissão. No final do século XIX, novos comportamentos saíram do esquecimento, em oposição à moral oficial vitoriana, resultando na emancipação dos corpos e dos espíritos. Essa corrente de libertação iria se desenvolver no século XX, provocando uma verdadeira ruptura ética na história das relações entre homens e mulheres", diz a historiadora francesa Anne-Marie Sohn.[55]

Sufocamento

Muitas vezes, a causa do fim de uma relação é a pressão que um dos parceiros sofre do outro por não corresponder mais à sua expectativa. É como se a pessoa ficasse presa a um único papel, o que desempenhava no início. Quando a pessoa desiste de lutar para manter a relação, pode ser por se sentir sufocada, tendo que reprimir aspectos da sua personalidade.

Muitos apelos

Na maioria das vezes, as relações a dois estáveis — e aí tanto faz ser namorado ou casado, morar junto ou não — se tornam difíceis depois de um tempo. São tantas regras a seguir, tantas concessões a fazer... Antigamente, até a década de 1960, sentir-se protegido dentro do lar era o que importava. Além disso, as opções de lazer eram limitadas, não havia nem televisão, nem tolerância social para ousadias existenciais. Hoje, ao contrário, os apelos são muitos. Existe muito a se descobrir fora do espaço privado do lar.

A culpa é da mulher?

A mulher foi muito responsabilizada pelo fim de relacionamentos. As revistas femininas a massacram com conselhos de como ser mais atenciosa, mais atraente, mais hábil na cama... como se a solução só dependesse dela.

Recusa em pagar caro

Quando você busca autonomia numa relação a dois, apesar de desejar manter o vínculo, pode se recusar a aceitar qualquer atitude do outro só para mantê-la. Há algumas décadas pensava-se no casal composto só por dois indivíduos, portanto, cada cônjuge era tratado individualmente, cada um com seu terapeuta. Com o tempo ficou claro que o casal se compõe de três partes, dois indivíduos e uma relação: eu, você, nós, e que cada parte deve ser igualmente observada, pois tem um significado na vida do casal.

Desenvolvimento pessoal

Jürg Willi, professor de medicina psicossocial da Universidade de Zurique, Suíça, acredita que para duas pessoas elaborarem um mundo comum é preciso negociar juntas certas estruturas que dizem respeito ao sentido e objetivo da relação de casal. O desenvolvimento pessoal de cada um implica redefinir continuamente a distribuição de papéis, regras, funções, poder. Não há dúvida de que a possibilidade de formar um casal sadio é algo que pode ser ensinado. Hoje, muitos terapeutas estão trabalhando dentro dessa perspectiva.[56]

As possibilidades são muitas

Antigamente a vida não tinha mesmo muitos atrativos. As atividades eram limitadas, principalmente para as mulheres, que tinham que se restringir ao convívio familiar. Mas agora existem diversas possibilidades de lazer, de desenvolver interesses variados, de conhecer outras pessoas e outros lugares. Sem falar numa maior possibilidade social para transgressões antes nem ousadas. Portanto, quando uma pessoa se vê privada das perspectivas que são, de alguma forma, possíveis a frustração é inegável.

Exigências e mais exigências

"Naquele momento são evocados os 'demônios' da nossa incapacidade de suportar uma possível perda", nos diz o psicólogo italiano Aldo Carotenuto.[57] Quando nossas expectativas a respeito do comportamento do outro estão sendo satisfeitas, nos sentimos de alguma forma seguros na relação. Mas se algo não sai exatamente como esperávamos, tentamos encontrar uma explicação que nos acalme. Muitas vezes o receio de ser abandonado leva a pessoa a exigir do parceiro que não tenha interesse em nada fora da vida a dois, longe da pessoa amada.

Normas para a relação

Há algumas décadas pensava-se no casal composto só por dois indivíduos. Com o tempo ficou claro que o casal se compõe de três partes, dois indivíduos e uma relação: eu, você, nós, e que cada parte deve ser igualmente observada, pois tem um significado na vida do casal. Virginia Sapir, famosa terapeuta familiar americana, explica: "Qualquer coisa que uma das pessoas faz requer que a outra responda, e essa resposta modela aquela pessoa. Paralelamente, a resposta do outro modela seu próprio eu. Essa sequência, repetida, dá origem a um modelo que se traduz em normas para a relação. Ela acredita que as dificuldades para enfrentar problemas em um casal sempre estão relacionadas à baixa autoestima dos parceiros. Outra complicação é representada pelo fato de que os membros de um casal podem ficar presos um ao outro, num encaixe psicológico que faz lembrar seus modelos infantis."[58]

Em busca de novas experiências

O aprisionamento numa relação convencional passou a gerar questionamentos. A sede de novas experiências, do desconhecido, do novo, é maior do que nunca. Assim, se fechar numa relação a dois para formar uma família deixou de ser o projeto de muitos.

A inveja no amor

Muitos dizem que os opostos se atraem. Não é raro uma pessoa se encantar por outra que possui características de personalidade que ela não tem e gostaria de ter. Mas a armadilha é a inveja. A situação é ainda mais grave, quando o invejoso passa a depreciar aspectos no outro que gostaria de possuir e sabotar as realizações do parceiro. Parece ser uma tentativa extrema de amenizar o fato de se sentir inferior.

INTIMIDADE

Medo da intimidade

Muitos supõem que a intimidade nos torna totalmente vulneráveis. Mas, ao contrário de outros contextos em que a vulnerabilidade significa fraqueza e desproteção, na intimidade podemos mostrar nossas fragilidades sem temer qualquer constrangimento ou humilhação, ou seja, sem temer um ataque. O filósofo alemão Theodor Adorno sintetiza muito bem essa ideia ao afirmar que só nos ama aquele junto a quem podemos nos mostrar fracos sem provocar a força.

Escassez

"Para as pessoas que cresceram com escassez emocional, ficar cara a cara com a intimidade erótica é como olhar diretamente para o sol. Elas têm de ficar à distância, olhar-se do canto do olho ou com óculos escuros. Sentem-se ameaçadas e precisam controlar a situação", diz o psicólogo americano Michael Vincent Miller.[59]

Temor da rejeição

Quando amamos, somos olhados por dentro e isso é acompanhado de uma sensação de vergonha. Tornar manifesta a própria interioridade induz à vergonha, porque na nossa cultura isso equivale a uma admissão de fraqueza. Existem pessoas que, mesmo que amem intensamente, dificilmente conseguem manifestar o próprio sentimento, porque temem correr algum risco. Geralmente, quando nos despimos e colocamos o outro em contato com o que temos de mais íntimo, todos os nossos anseios se concentram em torno do temor da rejeição. Revelar-se significa, no fundo, conceder parte da própria liberdade e de "partes" de si mesmo.[60]

Intimidade emocional

Muitos homens, ainda submetidos à ideologia patriarcal, ou seja, machista, estabelecem no máximo intimidade sexual com suas parceiras, nunca intimidade emocional. Para estes a intimidade é vista como um sinal de fraqueza. Para outros, a intimidade é um privilégio, um luxo afetivo a ser conquistado pouco a pouco.

Ficando íntimo

Para o psiquiatra italiano Willy Pasini ter uma relação de intimidade quer dizer entrar na vida do outro sem perder o sentido da própria identidade. Para isso é necessário haver uma forte autonomia individual. Quer dizer recebermos o outro dentro do nosso território íntimo sem achar que fomos invadidos ou contaminados. A intimidade também comporta a capacidade de ficarmos atentos às nossas próprias sensações. Afinal, ela pode ser danificada ou destruída por atitudes predadoras, por necessidades simbióticas, por hostilidades reprimidas ou explosivas, por excessos de inibição ou sedução.[61]

Sem perder a própria identidade

O psiquiatra italiano Willy Pasini acredita que ao contrário da simbiose, a intimidade precisa da manutenção de um forte sentido de individualidade: só a pessoa que confia em si própria pode soltar as amarras e enfrentar o mar aberto de uma relação envolvente com o outro.

Envolvimento amoroso

A área dos afetos é a mais difícil de viver, e o problema que principalmente nos inquieta está no envolvimento amoroso. Estar envolvido com alguém significa tomar parte na vida interior de outra pessoa, porém justamente uma experiência desse tipo, remota, talvez esquecida, mas que deixou a marca, nos mantém como "vacinados", nos torna de qualquer modo refratários a nos tornar disponíveis. Uma espécie de *imprinting* emotivo nos impeliu a viver sob o signo do pânico todas as experiências afetivas sucessivas, e nos ensinou para sempre que a única possibilidade de salvação se encontra — exatamente como da primeira vez — na obtenção de uma "autonomia psicológica". A necessidade do outro, e também o medo de amar, diminui quando se desenvolve em cada um a capacidade de ficar bem sozinho.[63]

Vários motivos

A intimidade é temida por vários motivos. Pelo receio de nos entregarmos a ela, de nos fundirmos com o outro, de ficarmos desprotegidos. A intimidade exige o abandono da couraça que protege o que temos de mais íntimo: quanto mais a intimidade é compartilhada, mais o outro tem livre trânsito para as nossas coisas mais secretas.

Intimidade e controle

Esther Perel faz uma observação interessante: "Quando o impulso de compartilhar vira obrigatório, quando os limites pessoais já não são respeitados, quando só se reconhece o espaço compartilhado com o companheiro, e o espaço privado é negado, a fusão substitui a intimidade e a posse coopta o amor. É também o beijo da morte para o sexo. Destituída de enigma, a intimidade torna-se cruel quando exclui qualquer possibilidade de descoberta. Onde nada resta a esconder, nada resta a procurar."[64]

Estudo americano

A intimidade é, acima de tudo, uma questão de comunicação emocional, com os outros e consigo mesmo, em um contexto de igualdade interpessoal. Há um estudo americano em que 2/3 dos duzentos homens entrevistados, não conseguiram citar um amigo íntimo. Com as mulheres o resultado é diferente; 3/4 puderam facilmente citar um ou mais amigos íntimos, e para elas era virtualmente sempre uma mulher.[65]

A importância da autoestima

Mas só uma autoestima elevada permite viver tal "despir-se" como oportunidade, e não como ameaça. Quem pensa que deve esconder as partes de si consideradas inconfessáveis vive a intimidade como se fosse um risco pessoal.

Nem os pensamentos escapam

Esther Perel acredita que a obrigação de intimidade, quando levada longe demais, pode parecer coerção. Há casais que não esperam convite para entrar na interioridade do parceiro, vão logo exigindo ser admitidos, como se tivessem direito a acesso irrestrito aos pensamentos íntimos de suas caras-metades. A intimidade torna-se antes invasão do que proximidade — intimidade com uma ordem expressa: "Você tem que me ouvir"; "Cuide de mim; diga que me ama."[66]

Bem mais fácil para a mulher

A intimidade é muito mais fácil para a mulher do que para o homem. Historicamente, nas culturas patriarcais, os homens cuidam da guerra, da política, de ideias, e para as mulheres restou o mundo "menos importante", o dos sentimentos. Pasini afirma que os homens nunca o consultam por problemas diretamente ligados à intimidade. Preferem recorrer a perguntas-disfarce, mas as perguntas dos homens sobre sexo têm muitas vezes a ver com intimidade.

CASAMENTO

Expectativas no casamento

A felicidade no casamento depende das expectativas que se depositam na vida a dois. Antigamente, as opções de atividades fora do convívio familiar eram bastante limitadas, não só para as mulheres, que cuidavam da casa e dos filhos, como para os homens, que do trabalho iam direto para o aconchego do lar. Desconhecendo outras possibilidades de vida, não almejavam nada diferente, e o grau de insatisfação era muito menor. Havia um conformismo generalizado.

Família

No final do século XVIII, a área doméstica começa a se opor à área pública. Surge então um tipo de família — mãe, pais e filhos —, denominada burguesa, que cultiva a casa como lar e a necessária privacidade. A visão da mãe como um ser especial faz dela, ao mesmo tempo, a dona de casa dedicada, sofredora e a rainha do lar. Esta é a família que muitos conheceram.

Os prejuízos do conhecimento total do outro

Georg Simmel, sociólogo alemão do século XIX, diz que o total conhecimento paralisa a vitalidade das relações no casamento; e, sem dúvida, a pessoa ciumenta está absolutamente a descoberto. Simmel também nos informa: os relacionamentos íntimos mais bem-sucedidos "têm uma reserva inesgotável de dons psicológicos latentes e daí não poderem revelá-los e oferecê-los todos de uma vez, como uma árvore não pode dar os frutos dos anos seguintes com os dessa estação."[67]

A primeira noite na Roma Antiga

A noite de núpcias desenrolava-se como uma violação legal, da qual a esposa saía "ofendida contra o marido", que, habituado a usar as escravas, desconhecia outras formas de iniciativa sexual. Era comum, na primeira noite, o recém-casado se abster de tirar a virgindade da moça, em consideração à sua timidez; nesse caso, porém, como compensação, ele praticava sexo anal com ela.

Belle Époque

No período entre 1880 e 1918, o comportamento muda, como se homens e mulheres, aos poucos, fossem deixando aquela exagerada repressão do século XIX para trás. As transformações tecnológicas e culturais foram muitas e, como consequência, surgiram novas formas de pensar e viver. O telefone, o telégrafo sem fio, o cinema, a bicicleta, o automóvel, o avião, levam a novas percepções da realidade.

Por que há tantos problemas nas relações amorosas

As relações amorosas dos adultos funcionam mal porque a maioria tende a reeditar inconscientemente com o parceiro a relação típica da infância. E isso fica claro na forma como se vive o amor, só se aceitando como natural se for um convívio possessivo e exclusivo com uma única pessoa. O condicionamento cultural impõe como única forma de atenuar o desamparo uma relação amorosa fixa e estável: o casamento. Assim, todos desejam se casar. Poucos questionam se é mesmo a única forma de realização afetiva.

Mães que não amamentavam

Nos séculos XVII e XVIII era mal visto a mãe amamentar. Logo que nascia, a criança era entregue à ama de leite, que morava longe. Em 1760, em Paris, nasceram 21 mil crianças. Dessas, apenas mil foram amamentadas pela mãe. Os pais passavam anos sem ver o filho. A mortalidade infantil, claro, era enorme. A mentalidade só começou a mudar quando surgiu a demografia, e eles se deram conta de que morriam crianças demais. Afinal, precisavam de gente para trabalhar, para as guerras, para povoar as colônias. Aos poucos, a maternidade começou a ser valorizada. A mulher que amamentava e cuidava dos filhos ganhou importância. As primeiras a aderir a essa novidade foram as mulheres da burguesia, na medida que dessa forma adquiriam valor social. As últimas, claro, foram as mulheres da aristocracia. O século XX foi o século da mãe culpada.

Ter alguém ao lado

Cada vez mais, realizar suas possibilidades passa a ser o objetivo de cada um. Essa é uma tendência que prioriza a individualidade. A consequência é uma grande mudança na relação conjugal. Não se aceita mais fazer sacrifícios para se ter alguém ao lado. Ao contrário, a presença do outro deve favorecer a relação e o crescimento de cada um.

A rainha enclausurada

Ingeborg, uma princesa dinamarquesa, casou-se com grande pompa, no dia 14 de agosto de 1193, em Amiens, com o rei da França Filipe Augusto. No dia seguinte, foi coroada solenemente por ele. Mas, no meio da cerimônia, o rei estremeceu subitamente e voltou-se contra a jovem noiva. Tomado pela repulsa, incapaz de consumar as suas núpcias, o rei só pensava em anular o seu casamento. A repulsa de Filipe Augusto por Ingeborg parecia insuperável e misteriosa. Os súditos não tardaram em fazer suposições. "A princesa não é virgem?"; "Será que ela tem alguma deformidade escondida?"; "Ou terá simplesmente mau hálito?" Ingeborg foi enclausurada num convento.

Casos como o da princesa Ingeborg deixam claro o sofrimento, principalmente das mulheres, quando as famílias, por interesses econômicos e políticos, decidiam com quem seus filhos e filhas casariam.

A ausência do pai

É comum se dizer que, criada sem a presença do pai, a criança terá dificuldades emocionais pela vida afora. Não acredito nisso. Não resta dúvida de que é ótimo quando o pai e a mãe têm muito afeto pela criança e usufruem do prazer de criá-la, contribuindo ambos para sua formação. Mas o simples fato de uma criança ser educada dentro de uma família tradicional não lhe garante uma vida adulta mais saudável. Quanto à ausência da figura paterna, surgem novos questionamentos. Há quem afirme que o fundamental para a criança é se sentir amada, respeitada e valorizada, e que em nenhum momento aparece a necessidade de duas presenças físicas, uma masculina e outra feminina, para que isso ocorra.

Educação dos filhos

Na França, no século XVII, as ordens de prisão emitidas pelo rei abriram novas possibilidades de correção. Poderiam ser presos os filhos de menos de 25 anos e as filhas de qualquer idade de artesãos e trabalhadores que maltratassem os pais ou que fossem preguiçosos, libertinos ou corressem o risco de vir a sê-lo. Isso levava a inúmeras arbitrariedades. A prisão era definitiva e os pais não tinham o poder de sustá-la. No século XVIII, num decreto de 1763, os pais eram autorizados a pedir ao departamento de Guerra e Marinha a deportação para a Ilha de Désirade dos filhos "que tivessem exibido condutas capazes de ameaçar a honra e a tranquilidade de sua família". Nessa ilha, os jovens eram mal alimentados e trabalhavam arduamente.[68]

Estabilidade e segurança

As pessoas na nossa cultura costumam idealizar o par amoroso e imaginar que a partir do casamento se sentirão completas. Na busca por estabilidade e segurança afetiva qualquer preço é pago. Assim, o desejo de conviver com intimidade se confunde com a necessidade de manter a estabilidade, levando a se suportar o insuportável. Tentando justificar sacrifícios ou frustrações pessoais cria-se um mundo fantástico onde defesas como a negação e a racionalização são acionadas para que se continue a viver uma relação idealizada, distante do que ocorre na vida real.

Esposa, concubina, hetairas e efebo

Os homens gregos, há 2.500 anos, consideravam desagradável estar casado. Contudo, o casamento era inevitável. O homem precisava de uma dona de casa e era dever dele para com o Estado e a religião ter filhos. A atração sexual entre marido e mulher era algo raro, pois os homens costumavam dormir com suas esposas apenas para gerar filhos, e se satisfaziam sexualmente fora de casa, com as prostitutas. Era comum que o homem deixasse de fazer sexo com a esposa se já tinha o número de descendentes desejado. Ele tinha direito de ter a esposa para lhe dar filhos legítimos, a concubina para cuidar do seu dia a dia, as hetairas, prostitutas de luxo, e os efebos, jovens rapazes.

Ter filhos: escolha ou obrigação?

Atualmente, sabemos que para as mulheres que julgam que sua realização pessoal depende do êxito profissional, a questão da maternidade se coloca em outros termos. Elas têm filhos cada vez mais tarde e esperam de seus parceiros uma divisão igualitária nos trabalhos domésticos e na educação das crianças. E a crescente rejeição aos modelos tradicionais de comportamento permite que se percebam com mais clareza os próprios desejos. Ter ou não ter filhos passa a ser uma opção individual, longe da cobrança de corresponder ao modelo imposto de mulher ideal.

Filhos criados sem a presença do pai

A pesquisadora americana Shere Hite afirma que em suas pesquisas, realizadas com centenas de famílias e crianças, descobriu um fato que à primeira vista pode parecer estranho: os meninos criados apenas pelas mães, e não pelo casal, parecem ter maior facilidade em estabelecer relações humanas mais consequentes e responsáveis quando se tornam adultos. Os valores patriarcais — de dominação, força e poder — passados aos filhos por muitos pais que ainda não se libertaram do mito da masculinidade, são prejudiciais ao desenvolvimento da criança.

Marido submisso

Na Idade Média, se um homem permitisse à esposa ocupar posição de superioridade, este era desonrado. A sociedade patriarcal tomava medidas a fim de punir os dois: a esposa agressiva e o marido tímido. Entre os teutões — povo antigo da Germânia, que habitava as margens do Báltico —, a mulher que batesse no marido era obrigada a montar em um asno, transitando pelas ruas, voltada para trás e segurando nas mãos a cauda do animal atônito. O marido submisso poderia, um dia, descobrir os vizinhos retirando o telhado de sua casa — o homem que não podia proteger-se da esposa não devia ser abrigado contra as intempéries.

Hidromel

Para acalmar os deuses tornou-se costume oferecer uma taça de hidromel aos nubentes. A bebida alcoólica, destilada do mel, seria uma espécie de preparação para arrojar-se nos mistérios da carne. Daí surgiu a expressão lua de mel, momento de fusão dos cônjuges, quando se vive uma lua apenas imaginada para o casal de noivos. A moda da viagem de núpcias, a Lua de Mel, se difunde por volta de 1830. Diante de todos os tabus a respeito do sexo, essa prática crescente tinha o objetivo de poupar o círculo familiar de um momento tão "constrangedor"...

Quando a criança nascia

Na Roma Antiga, quando a criança acabava de nascer, a parteira a colocava no chão. O pai não *tinha* um filho. Ele o *tomava*. Se o pai não o levantasse, era exposto a quem quisesse recolhê-lo. Da mesma forma, seria rejeitado se o pai estivesse ausente e ordenasse à mulher grávida que assim o fizesse.

Concessões sem fim

Os casais toleram demais um ao outro, fazendo inúmeras concessões, abrindo mão de coisas importantes, acreditando que é necessário ceder. Como nem sempre isso traz satisfação, eles se cobram, se criticam e se acusam. As brigas se sucedem. Para Virginia Sapir, famosa terapeuta familiar americana, por causa da sensação de fracasso, o que mais se vê no casamento são sentimentos de desprezo e de desvalorização, de um para o outro, e de cada um por si. Dependendo do casal, as acusações podem se renovar ou ser as mesmas, sempre repetidas.

Duquesas de tamborete

No século XVIII, na França, podia-se casar também por um tamborete — sobretudo se estava situado na antecâmara da rainha. Apenas as "duquesas de tamborete" tinham efetivamente o direito de sentar-se na presença da soberana, e esse direito deve ter contribuído para a determinação da Mademoiselle de La Mothe em casar-se com o duque de Vendadour, corcunda e inconveniente. É conhecida a frase de Madame de Sévigné ao ver que não se havia dado um tamborete à novíssima duquesa: "Ora, essa! Dai-lhe um tamborete, custa-lhe bem caro."

Ninguém conhece ninguém

Na realidade, por mais convivência que um casal tenha, nenhum deles conhece o outro como julga conhecer. A terapeuta de casais belga Esther Perel nos lembra de que até mesmo nos casamentos mais tediosos a previsibilidade é uma ilusão. Nossa necessidade de constância limita o quanto desejamos conhecer quem está do nosso lado. Estamos empenhados em vê-lo(a) de acordo com a imagem que muitas vezes é uma criação de nossa imaginação, com base em nossas próprias necessidades.[69]

Cobre-orelhas para cavalo

No século XIX, a mulher deveria ser casta, frágil, submissa, enfim, o anjo da casa. Ela passava o seu tempo realizando tarefas, na maior parte das vezes, inúteis. Dava ordens aos criados e educava as crianças. Depois, tocava piano, lia novelas intermináveis, fazia capas para móveis, pintava figuras em veludo e compunha flores de cera. A seguir, com o tempo ainda sobrando, ela fazia coisas que nos parecem inacreditáveis. O americano *Godey's Lady's Book and Magazine*, de fevereiro de 1864, por exemplo, contém instruções pormenorizadas para a confecção de um cobre-orelhas, reticulado, para cavalo, decorado com oito borlas encantadoras.

Duração do casamento

É cada vez menor o tempo de duração de um casamento satisfatório. Algumas pessoas alegam que hoje ninguém tem paciência, que por vivermos numa sociedade de consumo, onde tudo é descartável, o cônjuge também deve ser sempre substituído. Mas a questão não é essa. As dúvidas em relação a manter ou não um casamento começaram a surgir depois que o cônjuge passou a ser escolhido por amor, por volta de 1940, e não mais por interesses familiares.

Confessionário

Sentir tesão por alguém que não seja o parceiro fixo quase todos sentem. Se vai ou não viver uma experiência sexual com essa pessoa, depende da visão que cada um tem do amor e do sexo. No entanto, contar ao parceiro que está com tesão por outro é eliminar totalmente a privacidade e transformar a relação amorosa em confessionário.

Casamento com objetos

Os mongours, um povo pastoril da Mongólia, é constituído de criadores de cavalos. Há desigualdade social e sexual, e o homem é o elemento privilegiado. Podem ocorrer pseudocasamentos, nos quais a mulher se "casa" com objetos. Se uma moça solteira engravida, por exemplo, ela se casa formalmente com um tapete de orações. Da mesma forma, se numa situação de "hospitalidade sexual" a filha engravida do hóspede, ela se casa com um cinto que deve ser deixado por ele, mesmo que nunca mais retorne.

Bom casamento?

A escritora americana Laura Kipnis critica o modelo de casamento atual, principalmente, quanto à ideia de que é necessário "trabalhar" a relação para que o casamento seja satisfatório. "Quando a monogamia vira trabalho, quando o desejo é organizado por contrato, com a contabilidade registrada e a fidelidade extraída como o trabalho dos empregados, com o casamento parecendo uma fábrica doméstica policiada por uma rígida disciplina de chão de fábrica planejada para manter as esposas, os maridos e os parceiros domésticos do mundo agrilhoados à maquinaria do status quo — será que é isso que realmente significa um 'bom relacionamento'?"[70]

Na Babilônia

O código de *Hamurabi* (1700 a.C.), na Babilônia, permitia que mulheres trabalhassem como fiandeiras, cozinheiras, babás, tecelãs e em outros serviços de execução simples. O casamento era consumado com meninas entre 11 e 12 anos. O marido, se tivesse posses, podia ter uma concubina e até uma segunda esposa. Se a noiva fosse estéril, tinha a obrigação de conseguir uma substituta. O adultério feminino era punido com a morte e uma esposa descuidada com a imagem podia se tornar escrava. A prostituição não sofria repressão e muitas eram encorajadas pela família a assumir essa atividade.

Casamento eficaz

Até muito pouco tempo atrás, a todos os ideais do amor romântico acrescentava-se a ideia de que o casamento é para sempre. Um casamento eficaz, embora gerando muita infelicidade, era sustentado por uma divisão de trabalho entre os sexos. O marido dominando o trabalho remunerado e a mulher o trabalho doméstico. O confinamento da sexualidade feminina ao casamento era importante como símbolo da mulher respeitável.

O processo de separação

O psicoterapeuta e escritor José Ângelo Gaiarsa, após sessenta anos de experiência em consultório, arrisca algumas estatísticas sobre casamento: "2% de bons casamentos acho que existem. Uns 15 ou 20% dos casamentos diria que são aceitáveis, dá para ir levando, têm suas brigas, seus atritos, têm seus acertos, suas compensações. Na minha estimativa, 80% são de sofríveis para precários e péssimos. A vida em comum é muito ruim para a maioria das pessoas."[71]

Crenças equivocadas

Numa relação estável, é comum o casal se afastar dos amigos e também abrir mão de atividades que antes proporcionavam grande prazer. O preço é alto. Mas para muitos, num casamento, um deve ser a única fonte de interesse do outro; tudo o mais é dispensável. Com o tempo, as frustrações se acumulam.

A ilusão de satisfazer todas as necessidades do outro

Quando duas pessoas se casam é comum terem a ilusão de que assim estarão completas, que nada mais vai lhes faltar. A relação simbiótica então estabelecida, na qual os dois imaginam se transformar num só, é o campo propício para que ambos projetem, um no outro, aquilo que têm em si e julgam ser desvalorizado, errado, vergonhoso, sujo. Após algum tempo de convívio o outro passa a ser visto com "defeitos" terríveis, porque aos "defeitos" de cada um somam-se os do outro. E a isso se acrescenta a raiva que se sente quando se constata que o outro não está cumprindo o papel que se esperava dele: o de satisfazer todas as necessidades e carências pessoais do parceiro.

Reformulação

Acredito que as pessoas viveriam muito melhor se revissem suas crenças a respeito dos relacionamentos amorosos. Um casamento, por exemplo, pode ser ótimo. Para isso é necessário sair fora do modelo imposto pela nossa cultura. Temos que reformular as expectativas que alimentamos a respeito da vida a dois.

Insatisfação

O casamento mudou mais nos últimos cinquenta anos do que em todo o período de sua existência. A partir dos anos 1960, grandes transformações — ligadas principalmente ao advento da pílula anticoncepcional e ao movimento feminista, que contribuiu para o aumento do nível de instrução feminina e para o crescimento da participação das mulheres no mercado de trabalho — afetaram a situação das mulheres na sociedade e na família: sua autonomia pessoal e financeira foi consideravelmente ampliada em relação aos homens. Apesar disso, a grande maioria dos casados, homens e mulheres, estão insatisfeitos. Numa pesquisa do IBGE, há alguns anos, 80% dos entrevistados se declararam decepcionados com o casamento.[72]

Solidão no casamento

Conversando sobre a solidão no casamento com a escritora Marina Colasanti, ouvi dela uma afirmação interessante, com a qual concordo totalmente.

"Um dos motivos da solidão dentro do casamento é que as pessoas evoluem em direções tão opostas que de repente uma não tem nada mais a ver com a outra. Eventualmente até transam, mas a transa nem sempre configura intimidade. Ou podem se afastar quando um dos dois se volta muito para si. Isso é comum acontecer com os velhos. Sempre se diz que a velhice traz sabedoria, mas é mentira. Temos que lutar para melhorar com a idade, porque a tendência é a gente ir piorando."[73]

Casamento continente

Na Antiguidade Tardia, entre os séculos III e V, o sexo era algo tão abominado pela Igreja que o casamento continente — totalmente sem sexo — tornou-se o ideal cristão. Isso enquanto milhares fugiam para o deserto em busca de pureza. Acreditavam que, ao martirizar os corpos contra desejos sexuais, se livrariam da danação eterna.

Casamento monogâmico sequencial

Torna-se quase impossível encontrar alguém que acredite hoje em amor e casamento eterno. Alguns autores observam a tendência ao casamento monogâmico sequencial, onde em tese o casal viveria junto enquanto a relação fosse satisfatória para ambos. Findo esse período, cada um partiria em busca de outro parceiro. Mas aí surge um novo problema. Concretizar uma separação não é nada fácil — já que a própria vida a dois induz a uma relação simbiótica —, a negação dos aspectos insatisfatórios pode levar a uma permanência muito maior do que a desejada.

Amar não exige mais sacrifícios

Está cada vez mais distante o tempo em que se acreditava que amar exigia sacrifícios. Até meados do século XX, todos valorizavam quem abria mão dos próprios anseios em prol do outro. *Ceder* era a palavra de ordem para um bom relacionamento. E quem não se dispusesse a isso corria o risco de ser rotulado de imaturo ou de egoísta. O problema é que quanto mais você cede em algo importante para você, mais hostilidade vai surgindo em relação ao outro. Hostilidade, na maioria das vezes inconsciente, que vai minando gradativamente a relação até torná-la insustentável.

Isolamento no casamento

A historiadora americana Shere Hite afirma em sua pesquisa que quase todas as mulheres dizem que lutaram durante vários anos pela melhoria de seus relacionamentos antes de decidir rompê-los. E a maioria se divorciou por causa da sua solidão e isolamento emocional no casamento.

Jeitinho feminino

Carla Bassanezi nos fala em seu livro *Virando as páginas, revendo as mulheres* sobre o "jeitinho feminino". Nos anos 1950-1960 a mulher é aconselhada a valorizar o "poder dos bastidores" na relação com os homens, a usar o "jeitinho feminino" para conseguir ter algum desejo satisfeito. O "jeitinho feminino" é um falso poder destinado a manter a submissão feminina dentro das relações homem-mulher que conferem supremacia ao masculino.

Na verdade, quem exerce o poder das decisões finais e importantes são os homens. Nas situações em que a mulher precisa usar o "jeitinho feminino" para lidar com o homem, ocorre simplesmente a confirmação da hegemonia do poder masculino: o homem é o ponto de referência, a mulher se coloca, antes de tudo, diante de sua relação com ele, na dependência de sua boa vontade. Não há uma relação entre iguais.[74]

O casamento perde a importância

De uns tempos para cá, o casamento vem perdendo a importância que sempre teve. As causas são várias: a percepção de que o amor não é a solução para todos os problemas, a diminuição da religiosidade; os contraceptivos que permitiram a emancipação feminina; a liberação sexual; a aspiração ao individualismo, que caracteriza nossa época, levando à valorização do eu sobre o nós conjugal. A autorrealização das potencialidades individuais passa a ter outra importância, colocando a vida conjugal em novos termos. Acredita-se cada vez menos que a união de duas pessoas deva exigir sacrifícios. Observa-se uma tendência a não se desejar mais pagar qualquer preço apenas para ter alguém ao lado.

Mel da lua na Idade Média

O ciclo de 28 dias da lua, semelhante ao ciclo da mulher, fez nascer na época a ideia de que as fêmeas eram filhas da lua, possuindo poderes sobrenaturais. A crença tornou-se cerimônia, com o nome de *Vince luna* (À lua, vitória). A Igreja, que queria manter o monopólio do sobrenatural, combateu essa crença com fervor. O

Concílio de Leptines (744 d.C.) fez publicar nota condenando a ideia. As mulheres ainda eram um mistério na Idade Média, fonte de pureza e pecado, beleza e destruição.

Uma visão do casamento

Há pessoas que consideram a vida a dois um obstáculo à liberdade. Apreciam a descoberta, a aventura, a falta de rotina, o convívio com pessoas diferentes e principalmente não se sentirem obrigadas a fazer alguma coisa só para agradar ao outro. Provavelmente, elas concordariam com Elisabeth Badinter, quando diz:

"Na verdade, o casamento, longe de ser um remédio contra a solidão, frequentemente ressalta os seus aspectos mais detestáveis. Ao nos fazer abdicar de nossa liberdade e independência, torna-nos ainda mais frágeis, em caso de ruptura ou de desaparecimento do outro. Aquela ou aquele que fica é então devolvido à solidão total, ao isolamento e à rejeição, complemento sem objeto direto, resíduo inutilizável de um par. Solidão total, a partir do momento em que o indivíduo não existe em si mesmo, e que também não existe a coletividade na qual ele continuaria a ter seu lugar. 'Nós' desaparecido, resta a metade de alguma coisa, enferma, débil, não viável, como um recém-nascido que não tivesse ninguém para alimentá-lo e vesti-lo, entregue às garras do medo".[75]

Apenas meia hora?

Não são poucas as pessoas que consideram o casamento um obstáculo à liberdade. Apreciam a descoberta, a aventura, a falta de rotina, o convívio com pessoas diferentes e principalmente não se sentem obrigadas a fazer alguma coisa só para agradar ao outro. Isso sem falar no dia a dia dos casais, homens e mulheres americanos casados gastam, em média, apenas meia hora por semana conversando.

Casadas, mas sozinhas

Há alguns anos, atendi no consultório, durante seis meses, um grupo de dez mulheres que se reuniam por uma questão específica: a solidão. As idades variavam de 35 a 55 anos. Oito eram casadas, uma separada e uma viúva. Apesar de expressarem o desejo de um companheiro estável, ficou evidente como a vida das que viviam sozinhas eram mais interessantes e cheias de possibilidades em comparação com as das mulheres casadas. Estas se mostravam desesperançadas, sentiam-se impotentes para tentar qualquer transformação que pudesse lhes proporcionar algum prazer no plano afetivo e sexual. A monotonia do dia a dia, a falta de diálogo com o marido e a ausência de uma vida sexual satisfatória eram a tônica de suas queixas.

Vidas arruinadas pelo casamento

A infelicidade conjugal não é nenhuma novidade. Em 1922, Benjamin Lindsey, um juiz de Denver, nos Estados Unidos, já percebera a infelicidade no casamento e fez o seguinte comentário: "O casamento tal como existe é um verdadeiro inferno para a maioria das pessoas que o contraem. Isto é um fato indiscutível. Desafio quem quer que seja a chegar a uma conclusão contrária, depois de observar a procissão de vidas arruinadas, de homens e mulheres infelizes e miseráveis, de crianças abandonadas que passam pelo meu tribunal."[76]

Casamento em questão

Até algumas décadas atrás, quem não se casasse tinha uma vida infeliz. A discriminação atingia homens e mulheres. O homem só podia fazer sexo com prostitutas e, depois que passava dos 30 anos, suspeitava-se de sua virilidade. As mulheres solteiras viviam reclusas ou eram malfaladas. Ficavam então ansiosas com o passar do tempo, já que no caso delas a situação era mais difícil. Havia a incapacidade de se sustentarem sozinhas, além do peso de transgredir o que se acreditava ser a "lei da natureza", a realização na maternidade.

O casamento é necessário?

A vida a dois numa relação estável torna-se cada vez mais difícil de suportar diante das transformações e apelos da sociedade atual. A família não é mais necessária para a sobrevivência da espécie nem o casamento é um vínculo divino, uma aliança entre duas famílias ou uma união econômica, que durante tanto tempo justificaram a sua existência. O que ele proporciona hoje é um modo de vida repressivo e insatisfatório. Muitos discordam dessa ideia alegando que o casamento deve ser conservado por causa da felicidade que pode proporcionar. "Mas o problema não consiste em saber se o casamento encerra uma potencialidade de felicidade, mas sim se a realiza.", diz W.Reich em um dos seus livros.[77]

Por que as pessoas continuam casando?

Conversando com o psicoterapeuta e escritor José Ângelo Gaiarsa ouvi interessantes observações. "Por que as pessoas continuam casando? Ah! Mas esta é a maior ilusão dos intelectuais em todos os tempos: as pessoas não são persuadidas por um bom argumento, mas sim por uma fantástica repetição de coisas. Desde que você nasce você ouve trinta, quarenta, cinquenta vezes por dia: 'porque a mãe', 'porque a família', 'porque o casamento', 'porque os filhos'. Cinquenta vezes por dia!!! Durante vinte anos!!! É uma hipnose coletiva, é bem por aí..."

As soluções de Gaiarsa

"Eu só achei duas soluções até hoje. Uma, na minha vida. Casei cinco vezes e diria que um casamento que dura de quatro a sete anos pode ser interessante, dependendo da pessoa, das circunstâncias e tudo mais. A segunda: hoje o que eu consideraria ideal, eu diria que é poder ter duas, três, quatro mulheres, amigas, eventualmente coloridas, e elas também terem dois, três, quatro homens. Eu acho que seria a solução. Mesmo os bons amigos você não tem vontade de ver sempre. Há certos dias em que você diz: 'Ih! Se ele vier aqui hoje vai ser um saco.' E quando se está casado é a mesma coisa."[78]

Paixão e casamento são incompatíveis?

O mais importante estudioso do amor no Ocidente, o suíço Denis de Rougemont, afirma que os adolescentes são educados para o casamento, mas ao mesmo tempo são incentivados ao romantismo.

"Ora", diz ele, "a paixão e o casamento são por essência incompatíveis. Sua origem e seus objetivos são excludentes. Sua coexistência faz surgir incessantemente em nossas vidas problemas insolúveis e esse conflito ameaça sempre nossa 'segurança social'." [79]

Tudo depende da expectativa

A ideia de felicidade conjugal depende da expectativa que se tem do casamento. Algumas décadas atrás, uma mulher se considerava feliz no casamento se seu marido fosse um bom chefe de família, não deixasse faltar nada em casa e fizesse todos se sentirem protegidos. Para o homem, a boa esposa seria aquela que cuidasse bem da casa e dos filhos, não deixasse nunca faltar a camisa bem lavada e passada e, mais que tudo, mantivesse sua sexualidade contida. Um casal perfeito: a mulher respeitável e o homem provedor.

Mudança nas expectativas

Hoje, os anseios são bem diferentes e as expectativas em relação ao casamento tornaram-se muito mais difíceis, até mesmo impossíveis de serem satisfeitas. As pessoas escolhem seus parceiros por amor e a expectativa é de realização afetiva e prazer sexual. Quando uma delas não se cumpre, as pessoas se separam.

Até que a morte nos separe

Durante muito tempo se acreditou no casamento "até que a morte nos separe", mas agora deparamo-nos com uma questão crucial. O amor até que a morte nos separe se torna cada vez mais inviável. Quando a média de vida era menor, o casamento durava apenas alguns anos. Com o crescente aumento da longevidade, "até que a morte nos separe", embora ainda idealizado pela maioria, passou a significar longos anos de convivência, difíceis de suportar.

Leilão de esposas

No século XIX, em alguns casos, eram adotadas medidas drásticas para aliviar a infelicidade conjugal. Existia na Inglaterra uma noção de que se colocando a esposa em leilão, com a permissão dela, os laços conjugais podiam ser legalmente rompidos. Em 1832, o agricultor Joseph Thomson pôs a esposa de 22 anos no leilão por 50 xelins. O preço não correspondia ao valor real, de modo que se livrou dela por 20 xelins e um cachorro.

Infelicidade conjugal é coisa antiga

Um dos primeiros levantamentos quantitativos sobre a felicidade conjugal foi feito por Gross-Hoffinger, na Alemanha, em 1847. Dos cem casamentos pesquisados, descobriram 48 casais infelizes; 36 indiferentes um ao outro, mas conseguindo viver juntos; 15 felizes e um muito feliz. A responsabilidade foi colocada nos homens na proporção de cinco para um.[80]

A esposa jovem

William Alcott, num livro intitulado *A esposa jovem*, de 1833, escreveu que havia "uma opinião generalizada" segundo a qual "o amor do marido e da esposa deveria estar em declínio necessariamente após o casamento". Casais deixaram cartas deplorando "a infelicidade quase universal das pessoas casadas". As noivas estavam assustadas pelos "grandes e desconhecidos deveres para os quais me sinto incompetente", não apenas os deveres domésticos, mas a necessidade de transformar os maridos em homens "virtuosos e felizes". "É terrível eu me amarrar assim para a vida inteira."

O maior desafio vivido pelos casais

Atendo no consultório há 46 anos em terapia individual e de casal. De aproximadamente cinco anos para cá passei a receber casais trazendo novos conflitos, que ocorrem porque uma das partes propõe a abertura da relação — partir para uma relação não monogâmica — ou então uma nova prática sexual. A outra parte se desespera com essa possibilidade, se sente desrespeitada, agredida, não amada. Estamos no meio de uma profunda mudança na forma de pensar e viver o amor, o casamento e o sexo.

DEPENDÊNCIA EMOCIONAL NA VIDA A DOIS

Há garantia?

As pessoas exigem fidelidade porque na relação amorosa estável se cria uma situação de dependência emocional, sendo comum se depositar no outro a garantia de não ficar só. O medo da solidão e do desamparo leva ao controle.

Dependência dupla

Não são poucos os casais que vivem numa relação fechada, que pode servir de proteção do mundo exterior. Ambos podem se tornar dependentes um do outro e do próprio relacionamento. Alcançar um equilíbrio entre autonomia e dependência não é nada simples. Mas você pode buscar autonomia e permanecer numa relação a dois, desde que seja satisfatória.

Quando se fica junto por hábito ou dependência

A dependência emocional entre um casal é encarada por todos com naturalidade porque se confunde com amor. Essa dependência que se tem do outro pode levar as pessoas a continuarem juntas, acomodadas, dando a impressão de estarem anestesiadas. E quando alguém fica junto por hábito ou dependência emocional, não é raro desencadear um sentimento de ódio pelo outro, mesmo que inconsciente.

Caminho para a decepção

Imaginar que numa relação amorosa vamos nos completar, que nada mais vai nos faltar, é o caminho mais rápido para a decepção. A escritora americana Laura Kipnis pergunta: "Será que o amor deveria vir embalado com advertências sobre a saúde: Cuidado, pode viciar e ser prejudicial para sua sobrevivência?"[81]

Nova forma de estar só

No futuro, mais pessoas vão perceber que viver sozinho não significa necessariamente solidão. Mas para isso há alguns pré-requisitos: desenvolver a autonomia pessoal e, assim, perceber o amor e o sexo de outra forma e se libertar da ideia de que precisa de alguém num relacionamento amoroso estável para viver bem.

Necessidades conflitantes

Ao contrário de quem idealiza o amor romântico e o próprio par amoroso, não é difícil observar pessoas que amam o parceiro, têm uma vida sexual satisfatória, mas lamentam não ter liberdade de fazer o que quiser da própria vida. Sobre esse tema, Esther Perel nos diz: "Na infância, lutamos para encontrar um equilíbrio sutil entre nossa profunda dependência das pessoas mais importantes que cuidam de nós e nossa necessidade de construir um sentimento de independência. A intensidade com que as relações de nossa infância alimentam ou obstruem os dois tipos de necessidade determinará as vulnerabilidades que levaremos para nossas relações adultas: o que mais queremos é o que mais tememos. Ora uma necessidade é mais intensa, ora é outra; ora priorizamos uma, ora outra. E, justamente, somos inclinados a escolher parceiros com tendências que combinem com nossas vulnerabilidades", diz Esther Perel.[82]

Dependência emocional do homem

Ao contrário do que parece, é grande o número de homens que dependem emocionalmente de suas mulheres, entregando a elas a administração integral de sua vida e dos próprios desejos.

Uma definição de dependência emocional

O psiquiatra americano Scott Peck define a dependência como a incapacidade de se sentir realizado ou de agir adequadamente sem a certeza de que se é motivo de cuidado para o outro. Ele considera que a dependência em adultos fisicamente saudáveis é sempre uma manifestação de um problema emocional. Todos os casais deveriam saber que a verdadeira aceitação da sua própria individualidade e da do outro e a independência são as únicas fundações sobre as quais se pode basear um relacionamento amoroso maduro.[83]

Dependência e hostilidade

A dependência emocional que se tem do outro gera ressentimento e hostilidade, quando se percebe o aspecto "perigoso" do ter necessidade. O psicólogo italiano Aldo Carotenuto acredita que, no fundo, todos nos defendemos da necessidade do outro, tanto é verdade que às vezes acabamos por fazer escolhas erradas, cômodas, buscando uma paz pela qual pagamos qualquer preço: a renúncia de viver a plenitude ou ao menos a promessa de uma experiência diversa. Na renúncia vivemos não só a falta de autenticidade, mas há algo pior: nós nos bloqueamos e deixamos fracassar miseravelmente uma possibilidade de transformação.

MEDO DO ABANDONO

Medos e mais medos

O receio de ser abandonado ou trocado por outra pessoa leva a se exigir do parceiro que não tenha interesse nem ache graça em nada fora da vida a dois, longe da pessoa amada. Isso traz grandes prejuízos para a relação. É impossível não concordar com o psiquiatra italiano Willy Pasini quando diz que a suspeita de ser abandonado e rejeitado são os pesadelos da infância, mas também os fantasmas da maturidade.[85]

Baixa autoestima disfarçada

Quanto mais intenso o sentimento de inferioridade, maior será a insegurança e mais forte o ciúme. Nesse caso, restringir ao máximo a liberdade do outro é o mais comum. Às vezes, a pessoa aparenta ser auto suficiente e segura, mas ao iniciar uma relação amorosa fica evidente sua baixa autoestima.

A busca da estabilidade

Esther Perel observa que quando se inicia uma relação o amor lhe agarra e você se sente poderoso e não quer que acabe. Mas também tem medo. Então tenta tornar o amor mais seguro. Procura prendê-lo, torná-lo confiável. Você assume seus primeiros compromissos e alegremente abre mão de um pouco de sua liberdade em troca de um pouco de estabilidade. Cria conforto através de artifícios — hábitos, rituais, nomes de bichos de estimação — que dão tranquilidade. Mas a emoção estava ligada a uma certa dose de insegurança. A sua excitação decorria da incerteza, e agora, ao procurar dominá-la, você acaba fazendo a vivacidade se esvair da relação.[86]

Grande conflito

O grande conflito no amor hoje se situa entre o desejo de ficar fechado na relação com o outro e o desejo de liberdade. E este último parece que começa a predominar.

CONTROLE, POSSESSIVIDADE E CIÚME

Ficar bem sozinho

A maioria das pessoas resolve bem as questões práticas da vida, mas não consegue ficar sozinha. Só estão bem ao lado da pessoa amada. Reeditando a mesma forma primária de vínculo com a mãe, o antigo medo infantil de ser abandonado reaparece. Se há a crença de que o amor é a solução de todos os problemas e o convívio amoroso é a única forma de atenuar o desamparo, a pessoa amada se torna imprescindível. Imaginando controlar o risco de perdê-la, o controle, a possessividade e o ciúme passam, então, a fazer parte do amor.

Ausência de garantia

Garantias é o que a maioria busca numa relação amorosa. Conversando com Luiz Alfredo Garcia-Roza ouvi dele o que deixaria muita gente perder o sono: "A relação entre dois seres é marcada pela ausência de garantia. Por maior que seja a prova de amor dada, ela pode não ser verdadeira. Essa possibilidade de falsear é que é a mola do ciúme. Ciúme é a contrapartida da ausência de garantia."[87]

Difícil vida a dois

A vida a dois, numa relação estável — namoro ou casamento — se tornou difícil de suportar diante de tantas transformações ocorridas nas últimas décadas. Era aceito com naturalidade o casal viver numa relação fechada em que a possessividade, o controle e o ciúme faziam parte. Mas, no momento em que os modelos de amor, casamento e sexo se tornaram insatisfatórios, abriu-se espaço para novas experimentações no relacionamento afetivo-sexual.

Controle e possessividade

Muitos acreditam que, numa relação amorosa, só controlando o outro há a garantia de não ser abandonado. Existem pessoas que preferem até abrir mão da própria liberdade, desde que seja um bom motivo para controlar a liberdade do parceiro.

Controle do outro

Apesar de aprendermos desde cedo que devemos investir toda a nossa energia sexual em uma única pessoa — marido ou esposa —, não é isso o que acontece. É impressionante como as pessoas se arriscam, em vários aspectos, para praticar sexo fora do casamento. Muita gente controla o parceiro ou parceira acreditando que assim a exclusividade na relação está garantida. Isso não passa de uma ilusão. Não adianta nada controlar!

Até você, Picasso?

O artista espanhol Pablo Picasso tinha muito ciúme da sua mulher Fernanda. Temendo perdê-la, escondia seus sapatos pra que ela não pudesse sair de casa. Não adiantou nada. Ela se apaixonou por um pintor italiano e fugiu com ele. Tem gente que considera o ciúme natural. Eu acredito que sua origem é cultural, mas é tão valorizado, há tanto tempo, que é visto como parte da natureza humana.

O ciúme é sempre limitador

Há pessoas que se sentem lisonjeadas com qualquer manifestação de ciúme do outro e alimentam essa atitude por confundi-la com prova de amor. É comum acreditar que sem ciúme não existe amor. Essa é mais uma daquelas afirmações que as pessoas repetem, sem nem saber bem por quê. Por ciúme se aceitam os mais variados tipos de violência contra o outro, sempre justificados em nome do amor, claro. Entretanto, penso que qualquer atitude ciumenta é um desrespeito à liberdade do outro.

Desrespeito

Os que defendem a existência do ciúme na vida a dois fazem ressalvas apenas quanto ao exagero e a comportamentos agressivos. Mas, independentemente da forma que se apresente — discreto ou exagerado —, o ciúme é sempre tirano e limitador. Não só para quem ele é dirigido, mas também para quem o sente. O desrespeito que se observa numa cena de ciúme não se limita às agressões físicas ou verbais. Até uma cara emburrada durante um passeio, por exemplo, pode impedir que se viva com prazer. Não há nada mais desgastante do que a insegurança de alguém que aposta no controle do outro ao invés de tentar resolver suas próprias dificuldades.

Ciúme e possessividade

A criança é controladora, ciumenta, possessiva. Ela precisa de cuidados físicos e emocionais; se a mãe desaparecer, ela morre. Na vida adulta é através da pessoa amada que muitos tentam satisfazer as necessidades infantis. Reeditando a mesma forma primária de vínculo com a mãe, o antigo medo infantil de ser abandonado reaparece, e a pessoa amada se torna imprescindível. Não se pode correr o risco de perdê-la. O controle, a possessividade e o ciúme passam, então, a fazer parte do amor.

Título de propriedade

Na maioria das vezes, quando duas pessoas se casam, elas se sentem como que adquirindo um título de propriedade, e cada uma se acha no direito de exercer um controle sobre a outra, principalmente quanto ao corpo. Mulheres e homens casados têm proprietários. Alguns usam aliança no dedo para não deixar dúvidas de que têm dono, a quem devem satisfações.

Imagem desvalorizada de si próprio

O ciúme envolve uma ansiedade de abandono debilitante. Para superar os sentimentos de impotência, o ciumento se esforça por sufocar o outro. O ciumento geralmente é quem apresenta duas características fundamentais: baixa autoestima e incapacidade de ficar bem sozinho. Quem é inseguro e tem uma imagem desvalorizada de si próprio, teme ser trocado por outro a qualquer momento. Para evitar isso, restringe a liberdade do parceiro e tenta controlar suas atitudes. Só quem realmente acredita ser uma pessoa importante não sente ciúme. Sabe que ninguém vai dispensá-lo com tanta facilidade.

Em busca de garantias

Os interrogatórios do ciumento e pedidos de garantia de fidelidade são tentativas de substituir a vontade do outro pela sua própria. Como a incerteza é intolerável para qualquer pessoa ciumenta, ela procura detalhes e vai, às vezes, ao extremo de espionar o outro.

Ciúme descontrolado

Vítimas de relações abusivas que buscam refúgio em abrigos para mulheres espancadas relatam quase invariavelmente que seus maridos fervem de ciúme. Num estudo feito com mulheres vítimas de violência doméstica, muitas das quais necessitaram de cuidados médicos, a mulher típica relatava que o marido "tenta limitar meu contato com amigos e família" (a tática da ocultação); "insiste em saber onde estou a todos os momentos" (a tática da vigilância) e "me xinga para me rebaixar e para que eu me sinta mal a respeito de mim mesma" (a tática de minar a autoestima). O ciúme é a causa principal do espancamento das esposas, mas é até pior que isso. O ciúme dos homens coloca as mulheres em risco de morte.[88]

Inato ou cultural?

O ciúme pode surgir inesperadamente numa relação amorosa: na fase da conquista, no período da paixão, durante o namoro ou casamento e até mesmo depois de tudo terminado. É difícil entender por que uma pessoa se sente dona de outra e se comporta dessa forma. Alguns o consideram como universal, inato. Outros, entre os quais me incluo, acreditam que sua origem é cultural, mas é tão valorizado, há tanto tempo, que passou a ser visto como parte da natureza humana.

Necessidade de ajuda

Há pessoas que são mais controladoras e manifestam muito mais ciúme do que outras. Mas, de qualquer forma, "é importante frisar que o acontecimento ciúme é uma construção elaborada por quem está sentindo e depende pouco da ação do outro. Quase todos nós produzimos essas situações e, se permitirmos que uma construção fantasiosa da realidade nos faça mal estamos precisando de ajuda." [89]

Ciúme: o grande problema

Algumas pessoas que participaram ativamente dos movimentos de contracultura dos anos 1960-1970, entre elas o escritor Luiz Carlos Maciel, dizem que, apesar de toda a liberdade amorosa e sexual vivida na época, o ciúme sempre foi uma questão muito difícil. Sendo o ciúme fruto do condicionamento cultural, aprendemos a ser ciumentos. Acredito então que devemos refletir sobre ele, afinal, é um mecanismo que pode ser modificado.

Corpo estranho

O historiador inglês Theodore Zeldin considera o ciúme o corpo estranho que faz ameaça constante ao amor. Para ele, foi o desejo de possuir — inevitável, talvez, enquanto a propriedade dominou todas as relações — que tornou os amantes tão inseguros, com medo da perda e se recusando a aceitar que um amor tem de ser sentido outra vez todos os dias.[90]

BRIGA DE CASAL

Importantes são os aspectos fundamentais

É natural querer ficar perto e desenvolver amizade com pessoas que possuem interesses e visão do mundo semelhante à nossa. Pode haver divergência em um ou outro ponto, e até mesmo gostos diferentes, mas se existir concordância nos aspectos considerados básicos, não há o menor problema.

Clichês e mais clichês

Acredita-se tanto na necessidade de ter um parceiro amoroso estável que, quando se inicia um relacionamento, a ansiedade em estabelecer logo um compromisso não permite conhecer bem o outro. Durante o casamento as incompatibilidades podem infernizar o dia a dia — as que já havia e as novas que surgem —, mas o que não falta é gente para convencer o casal de que na vida a dois é simplíssimo fazer muitas concessões. "Os dois têm que ceder", "Tem que ter paciência com os erros do outro", são os clichês mais utilizados. Para quem acredita nisso não tem saída. O casamento passa a ser aquele fardo pesado de carregar, mas a moral conservadora, aliada à fantasia do par amoroso idealizado, insiste pela sua manutenção a qualquer custo.

Incompatibilidades

É comum duas pessoas combinarem em vários aspectos: gostar de estar juntas, ter um ótimo sexo, pensar e sentir da mesma forma sobre questões importantes da vida. No entanto, algumas divergências de interesse ou gosto podem atrapalhar bastante ou até inviabilizar a relação. Quanto menos dependência houver entre o casal, mais fácil será encontrar um caminho para conviver com as diferenças. Além disso, a forma como as pessoas são afetadas por elas é decisiva para o desenrolar da vida a dois. Alguns não se incomodam de ceder: o que para um é fundamental pode não ter muita importância para o outro. Mas nem sempre é assim.

Gostos muito diferentes

Resolvi fazer um levantamento sobre a questão da incompatibilidade, consultando trinta pessoas. Perguntei a cada uma o que, para ela, tornaria impossível uma vida a dois, por mais que amasse a outra pessoa. Estas foram algumas das respostas obtidas: "Não poderia conviver com uma mulher que fumasse. Tenho alergia, além de odiar o cheiro."; "Adoro almoçar feijoada aos sábados e não vivo sem carne vermelha. Já pensou ter que aguentar o olhar de censura de um marido vegetariano fanático?"; "Adoro esportes e vida ao ar livre. Andar de bicicleta, correr na praia, nadar, velejar. Nunca poderia conviver com uma mulher preguiçosa, paradona."; "Detesto ir a bares e dormir tarde. Faço ginástica todos os dias às seis da manhã. Não aguentaria um homem que fosse da noite e gostasse de beber."; "Detesto dançar e ouvir música alta. O único programa que ela queria fazer era exatamente sair para dançar!".

O que fazer então?

Há pessoas que se gostam, sentem tesão uma pela outra, mas são incompatíveis como as citadas acima. O que fazer? Para começar, não existe um único modo de relação amorosa. Pelo contrário, são inúmeras as formas de se ter uma vida afetiva e sexual com alguém. A grande saída é estabelecer com o outro um tipo de vínculo em que os dois só se encontrem quando sentirem vontade e façam apenas o que ambos desejarem.

Dois estranhos juntos

Em muitas relações as frustrações aumentam a cada dia e a vida a dois vai se tornando insuportável. Como mecanismo de defesa surge a tendência a negar o que se detesta no outro ou na própria vida. Tenta-se acreditar que casamento é assim mesmo. Aí é que reside o perigo. Se a pessoa não tomar coragem e sair fora, vai viver exatamente o mesmo que um sapo desatento. Uma fábula conta que se um sapo estiver em uma panela de água fria e a temperatura da água se elevar lenta e suavemente, ele nunca saltará. Será cozido.

Sem motivos aparentes

Nem sempre é fácil saber por que um casal começa a brigar. Na maior parte das vezes nem as pessoas envolvidas conseguem perceber o motivo. Mas o que menos importa é o tema da briga; por qualquer razão o rancor que existe e que se tenta negar escapa, sem controle.

Amigos constrangidos

Para José Ângelo Gaiarsa uma das coisas mais desagradáveis que existe é conviver com um casal que briga, mas, como estão juntos há muito tempo, não percebem o absurdo de se viver dessa forma. Quando saem com um grupo de amigos e praticamente não precisam se comunicar, ainda passa. Mas quando só há mais uma ou duas pessoas e todos conversam juntos... Muitas vezes, na maioria dos casos, eles aproveitam justamente a presença dos outros para se agredir, criando uma situação constrangedora. Mesmo que os ataques sejam sutis e disfarçados.

O prejuízo das brigas para a saúde

Uma pesquisa mostrou que esses altos e baixos nos casamentos podem oferecer risco à saúde. Vinte e três por cento dos casais entrevistados disseram que tinham pouca negatividade no casamento e que existia apoio mútuo na relação. Os outros 77% responderam que os casamentos ficavam no meio termo, alternando sentimentos bons e ruins. Numa experiência, esses casais tiveram pressão arterial mais alta do que os outros.[91]

Rancor matrimonial

Para Gaiarsa não existe rancor pior que no casamento. Ele acredita que quase todos os casamentos, durante a maior parte do tempo, são de precários a péssimos. O clima em torno dos dois é literalmente irrespirável, sobretudo por ambos acreditarem que têm razão. "O rancor matrimonial, acima de tudo amarra, pega você de qualquer jeito, te imobiliza, como se você tivesse caído numa teia de aranha. Quanto mais você se mexe, mais se amargura e raiva sente. Raiva — que faz brigar; mágoa — que faz chorar. A mistura das duas é o rancor, um ficar balançando muito e muito tempo entre o homicídio e o suicídio. E cometendo ambos ao mesmo tempo"[92]

Silêncio

Brigas de casal podem ser silenciosas. Expressões, olhares, gestos, tons de voz, ironias disfarçadas. Alguns chegam ao ponto de, após anos de vida em comum, ir deixando de se falar. Mas ficam ali, juntos, sem nem pensar em separação. "Casamento é assim mesmo...", dizem.

Por que os casais brigam?

Há algum tempo fiz essa pergunta a duas mulheres, cantoras famosas. "Tudo é por causa dos problemas financeiros. As brigas todas, bebedeiras, são porque as pessoas gastam mais do que podem. Para mim a relação vai para a cucuia por ter que pagar o aluguel e tudo mais", me respondeu Nana Caymmi. Já Elza Soares acredita que "a coisa mais difícil na vida a dois é o banheiro. A toalha no chão também começa a complicar a cabeça... e aquelas roncadinhas estranhas..."

Terrorismo íntimo

Terrorismo íntimo é um tipo de ataque à autoestima do outro numa relação amorosa. São aquelas derrubadas que deixam a pessoa completamente sem ação. Existem casais em que os ressentimentos dominam a relação e eles não são capazes de se unir nem de se separar. É comum usarem ameaças, alimentarem o medo, a dúvida... Podemos observar em relacionamentos com essa característica duas pessoas preocupadas em atacar a segurança ou a autonomia uma da outra, provocando recíproca ansiedade. E quando falam de separação, é mais uma tática de intimidação do que a intenção real de se afastarem. Não deve ser fácil viver assim. Na realidade, amor e posse nunca vão funcionar bem juntos.[94]

Luta pelo poder

Encontramos com frequência relações amorosas em que há luta pelo poder. Muitas vezes, o poder, que se mascara como amor, assume um papel bem importante na união de duas pessoas. "Estou fazendo isso para o seu bem" é uma frase que pode significar justamente o contrário.

A arte de conversar

Uma boa conversa é estimulante e irresistível; não é só transmitir informações ou compartilhar emoções, tampouco apenas um modo de colocar ideias na cabeça de outras pessoas. Toda conversa é um encontro entre pessoas que possuem lembranças e hábitos diversos. Quando se encontram, não se limitam a trocar fatos: eles os transformam, dão-lhes nova forma, tiram deles implicações diferentes, empreendem um novo encadeamento de pensamentos. "Conversar não é apenas reembaralhar as cartas: é criar novas cartas para o baralho. O aspecto da prática da conversa que mais me estimula é o fato de poder mudar os sentimentos, as ideias e a maneira como vemos o mundo, além de poder mudar até mesmo o próprio mundo", diz o historiador inglês Theodore Zeldin.[95]

FIDELIDADE

Facilitar a compreensão

A exclusividade sexual nas relações estáveis é a norma e o sexo extraconjugal condenado por muitos. Traição, infidelidade, adultério são palavras usadas para se referir a ele. Embora eu recuse os termos fiel/infiel, e mais ainda a palavra traição, para caracterizar esse tipo de sexo, vou usá-los em alguns momentos com o objetivo de facilitar a compreensão.

Relação extraconjugal

Sofrer se sentindo traído é um condicionamento cultural. Acredito que dentro de algumas décadas não haverá mais esse sentimento, se o parceiro(a) fizer sexo com outra pessoa. Nós exigimos exclusividade, porque nos ensinaram que quem ama nunca vai se relacionar sexualmente com outra pessoa. Isso não é verdade, mas as pessoas acreditam, então, acabam não se sentindo amadas quando descobrem. Daí é que vem o sofrimento.

Duas mulheres para um homem

Um exemplo interessante da moral católica, que sempre defendeu a monogamia heterossexual, aconteceu na Europa central, do século XVII. Dizimada pela Guerra dos Trinta Anos, a população europeia viu-se ameaçada; com isso, a Dieta de Nuremberg tratou de promulgar um decreto, em 14 de fevereiro de 1650, que abolia a monogamia, pois, "dado que as necessidades do Sacro Império Romano exigem que a população dizimada pela guerra, pela doença e pela fome, seja substituída... cada homem passa a ter o direito, durante os dez anos seguintes, de se casar com duas mulheres".

As torturas psicológicas podem diminuir

O conflito entre o desejo e o medo de transgredir é doloroso. Mas reprimir os verdadeiros desejos não significa eliminá-los. O psicanalista austríaco, famoso na primeira metade do século XX, Wilhelm Reich afirma que todos deveriam saber que o desejo sexual por outras pessoas constitui parte natural da pulsão sexual. Provavelmente diminuiriam as torturas psicológicas e os crimes passionais, e desapareceriam também inúmeros fatores e causas das perturbações psíquicas que são apenas uma solução inadequada para esses problemas.

Infidelidade feminina

A antropóloga americana Helen Fisher acredita que se tivéssemos perguntado a Clellan Ford e a Frank Beach, pesquisadores sexuais dos anos 1950, qual dos dois sexos era mais interessado na variedade sexual, eles teriam respondido: "Naquelas sociedades que não têm padrões duplos nas questões sexuais, e em que é permitida uma variedade de ligações, as mulheres utilizam tão ansiosamente suas oportunidades quanto os homens."[96] Kinsey concordava dizendo: "Mesmo naquelas culturas que tentam com mais rigor controlar o coito extraconjugal feminino, está absolutamente claro que tal atividade ocorre, e em muitos casos ocorre com considerável regularidade."[97]

O grande amor de Cleópatra

Marco Antônio abandonou sua mulher Otávia para ficar com Cleópatra, rainha do Egito. Daí em diante, Otávia viveu aos cuidados do irmão, Otávio, que se tornaria o famoso imperador Augusto. Ele estava furioso com a atitude de Antônio em relação à sua irmã, trocada de modo tão desprezível. Acusou então Antônio de muitos crimes, entre eles o de presentear Cleópatra com a biblioteca de Pergamon de 200 mil volumes. Antônio também foi acusado de "em grande banquete e na presença de muitos convidados ter esfregado os pés dela", além de ter abandonado um julgamento público em um momento crucial só para "acompanhá-la até em casa".

Reciprocidade possessiva

A escritora Carmen Posadas diz que "é impossível possuir o outro por completo, por isso inventaram a fidelidade, que no fim das contas é uma reciprocidade possessiva. Cada membro do casal compromete-se a ser fiel ao outro para não perdê-lo, para assegurar-se de que 'está atado e bem atado'".[98]

Corda no pescoço

No século XVII, na Nova Inglaterra, Estados Unidos, a pena mais comum era o chicote ou uma multa, aliada a uma execução simbólica: aquele que praticava adultério permanecia de pé em praça pública, por cerca de uma hora, com uma corda em volta do pescoço.

Universalidade dos desejos

O pesquisador Alfred Kinsey afirmou, a respeito da fidelidade: "A preocupação da biografia e da ficção do mundo, em todas as épocas e em todas as culturas humanas, com as atividades não conjugais de mulheres e homens casados, é evidência da universalidade dos desejos humanos nessas questões."[99]

Rapanismós

Na Grécia, no século V a.C., os homens podiam ter relações extraconjugais com concubinas, cortesãs e efebos (jovens rapazes). A única proibição era a esposa de outro cidadão, mas isso não era aplicado a quem dispunha de recursos ou influência. Porém, de maneira geral, todo aquele que fosse surpreendido cometendo adultério com uma mulher casada podia escapar, no melhor dos casos, pagando uma multa e, no pior, pelo infamante costume do *rapanismós*, ou seja, era enfiado, em público, um rabanete no seu ânus.

Grande mentira

Quando o parceiro(a) tem uma relação extraconjugal, a pessoa imagina que não é amada e sofre profundamente por isso. As crenças equivocadas que nos passaram desde cedo nos fizeram acreditar que quem ama não tem vontade de se relacionar sexualmente com mais ninguém. O que é uma grande mentira.

Estratégias variadas

A fidelidade feminina sempre foi uma obsessão para o homem. É preciso proteger a herança e garantir a legitimidade dos filhos. Isso torna a esposa sempre suspeita, uma adversária que requer vigilância absoluta. Temendo golpes baixos e traições, os homens lançaram mão de variadas estratégias: manter as mulheres confinadas em casa, sem contato com outros homens, cintos de castidade e até a extirpação do clitóris para limitar as pulsões eróticas. As adúlteras eram apedrejadas, afogadas fechadas num saco, trancadas num convento ou, como acontece hoje no Ocidente, espancadas ou mortas por maridos ciumentos. O homem, por não haver prejuízo para sua linhagem, tinha o direito de infidelidade conjugal.

Equívoco generalizado

Acredito que existe um equívoco generalizado ao se relacionar fidelidade com sexualidade. Alguns não concordam com a ideia de posse, que é a tônica da maioria das relações estáveis. Para eles, a fidelidade está no sentimento recíproco que nutrem e nas razões que sustentam a própria vida a dois. Mas isso nada tem a ver com ter ou não relações sexuais com outra pessoa.

Os haréns

Os haréns alcançaram o esplendor máximo durante a ocupação de Bizâncio pelos turcos otomanos. Um grande harém era símbolo de poder do sultão. Reunia de trezentas a 1.200 concubinas, com seus serviçais, alguns deles eunucos, que tinham por objetivo controlá-las. Em sua maioria, as jovens eram compradas em mercados de escravos ou presenteadas ao sultão por seus captores. Cada uma delas tinha um lugar específico na casa e aprendia a preparar café, bordar, cantar e tocar um instrumento e fazer a contabilidade. Se não chamava atenção do sultão, permanecia nessas funções até receber uma pensão e ser transferida para o suplantado harém do sultão anterior. No entanto, se o sultão a escolhia, ela recebia aposentos privados e atendentes para lhe dar banho, massagear e perfumar o corpo, pintar-lhe as unhas, penteá-la, vesti-la adequadamente com joias.

Renúncias

Quando num casamento as duas pessoas se sentem livres e têm consciência de que a relação só vai existir enquanto for satisfatória do ponto de vista sexual e afetivo, um episódio extraconjugal pode não ser tão ameaçador. Mas concordo com Gaiarsa quando diz que "somos por tradição sagrada tão miseráveis de sentimentos amorosos que, havendo um, já nos sentimos mais do que milionários e renunciamos com demasiada facilidade a qualquer outro prêmio lotérico do amor."[100]

Adultério perigoso

Para os zande, do leste da África, há maneiras mágicas de detectar e punir o adultério. O homem passa um veneno especial em seu próprio corpo antes de fazer sexo com a esposa. O veneno penetra no corpo da mulher, mas não causa danos ao marido, pois ele toma um antídoto antes. Acredita-se que qualquer homem que venha a ter relações sexuais com ela será afetado pelo veneno. Ele desenvolveria uma doença de pele, em que seu pênis apodreceria, podendo levá-lo à morte.

Pessoas comuns ou famosas

É curioso assistir à cobrança de fidelidade feita nas relações estáveis, porque na verdade todos sabem que a fidelidade não existe. Temos notícia o tempo todo de relações extraconjugais de gente que nos cerca ou mesmo de pessoas famosas. Mas, inexplicavelmente, quase todos continuam defendendo a exclusividade como se fosse fácil e natural do amor e a estabelecendo como condição para o casamento. O número de homens e mulheres casados que têm relações extraconjugais ocasionais é enorme, e hoje o percentual de mulheres praticamente se nivela ao dos homens.

Terrível punição

Segundo a lei islâmica denominada Sharia (Shari'ah ou Charia), uma mulher considerada adúltera deve ser enterrada até o pescoço (ou as axilas) e apedrejada até a morte. Quem decreta a sentença são tribunais religiosos baseados na interpretação do livro sagrado do Islã, o Alcorão. A tarefa de executar a vítima cabe aos moradores da cidade, ex-vizinhos, ex-conhecidos e, especialmente, familiares da parte ofendida. Tudo sob a supervisão de um magistrado. Existem algumas regras para a execução: os executores devem cuidar para não atirar pedras muitos grandes nem muito pequenas. As pedras muito grandes matam rapidamente a vítima e as muito pequenas prolongam demais o suplício. Versos religiosos devem ser entoados enquanto as pedras são atiradas.

Há algum benefício numa relação extraconjugal?

Uma relação extraconjugal pode ser apenas acidental e não rivalizar com a relação estável. Nesse caso não afeta a pessoa nem seu casamento, que em alguns casos sai até reforçado. Desconfiar que o outro também esteja tendo um romance com alguém abala a certeza de posse e estimula a conquista, o que pode provocar o reaparecimento do desejo sexual. É claro que, às vezes, a relação extraconjugal se torna mais intensa do que a do casamento, proporcionando mais emoção e prazer para os envolvidos. Nesse caso, ou se aceita que faz parte da vida amar duas pessoas ao mesmo tempo, ou se separa.

Severa vigilância

Em quase todas as relações estáveis as cobranças de fidelidade são constantes, e é natural sua aceitação. Severa vigilância é exercida sobre os parceiros. O medo de ficar sozinho é tanto que é difícil encontrar quem reivindique privacidade e tenha maturidade emocional para saber que, se tiver um episódio extraconjugal, isso não diz respeito ao parceiro. A única coisa que importa numa relação é a própria relação; os dois estarem juntos porque gostam da companhia um do outro e fazerem sexo porque sentem prazer.

Mais liberdade

Acredito que, num futuro próximo, seremos mais livres para dar vazão aos nossos desejos e teremos plenas possibilidades de viver sem culpa. Casais poderão estar ligados por questões afetivas, profissionais ou mesmo familiares, sem que isso impeça que sua vida amorosa se multiplique com outros parceiros. Viver junto será uma decisão relacionada muito mais a aspectos práticos. As pessoas poderão ter relações estáveis com vários parceiros concomitantemente, escolhendo-as pelas afinidades. Talvez um para ir ao cinema e teatro, outro para conversar, outro para viajar, uma parceria especial para o sexo, e assim por diante. A ideia de que um parceiro único deva satisfazer todos os aspectos da vida tem grandes chances de se tornar coisa do passado.

Irresistíveis como uma droga

As relações extraconjugais parecem ser irresistíveis como uma droga. Tão irresistíveis a ponto de as pessoas se arriscarem a ser mutiladas e/ou executadas como punição por tê-las. Castigos cruéis foram e são praticados quando uma "infidelidade" é descoberta em várias partes do mundo: morte por apedrejamento, fogo, afogamento, sufocamento, arma de fogo, golpes de punhal, açoitamento público, marcação a ferro quente, espancamento, decepação do nariz e das orelhas, mutilação dos genitais. Mas a infidelidade acontece a toda hora e em todos os lugares.

Só duas perguntas

A grande preocupação das pessoas é quanto à exclusividade do parceiro(a). Entretanto, quando a "fidelidade" não é natural nem a renúncia gratuita, o preço se torna muito alto para a relação. Ninguém deveria se preocupar se o parceiro transa ou não com outra pessoa. Homens e mulheres só deveriam se preocupar em responder a duas perguntas a si próprios: 1. Sinto-me amado(a)?; 2. Sinto-me desejado(a)? Se a resposta for sim para as duas, o que o outro faz quando não está comigo não me diz respeito. Não tenho dúvida de que é uma forma bem mais inteligente de se viver. Mesmo porque ninguém controla ninguém.

Relações adúlteras do pai

Os mongo-nkundu, da África, acreditam que relações adúlteras do pai durante o período de gestação afetam o nascimento. Mas depois de encerrado esse período basta o pai adúltero não colocar a criança nos joelhos no mesmo dia em que cometeu tal ato. As mulheres da tribo assim ficam sabendo dos casos de infidelidade quando os maridos se recusam a segurar a criança.

Execução no Afeganistão

Em abril de 2005 ocorreu no Afeganistão a primeira execução de uma mulher por cometer adultério, desde a queda do regime do Taliban, no fim de 2001. A vítima foi uma jovem de 29 anos considerada culpada de adultério e condenada à morte pelos tribunais locais. Aproximadamente 48 horas depois ela foi levada à força da casa de seus pais, no distrito de Urgu, província de Badakhan, por seu marido e autoridades locais, antes de ser apedrejada publicamente. O homem acusado de cometer adultério com ela levou cem chicotadas e depois foi libertado.

Triunfo da natureza sobre a cultura

Sentir desejo por alguém que não seja o parceiro fixo é comum. Viver ou não essa experiência depende da visão que cada um tem do amor e do sexo. A antropóloga americana Helen Fisher conclui que nossa tendência para as ligações extraconjugais parece ser o triunfo da natureza sobre a cultura. Ela diz: "Dezenas de estudos etnográficos, sem mencionar inúmeras obras de história e de ficção, são testemunhos da prevalência das atividades sexuais extraconjugais entre homens e mulheres do mundo inteiro. Embora os seres humanos flertem, apaixonem-se e se casem, eles também tendem a ser sexualmente infiéis a seus cônjuges."[101]

Monogamia no mundo

A monogamia, que é dominante na cultura Ocidental, atinge apenas 16% das culturas analisadas numa pesquisa com foco em 853 culturas. O costume da poligamia se apresenta em 84% das sociedades estudadas, quando o homem pode ter mais de uma esposa de cada vez. Durante muito tempo acreditou-se que só os homens tinham relações múltiplas. Entretanto, quando surgiram os métodos contraceptivos eficazes e as mulheres entraram no mercado de trabalho houve uma mudança no comportamento feminino.

Autotraição

A escritora americana Laura Kipnis acredita que ter mais de um desejo é um dos grandes tabus da intimidade moderna. Ela considera que amontoar a totalidade de uma libido nos estreitos limites domésticos e concordar com um mundo de desejos pré-retraídos pode ser, para alguns, *autotraição,* no sentido mais pleno.[102]

Relações extraconjugais contribuem para o casamento?

Catherine Hakim, socióloga inglesa, pesquisadora da London School of Economics, desafia a moral conservadora ao afirmar: "Ter um caso faz bem ao casamento." Quanto à ideia muito difundida de que uma relação extraconjugal só ocorre se a pessoa estiver infeliz em casa, há discordância. A socióloga conta que, na sua pesquisa, a maioria dos entrevistados estava feliz com o casamento e não queria que nada afetasse a vida familiar. Até por isso se preocupavam em manter o caso com discrição. Ela conclui que um bom caso extraconjugal pode até melhorar o casamento, à medida que deixa as pessoas mais felizes e bem-humoradas. Um bom caso é aquele que não deixa a pessoa excessivamente ansiosa ou distante da mulher ou do marido. É algo leve, sem cobranças.[103]

Confessionário

Sentir tesão por alguém que não seja o parceiro fixo é comum. Se a pessoa vai ou não viver uma experiência sexual com alguém, depende da visão que cada um tem do amor e do sexo. No entanto, contar ao parceiro que está com tesão por outro é eliminar totalmente a privacidade e transformar a relação amorosa em confessionário.

Duplo padrão em declínio

O duplo padrão — homem pode, mulher não — que existiu até os anos 1970, está desaparecendo. Durante cinco mil anos os homens acreditaram ser somente deles o direito de relações fora do casamento. Mas começam a pensar diferente. A pílula anticoncepcional — possibilitando o movimento de emancipação feminina e a revolução sexual —, foi fundamental para a mudança dessa forma de pensar.

Presente só para a secretária

Aqueles que ocupam altos cargos públicos na província indonésia de Gorontalo não vão poder contratar mulheres jovens ou atraentes como secretárias para evitar o adultério no ambiente de trabalho, de acordo com uma legislação aprovada recentemente pelas autoridades da província. O governador de Gorontalo, Rusli Habibie, declarou que a iniciativa pretende fazer com que os funcionários em cargos de direção concentrem-se em suas funções e assim diminua o grande número de infidelidades que acontecem durante o expediente. Na província, que conta com mais de um milhão de habitantes, o governador constatou que os chefes "compram presentes e lembranças em suas viagens oficiais para elas [suas secretárias], mas não trazem nada para as esposas".[104]

Prevalência da não exclusividade

São conhecidos casos amorosos em todas as culturas, inclusive nas sociedades tribais, apontando para uma prevalência universal da infidelidade. A taxa de prevalência varia de cultura para cultura (alta na Suécia e baixa na China), mas os casos amorosos ocorrem em toda parte. A infidelidade sexual causa mais divórcios pelo mundo inteiro do que qualquer outra violação conjugal, tendo como rival próxima apenas a infertilidade da união. O fato de que mulheres tenham casos em todas as culturas revela que algumas delas se recusam a se limitar a um único parceiro apesar das tentativas dos homens de controlá-las e do risco do divórcio, caso sejam descobertas.

Arca de Noé

Na nossa cultura estar amando alguém pressupõe total exclusividade. Quase todos acreditam que o "natural" é formar um par que seja estável e duradouro. A americana, professora da Universidade Harvard, Marjorie Garber diz: "A lógica e a linguagem sugerem que os casais, sejam eles heterossexuais, homossexuais ou até mesmo bissexuais, surgem na narrativa do amor e do desejo — como os animais na Arca de Noé — dois a dois."[105] A questão é que nem sempre é assim.

Múltiplos parceiros sexuais

O conflito entre o desejo e o medo de transgredir é doloroso. A fidelidade não é natural e sim uma exigência externa. Com toda a vigilância que os casais se impõem, a fidelidade conjugal geralmente exige grande esforço. O professor de ciências sociais Elías Schweber, da Universidade Nacional Autônoma do México, reforça essa ideia. "Na infidelidade influem fatores psicológicos, culturais e genéticos que nos levam a afastar a ideia romântica da exclusividade sexual. Não existe nenhum tipo de evidência biológica ou antropológica na qual a monogamia é 'natural' ou 'normal' no comportamento dos seres humanos. Ao contrário, existe evidência suficiente na qual se demonstra que as pessoas tendem a ter múltiplos parceiros sexuais."

Valorização equivocada do casal monogâmico

Uma das crenças mais aceitas na nossa cultura é a de que a monogamia é a única forma válida de união entre duas pessoas. É considerado tão superior que não se necessita de questionamento. Mas isso não é comprovado na prática. As altas taxas de relações extraconjugais mostram que essa é mais uma crença equivocada.

A exclusividade sexual como imperativo

Trocar ideias a respeito de exclusividade sexual não é simples; provoca a ira dos conservadores e preconceituosos e ataques de todos os tipos. Essa discussão só será realmente possível quando a fidelidade deixar de ser um imperativo.

Monogamia como algo indiscutível

O amor romântico defende a ideia de que quem ama de verdade não terá nunca interesse de se relacionar sexualmente com outra pessoa. Se isso acontece, o sofrimento é intenso, porque a pessoa está convencida de que não é amada. O psicoterapeuta e escritor inglês Adam Phillips diz que "a infidelidade é o problema que é porque assumimos a monogamia como algo indiscutível; como se fosse a norma. Talvez devêssemos pensar na infidelidade como o que não precisa se justificar, assumi-la com uma naturalidade sem mortificações, para termos condições de refletir sobre a monogamia. (...) Podemos crer que partilhar seja uma virtude, mas parecemos não acreditar em partilhar aquilo que mais valorizamos na vida: nossos parceiros sexuais."[106]

O superativo

Você acredita que o escritor francês Georges Simenon fez sexo com mais de 2.500 mulheres no decorrer dos seus três casamentos? É comum ouvirmos homens e mulheres defendendo a fidelidade conjugal, no entanto, poucos se contentam com um único parceiro sexual, mesmo enfrentando altos riscos. O número de mulheres infiéis tem se igualado ao dos homens, e o adultério começa cada vez mais cedo para ambos os sexos.

Monogamia é realmente melhor do que a não monogamia?

Essa é a pergunta com que a jornalista Cassie Werber inicia seu artigo para a BBC. Após indicar que é uma pergunta aberta e sem respostas claras, a autora revela como os estudiosos do tema não conseguem se livrar de um certo modo de ver o mundo. "As pessoas que estudam relações não conseguem perceber seus preconceitos", diz ela ao comentar uma pesquisa recente que admite as falhas fundamentais na maneira como a intimidade é estudada. "A primazia dada às uniões monogâmicas não é surpreendente, dado serem as sociedades patriarcais que dominam o mundo", lembra

Cassie, acrescentando que o nosso sistema econômico é baseado na propriedade transmitida de pai para filho, cuja segurança é a paternidade.[107]

Estudos pouco isentos

Uma pesquisa da Universidade de Michigan, nos Estados Unidos, mostrou que a forma que psicólogos e outros cientistas estudam os relacionamentos estão orientados para dar resultados — às vezes inconscientemente — que promovem a monogamia. Terri Conley, o autor do principal estudo, disse que nossas atitudes quanto à monogamia são tão enraizadas que se tornam invisíveis. Conley mostra como a linguagem das pesquisas não é neutra: perguntam às pessoas sobre "infidelidade", ou "ser enganado"; se referem à pessoa como "a parte ofendida" ou o "parceiro traído". Esses são os termos que têm aparecido em estudos acadêmicos. "Torna-se improvável obter uma imagem clara do tipo de relacionamento que funciona melhor para os seres humanos quando até a ciência confirma sua tendência a se apegar à monogamia como um ideal".[108]

Fica difícil saber que tipo de relacionamento funciona melhor

Embora a relação amorosa entre três ou mais pessoas permaneça à margem da sociedade, os que a praticam são cada vez mais visíveis ao compartilhar sua experiência. Há sites que oferecem desde dicas para a relação entre poliamantes até músicas, ensaios, artigos de opinião, filmes e literatura de ficção sobre o assunto. "Recentemente, poliamor e outros estilos de relacionamentos alternativos começaram a ser normalizados". Mas, por enquanto, o estudo descobriu que "a premissa da monogamia ser superior a outros tipos de relações não monogâmicas continua a permear o caminho em que pesquisadores constroem e testam teorias sobre amor e intimidade." O encerramento da matéria de Cassie Werber contribui bastante para a reflexão sobre o tema: "Torna-se improvável obter uma imagem clara do tipo de relacionamento que funciona melhor para os seres humanos quando até a ciência confirma sua tendência a se apegar à monogamia como um ideal".[109]

O que os estudiosos pensam no Brasil

Pesquisando o que muitos estudiosos brasileiros do tema pensam sobre as motivações que levam a uma relação extraconjugal na nossa cultura, fiquei bastante surpresa. As mais diversas justificativas apontam sempre para problemas emocionais, insatisfação ou infelicidade na vida a dois. Não li em quase nenhum lugar o que me parece mais óbvio: embora haja insatisfação na maioria dos casamentos, as relações extraconjugais ocorrem principalmente porque as pessoas gostam de variar. Um casamento pode ser plenamente satisfatório do ponto de vista afetivo e sexual e mesmo assim as pessoas terem relações extraconjugais.

Condenar ou não?

Reich diz que só é possível encontrar uma saída discutindo-se com franqueza e sem preconceitos. É condição essencial reconhecer como natural o interesse sexual por outras pessoas. Ninguém pensaria em condenar alguém por não querer usar a mesma roupa durante anos, ou por não querer comer todos os dias o mesmo prato. Por que estranhar se uma pessoa não quer ficar durante anos fazendo sexo com a mesma pessoa?[110]

O Charivari

Na Idade Média (séculos V ao XV), o casamento, e tudo relacionado a ele, esteve submetido à meticulosa vigilância, tanto nos vilarejos como nos bairros urbanos. O princípio de que o sexo ilícito é um crime público foi afirmado com crescente vigor a partir do início desse período. Havia o Charivari, que compreende a explosão de sinos, trompas, tambores, tenazes e caldeirões, que se alternam com buzinas de sons desafinados, que tem como objetivo denunciar, principalmente, a relação extraconjugal da mulher. É uma algazarra ritual e os insultos constituem o próprio costume. A dimensão de denúncia do Charivari matrimonial é constante, expondo o casal à chacota pública. Assim, quem passa por essa situação se vê diante da opinião comum sobre seu comportamento, pois o Charivari acompanha o casamento como uma sombra.

Mulheres sem culpa

Durante muito tempo acreditou-se que só os homens tinham relações múltiplas. Mas quando surgiu a pílula, e as mulheres entraram no mercado de trabalho, houve uma mudança no comportamento feminino. O psicólogo italiano Willy Pasini diz que o cenário não é mais o mesmo, e que hoje o remorso da mulher quase desapareceu completamente. As pesquisas confirmam isso, como a do New York Post que concluiu que nove entre dez mulheres não nutrem qualquer tipo de sentimento de culpa.

A crescente autonomia das mulheres

Em 1970, uma pesquisa na França mostrou que a maioria, tanto das mulheres quanto dos homens, acreditava que a infidelidade de um homem casado era perdoável, enquanto em 1992 as mulheres, majoritariamente, já não consideravam esse comportamento aceitável. A crescente autonomia das mulheres no casamento e na vida social passou a se manifestar através de uma exigência maior em relação ao cônjuge, na medida em que era mais fácil para elas interromper uma relação não satisfatória.[111]

Descriminalização do adultério

Na Índia a lei permitia até cinco anos de prisão para qualquer homem que tivesse relações sexuais com uma mulher casada sem o consentimento do marido. As mulheres não tinham autorização para apresentar nenhum tipo de ação por adultério, nem poderiam ser julgadas responsáveis por esse motivo — a questão era sempre relacionada aos homens. A Corte Suprema da Índia descriminalizou o adultério, apesar de considerá-lo um motivo legítimo para o divórcio.

As paredes do Império Romano

Em Roma, há dois mil anos, o marido era senhor da esposa assim como dos filhos e dos escravos. Se a esposa o enganasse, criticavam-no por falta de vigilância ou de firmeza, e por deixar o adultério florescer na cidade. As paredes do Império eram cobertas pelas inscrições e mensagens públicas. Era nelas que o povo ficava sabendo de muitas coisas que aconteciam. Era comum as inscrições denunciarem as relações extraconjugais das esposas. Até o final do século I a.C, um marido tinha o direito legal de matar a esposa no ato caso ela fosse apanhada em flagrante de adultério. Em certas circunstâncias, ela podia ser condenada à morte, mesmo se não apanhada em flagrante.

A ira de Deus

Na Renascença (séculos XIV ao XVI) qualquer ato sexual fora do casamento era ilegal. Para eles era óbvio que as relações ilícitas despertavam a ira de Deus, impediam a salvação, feriam as relações pessoais e minavam a ordem social. Os infratores estavam sujeitos a uma punição pessoal severa. Na Inglaterra, a penitência mais comum era surra em público repetidas vezes. Mas não era raro que mulheres adúlteras fossem humilhadas publicamente e perdessem seus bens. A principal preocupação das leis geralmente era proteger a honra e os direitos de propriedade dos pais e maridos.

Pudor acima de tudo

No século XIX, o século do pudor, houve grande repressão da sexualidade, principalmente para a mulher, que deveria ser pudica, quase santa e maternal. A principal função dela era a de reinar na qualidade de anjo do lar, mas ela se submetia humilde e docemente aos desejos do marido.

O prazer sexual das mulheres era inaceitável; o sexo só era permitido com o marido e visando a procriação. A falta de desejo sexual era um importante aspecto da feminilidade. Os maridos tinham relações extraconjugais; buscavam o prazer nos bordéis.

Livre de vínculos e pactos

A psicóloga Noely Montes Moraes acredita ser um equívoco buscar fundamentar a exigência de exclusividade, dando-lhe inclusive caráter de norma moral e até jurídica. Os estudos da etologia, da biologia e da genética não confirmaram a monogamia como padrão dominante nas espécies, incluindo a humana.[112]

Ou tudo ou nada

Noely Moraes defende a ideia de que a nossa cultura patriarcal sempre procura impor suas dicotomias: ou se gosta sempre ou nunca se gosta; ou se está sempre junto ou sempre separado; ou se ama uma só pessoa ou não se ama. Valoriza-se o controle dos sentimentos e nada do que é espontâneo é bem visto, pois pode ameaçar a moral vigente. Essa moral se baseia em ideias abstratas e arbitrárias de certo e errado, tomadas como leis naturais. Nessa perspectiva, apaixonar-se por outra pessoa estando envolvido com alguém seria impossível. Mas o enamoramento é um ato de libertação da dependência de vínculos e pactos.[113]

Namoro inespecífico

O psicoterapeuta e escritor Roberto Freire diz estar convencido de que a maneira mais fácil e rápida de destruir uma relação afetiva é torná-la exclusiva, isolada, fechada. "O namoro permanente, inespecífico e poliforme serve justamente para impedir isso. Além de ser muito mais gostoso viver desse jeito."[114]

Nova ética sexual

Dan Savage é um jornalista e consultor sexual que assina uma coluna chamada "Savage Love". Sua coluna teve início num jornal alternativo de Seattle, no estado de Washington, e chegou a ser reproduzida em mais de cinquenta jornais americanos, virou livro e podcast. Savage defende que a monogamia é muito mais difícil do que costumamos admitir. Ele advoga a necessidade de uma nova ética sexual que honre a realidade do casamento e não o ideal romântico. Ele acredita que a monogamia pode funcionar para muitos casais. Mas acha que o discurso em torno dela é desonesto. "Algumas pessoas precisam de mais de um parceiro, assim como outras precisam flertar ou ter amantes de ambos os sexos."[115]

Não se toca no assunto

A terapeuta de casais Esther Perel diz que preferimos matar uma relação a questionar sua estrutura. Ela observa que em nossa cultura a fé na monogamia é tanta que a maioria dos casais, sobretudo heterossexuais, raramente toca abertamente no assunto. Não tem necessidade de discutir o que é um dado.[116]

Novo presente

O futuro das relações amorosas exigirá mais capacidade de nos livrarmos do passado do que de nos acostumarmos com o novo presente. Casais poderão estar ligados por questões afetivas, profissionais ou mesmo familiares, sem que isso impeça que sua vida amorosa se multiplique com outros parceiros. A ideia de que um parceiro único deva satisfazer todos os aspectos da vida pode se tornar coisa do passado.

RESPEITO À INDIVIDUALIDADE DO OUTRO

Sem sacrifícios

Fica cada vez mais difícil encontrar uma harmonia entre a aspiração crescente de individualidade com o modelo de casamento, em que quase todos tentam se encaixar. Sacrificar os projetos pessoais não é mais visto como algo razoável, da mesma forma que era antigamente. E isso não tem nada a ver com egoísmo.

Não à ideia de os dois se transformarem num só!

Uma das características fundamentais para uma boa relação amorosa é se livrar da ideia de fusão e preservar a distinção entre si próprio e o outro. A pessoa amada é vista e aceita como tendo uma identidade inteiramente separada do parceiro. Por conta dos ideais de fusão do amor romântico é bastante comum não se perceber nem se respeitar a individualidade do outro, o que acaba gerando sofrimento. O respeito à própria individualidade e à do parceiro é fundamental. A vida a dois se complica quando um dos parceiros tem tanto medo da solidão, é tão dependente, que se agarra ao outro como um náufrago.

Privacidade numa relação

Uma questão importante, mas pouco discutida, é a privacidade. Em termos genéricos, a privacidade está em percebermos que conviver, dividir grande parte de nossa vida, não exclui a evidência de que jamais poderemos dividir tudo com quem quer que seja. Certos fatos ou lembranças só têm valor para nós. O que não podemos viver com o outro, temos de viver dentro da nossa privacidade. O fato de convivermos não transforma os dois num só. Somos pessoas distintas e temos necessidades que o outro não poderá satisfazer.[117]

Cada um merece privacidade

Muitos parecem perceber que cada membro do casal merece privacidade. A questão é que essa privacidade na maioria das vezes não é colocada em prática. As pessoas dão mais importância na criação da intimidade, não na conservação da individualidade. Assim, as aspirações individuais não são sentidas como legítimas. O invencível *nós* suplanta o fraco *eu*.[118]

Nossos segredos

Afinal, temos direito a resguardar nossos aspectos íntimos do conhecimento de nossa parceria amorosa? Há quem ache que não. Essas pessoas exigem exposição total. O que é ingênuo, levando-se em conta que muitas revelações de pensamentos e sentimentos podem causar perdas para ambos.

Confusão alienante

Elisabeth Badinter acredita que o casal aniquila a pessoa humana, numa confusão alienante: "o 'eu' desaparece, absorvido, afogado no 'nós'. O casal não permite essa parte de solidão indispensável à existência do indivíduo. Mesmo ausente, o outro está aí, ponto de referência, traço incômodo na casa, pesado pela espera que suscita."[119]

Um se mete na vida do outro

É considerado natural que se deem opiniões e até que se façam exigências em assuntos absolutamente pessoais como trabalho, relações familiares e de amizade. O que o outro deve dizer para o chefe, como gastar a herança do pai, como resolver um problema com um amigo de infância. O ideal do par amoroso que está sempre junto, que se completa em tudo, atenua por um tempo o temor do desamparo. Mas para que essa situação seja mantida, a consequência inevitável é um acúmulo de frustrações.

Da fusão à diferenciação

O psiquiatra social francês Jacques Salomé fala da passagem da fusão com o parceiro amoroso à diferenciação, ou seja, quando há a ruptura de crença de que os dois são uma só pessoa. "Qualquer casal é sempre um pouco um casal a três. Somos sempre três quando vivemos a dois: você, eu e o relacionamento que compartilhamos. Você, na sua extremidade... e eu, na minha. Para passar do um para o três será necessário aceitar, em primeiro lugar, a passagem do um para o dois, tendo a ousadia de abandonar a fase idílica da fusão ou simbiose. Essas sequências da vida conjugal traduzem-se, muitas vezes, pela utilização das formas 'a gente' e 'nós' que englobam os cônjuges nesse espaço fechado da ilusão de serem um só."[120]

Sem medo de ser sozinho

As pessoas, que já conseguiram se livrar da ilusão do amor romântico, não têm medo de se perceber sozinhas. Sabem que não podem resolver suas necessidades através do outro, nem precisam dele para se sentir completas. E o mais importante: não têm motivo para abrir mão da sua individualidade.

A fusão é aceita com naturalidade

A ideia de fusão entre um casal é aceita com tanta naturalidade que abrange até a vida sexual, como no caso do orgasmo. Em 1970, na França, muitos homens e mulheres consideravam desejável que, durante uma relação sexual, ambos alcançassem o orgasmo ao mesmo tempo. A boa notícia é que vinte anos mais tarde, mesmo considerando importante que as duas partes sintam prazer, já não parece mais indispensável às novas gerações, em particular às mulheres, que o orgasmo seja simultâneo. As expectativas quanto ao prazer se individualizaram.[121]

Necessidades individuais e vida a dois

As potencialidades de cada um adquirem grande importância. O que se espera é que cada parceiro contribua para o crescimento do outro. Nunca homens e mulheres se aventuraram com tanta coragem em busca de novas descobertas, só que desta vez para dentro de si mesmos. Muitas vezes podem surgir conflitos quando se tenta harmonizar as necessidades individuais com uma vida a dois, mas as pessoas não parecem muito dispostas a abrir mão de seus projetos pessoais. Caso isso ocorra, o preço cobrado na relação pode ser tão alto que acabe inviabilizando a própria relação.

A importância da individualidade

Quem fica bem sozinho, sem medo — quando digo ficar bem sozinho é ficar bem não tendo uma relação amorosa fixa e estável —, consegue se livrar da ideia de que vai encontrar na relação amorosa a satisfação de todas as suas necessidades e, portanto, não quer mais abrir mão da própria individualidade.

O SEXO NO CASAMENTO

Quando o desejo acaba

Em qualquer relação estável, observa-se o conflito entre a diminuição do desejo sexual e o aumento da ternura e companheirismo entre os parceiros. Não é raro encontrarmos casais que, apesar de viverem juntos, têm na ausência total do desejo sexual a tônica da relação. E por mais que se esforcem, não adianta: desejo sexual não pode ser imposto. Assim, numa relação estável, o sexo acaba se tornando um hábito ou um dever. Embora menos frequente, a ausência do desejo sexual também ocorre no marido em relação à mulher.

O previsível

Existe uma forte tendência nas ligações de longo prazo a valorizar mais o previsível. Mas o erotismo gosta do imprevisível. O desejo entra em conflito com o hábito e a repetição. É indisciplinado, e desafia nossas tentativas de controle.[122]

Economia de esperma

No século XIX, a repressão da sexualidade podia ser observada no quarto do casal: escuro, com tapetes e cortinas pesadas, possivelmente para reduzir o embaraço da realização de uma função considerada tão grosseira. Era um santuário; o leito, um altar onde se celebrava o ato sagrado da reprodução. Acima dele, era frequente haver um crucifixo. O ato sexual é realizado no escuro para atender ao pudor. A posição mais comum era a conhecida "papai-mamãe". Acreditando que o sexo pode levar o homem à exaustão, os médicos aconselhavam uma severa economia de esperma, a ser equilibrada de acordo com a idade. Eles consideravam 50 anos como o limite máximo da atividade sexual masculina.

O que fazer?

O que fazer quando o tesão acaba no casamento? Essa é uma questão séria, principalmente para os que acreditam ser importante manter o casamento. As soluções são variadas, mas até as pessoas decidirem se separar há muito sofrimento. Alguns fazem sexo sem vontade, só para manter a relação. Outros optam por continuar juntos, vivendo como irmãos, como se sexo não existisse. E ainda existem aqueles que passam anos se torturando por não aceitar se separar nem viver sem sexo.

Aconchego x erotismo

Numa relação amorosa sentimos necessidade de segurança e aconchego. Isso faz com que as pessoas busquem relações fixas, estáveis e duradouras. A questão é que também sentimos necessidade de aventura e daquela sensação de frio na barriga, do coração disparando sempre que vemos a pessoa amada. Na maioria dos casos, o erotismo não se sustenta quando há grande intimidade emocional.

Regra para o casal

Até meados do século XIX, quando o amor ainda não fazia parte do casamento, havia uma regra para a vida do casal. Era o dever conjugal a ser cumprido, principalmente na cama com finalidade de procriação. Caso um dos dois cônjuges recusasse o ato sexual, recorria-se ao confessor que censurava e podia negar a absolvição e a comunhão.

Casamento: onde menos se faz sexo

No dia a dia, à medida em que o carinho vai aumentando, o desejo sexual vai diminuindo. Uma relação estável favorece muito a dependência emocional entre os envolvidos. Se você tem certeza de que o outro tem medo de perdê-lo, e por isso não tem vida própria, teme transar com outra pessoa, acaba se desinteressando sexualmente. Não há sedução, não há conquista, não há o mínimo de insegurança necessária para que o tesão continue após anos de convivência. Os dois acabam se transformando em irmãos.

A certeza de posse e exclusividade que faz as pessoas se sentirem garantidas no casamento leva à acomodação, inibindo o desenvolvimento de uma vida sexual prazerosa. O que mais vi no consultório foram mulheres dizendo amar seus maridos, mas não sentirem mais vontade alguma de fazer sexo com eles.

Egoísmo necessário

O psicanalista americano Michael Bader diz que a intimidade vem com uma preocupação crescente com o bem-estar da outra pessoa, que inclui o medo de magoá-la. Mas a excitação sexual requer a capacidade de não se preocupar, e a busca do prazer exige certa dose de egoísmo. Algumas pessoas não podem se permitir esse egoísmo, por estarem muito concentradas no bem-estar do amado.[123]

Sem medo de ser engolido

Alguns têm dificuldade de dar ênfase às suas próprias necessidades; não conseguem ser espontâneos e descontraídos. Isso se deve também à idealização do par amoroso, em que um só deve ter olhos para o outro. "A intimidade erótica é um ato de generosidade e autocentramento, de dar e receber. Precisamos ser capazes de entrar no corpo ou no espaço erótico do outro, sem o pavor de ser engolidos e nos perder. Ao mesmo tempo, precisamos ser capazes de entrar em nós mesmos, de nos entregar ao egocentrismo estando na presença do outro, acreditando que o outro continuará ali quando voltarmos, que ele ou ela não se sentirá rejeitado por nossa ausência momentânea. Precisamos ser capazes de nos ligar sem ter medo de desaparecer, e ainda ser capazes de vivenciar nosso individualismo sem ter medo de sermos abandonados." [124]

Só por obrigação

Sexo indesejado, por obrigação. É assim com a maioria das mulheres casadas ou que têm qualquer tipo de relação amorosa estável. Estão sempre inventando muitas desculpas para não fazer sexo. Elas tentam de tudo para postergar a obrigação que se impõem para manter o casamento. É coisa que não se conta nem para a melhor amiga. Comentar o assunto significa admitir o que se tenta negar. O que pouca gente sabe, entretanto, é que a falta de tesão no casamento nada tem a ver com falta de amor. Muitas mulheres amam seus maridos, não conseguem imaginar a vida sem eles, gostam de ficar abraçadas, fazendo carinho. Só não sentem desejo sexual algum.

Maior que na prostituição

A maioria das mulheres, depois de algum tempo de casamento, faz sexo sem nenhuma vontade. Esse sexo indesejado, por obrigação, é vivido também por mulheres economicamente independentes, que não necessitam do marido para mantê-las. A dependência emocional acaba sendo tão limitadora quanto a financeira. Ambas podem conduzir a uma vida sexual limitada. O filósofo inglês Bertrand Russell dizia que "O casamento é para as mulheres a forma mais comum de se manterem, e a quantidade de relações sexuais indesejadas que as têm que suportar é provavelmente maior no casamento do que na prostituição."[125]

Da escassez à ausência total

Alguns casais se amam, manifestam carinho entre eles, mas vivem como se sexo não existisse. Não é raro a escassez de sexo progredir até a ausência total. Já ouvi muita gente propondo uma solução aparentemente simples: "Tem que ser criativo!" O que esquecem, nesse caso, é que o tesão que leva à criatividade, não o contrário. Muitos têm dificuldade de entender essa situação, porque acreditam que amar uma pessoa significa naturalmente sentir desejo sexual por ela.

Segurança na vida a dois

Na vida a dois não queremos jogar fora a segurança porque nossa relação depende dela. Mas sem um componente de incerteza não há desejo, não há *frisson*. A paixão numa relação é proporcional ao grau de incerteza que se pode tolerar.[126]

Surgem as frustrações

Até a década de 1940, a importância da atração sexual entre o casal se colocava depois de vários outros aspectos como a fidelidade, as qualidades de caráter, e principalmente da divisão das tarefas e preocupações. As mudanças começaram a ocorrer mais claramente em meados do século XX. A valorização do amor conjugal sob todos os pontos de vista, sobretudo o sexual, começou a se manifestar. A ausência de desejo sexual só passou a chamar a atenção, e se tornar um problema, quando o amor e o prazer sexual se tornaram fundamentais na vida a dois.

O modelo de casamento na nossa cultura

É fundamental todos saberem que, na grande maioria dos casos, a falta de desejo sexual no casamento não se trata de problema pessoal ou daquela relação específica, e sim do modelo de casamento na nossa cultura, em que além de valorizar a ilusão de que os dois devem se transformar num só, admite como natural o controle, a possessividade e o ciúme. Essa informação pode evitar acusações mútuas, em que se busca um culpado pelo fim do desejo. O preço é a decepção de ver se dissipar o ideal do par amoroso. No entanto, a partir daí fica mais fácil cada um decidir o que fazer da vida.

Menos homens do que mulheres

O número de homens que perde o desejo sexual no casamento é bem menor do que o de mulheres. Para cada homem que não tem vontade de fazer sexo há, pelo menos, três mulheres na mesma situação. Alguns fatores contribuem para isso. O homem, na nossa cultura, é estimulado a iniciar a vida sexual cedo e se relacionar com qualquer mulher. Outra razão seria a necessidade de expelir o sêmen e, por último, a sua ereção é rápida, de forma que necessita de menos quantidade de sangue irrigando seus órgãos genitais.

Ah! As desculpas mais usadas...

Dor de cabeça, cansaço, preocupação com trabalho ou família são as desculpas mais usadas. Algumas mulheres tentam de tudo para postergar a obrigação que se impõem para manter o casamento. Quando o marido se mostra impaciente, não tem jeito, a mulher se submete ao sacrifício. Ninguém fica sabendo. Comentar o assunto significa admitir o que se tenta negar. Socialmente, é difícil acreditar que aquele casal jovem, com tanta energia e manifestações de carinho entre si não vive uma sexualidade plena.

Exceções

Não é necessário dizer que há casais que, mesmo após vários anos de vida em comum, o desejo continua existindo. Mas são exceções, e não podemos nos apoiar em exceções pra discutir uma ideia. O que ocorre na maioria dos casos, é que as pessoas buscam, na vida a dois, mais segurança do que prazer.

Tentando entender

Muitos têm dificuldade de entender a falta de desejo, porque acreditam que amar significa naturalmente desejar. "É comum a expressão erótica ser inibida quando há grande intimidade emocional. Quando os dois se fecham na relação, não é a falta, mas o excesso de proximidade que impede o desejo. O erotismo exige distância, viceja no espaço entre o eu e o outro. Para entrar em comunhão com a pessoa amada, precisamos ser capazes de tolerar essa vazio e seu véu de incertezas. Talvez tivéssemos uma vida sexual mais excitante e alegre se fôssemos menos tolhidos por nossa inclinação para a democracia na cama."[127]

Desejo x ternura

Não é raro encontrarmos casais que, apesar de viverem juntos, têm na ausência total do desejo sexual a tônica da relação. À medida que vai aumentando o carinho, a solidariedade, o companheirismo, o desejo sexual vai diminuindo e o amor assexuado, em muitos casos, toma conta da relação.

Bom relacionamento não tem a ver com desejo sexual

Quando a mulher perde o tesão pelo marido, deseja intensamente voltar a senti-lo. Principalmente se a convivência é prazerosa e o marido possui diversas características que lhe agradam. Entretanto, um bom relacionamento conjugal não leva necessariamente a relações conjugais eróticas. Ao contrário do que muitos pensam, nada disso significa que a mulher tenha naturalmente menos desejo sexual que o homem.

Por que termina o desejo quando duas pessoas ainda se amam?

Em primeiro lugar é importante fazer a distinção entre amor e desejo sexual. São totalmente distintos. Amar não significa em absoluto desejar. Da mesma forma que é possível viver uma experiência sexual maravilhosa com alguém que se acabou de conhecer.

Sem amor e sem prazer

Para que duas pessoas vivam bem é fundamental que não haja controle algum da vida do outro e sua individualidade seja totalmente respeitada. O casamento, dentro do modelo que conhecemos, funcionou bem, porque o amor e o prazer sexual não podiam fazer parte dele.

VIOLÊNCIA NO CASAL

É guerra!

Segundo artigo do jornal americano *New York Times*, o comandante das Forças das Nações Unidas na Bósnia costumava chamar os rugidos noturnos das metralhadoras no centro de Sarajevo, em 1993, de "violência doméstica". As estatísticas mostram que grande parte dos ferimentos físicos e assassinatos ocorrem entre pessoas que vivem juntas.

Esposas surradas

Na Idade Média o marido tinha o direito e o dever de punir a esposa e de espancá-la para impedir "mau comportamento" ou para mostrar que era superior a ela. Até o tamanho do bastão por eles utilizado tinha uma medida estabelecida; não podia ser maior do que a largura do dedo polegar. Se não fossem quebrados ossos ou a fisionomia da esposa não ficasse seriamente prejudicada, estava tudo dentro da lei. Apesar de as classes superiores reclamarem que a punição corporal era exercida inicialmente pelas classes mais baixas, os dados de espancamentos de esposas indicam que ela existiu em diversos níveis sociais.

Violência aceita socialmente

A mulher foi sempre extremamente maltratada pela violência do homem, considerada banal no lar. No entanto, supõe-se que ela tinha que aguentar e sofrer sem se queixar. Isso durou muito tempo. Mesmo no século XX, ninguém queria intervir em briga de marido e mulher. Alegava-se que se tratava de um assunto privado e havia um ditado popular bem conhecido que dizia: "Em briga de marido e mulher ninguém mete a colher." Foi somente na década de 1970, com as iniciativas das feministas, que se começou a estudar o impacto da violência conjugal sobre as mulheres. Mesmo assim muitas continuam sendo agredidas por seus maridos.

Ausência de diálogo

Numa relação amorosa é comum haver discussões, afinal, quando não se está de acordo com alguém argumentar, mesmo de forma veemente, é um modo de reconhecer o outro, de levar em conta que ele existe. Na violência, ao contrário, o outro é impedido de se expressar, não existe diálogo. A agressão física não acontece de uma hora para a outra. Tudo tem início muito antes dos empurrões e dos golpes. Um olhar de desprezo, uma ironia, uma intimidação, são pequenas violências que vão minando a autoestima da mulher.[128]

Quem é que manda?

Quando um homem agride fisicamente uma mulher, geralmente ele não está interessado em deixar marcas no seu corpo. O que ele deseja deixar claro é que é ele quem manda e ela tem que se submeter. A violência visa sempre a dominação.

Como reagir

Antes do primeiro tapa as mulheres devem cortar o mal pela raiz, reagindo à violência verbal e psicológica. Para isso é essencial que elas aprendam a perceber os primeiros sinais de violência para encontrar em si mesmas a força para sair de uma situação abusiva. Compreender por que se tolera um comportamento intolerável é também compreender como se pode sair dele.[129]

Vivências traumáticas

Um estudo, na França, com uma amostragem de 148 mulheres vítimas de violência no casal que foram objeto de decisão judicial, 68% das vítimas interrogadas relatavam ter sofrido, além de pancadas e ferimentos, violência sexuais conjugais, e as mulheres sexualmente agredidas apresentavam, significativamente, mais sintomas psicológicos pós-traumáticos que as que haviam sofrido apenas violência física sem componente sexual.[130]

Dependência psicológica

Mesmo persistindo ainda as flagrantes desigualdades de renda entre mulheres e homens, a dependência material das mulheres não é mais tão grande quanto no passado, e daí resultam novas formas de dominação, muito mais sutis. No entanto, o medo das dificuldades materiais não é, muitas vezes, mais que um argumento racional que se levanta para retardar uma saída. O verdadeiro obstáculo à partida das mulheres vítimas de violência não é sua dependência material, mas sua dependência psicológica.

Crimes passionais

Para o psicólogo americano David Buss, um refrão comum aos matadores emitido para suas vítimas ainda vivas é: "Se eu não posso ter você, ninguém pode." As mulheres estão sob um risco maior de serem assassinadas quando realmente abandonam a relação, ou quando declaram inequivocamente que estão partindo de vez. Um estudo de 1.333 assassinatos de parceiras no Canadá mostra que mulheres separadas têm de cinco a sete vezes mais possibilidades de serem assassinadas por parceiros do que mulheres que ainda estão vivendo com os maridos. O tempo de separação parece ser crucial.[131]

Violência doméstica

A violência física inclui uma ampla gama de sevícias, que podem ir de um simples empurrão ao homicídio: beliscões, tapas, socos, pontapés, tentativas de estrangulamento, mordidas, queimaduras, braços torcidos, agressão com arma branca ou com arma de fogo. "Atos de violência física podem não ocorrer mais de uma vez ou podem se repetir, mas quando não são denunciados há sempre uma escalada de intensidade e frequência. É suficiente, a partir daí, fazer lembrar a primeira agressão por meio de ameaças ou de um gesto, para que, segundo o princípio do reflexo condicionado, a memória reative o incidente na vítima, levando-a a submeter-se novamente", diz a psicanalista francesa Marie-France Hirigoyen.[132]

Injúrias

Muitas mulheres aceitam relações sexuais que não desejam simplesmente para que o parceiro pare de assediá-las. Quase todos os homens violentos, em seus momentos de irritação, usam um vocabulário grosseiro, injúrias aviltantes, comparando a mulher a uma prostituta: "Prostituta nojenta, que só serve pra chupar pau!" Em um estudo feito no Quebec, Canadá, abrangendo duzentas mulheres vítimas de violência doméstica, 75,4% assinalaram que ter relações sexuais com o cônjuge era um modo de ficar em paz.[133]

Humilhação e dominação

A violência sexual tem duas formas de se manifestar: pela humilhação ou pela dominação. De qualquer forma, toda violência sexual é bastante traumatizante. A violência sexual é, sobretudo, um meio de sujeitar o outro. O que não tem nada a ver com o desejo; é simplesmente, para o homem, um modo de dizer: "Você me pertence."

Mulheres ameaçadas na separação

Os homens nem sempre fazem ameaças de matar as mulheres que os rejeitam, claro, mas tais ameaças devem sempre ser levadas a sério.

Eles ameaçam as esposas com o objetivo de controlá-las e impedir sua partida. A fim de que tal ameaça seja acreditada, violência real tem que ser levada a cabo.

Consequências dramáticas

Trabalhei como psicóloga do sistema penitenciário durante 12 anos. Marisa (nome fictício), 38 anos, foi condenada a 12 anos de prisão por ter assassinado o marido. Pude entrevistá-la e ouvir sua história. Chorando muito, contou que morava com ele, a filha adolescente e a mãe idosa. Era comum ele chegar em casa à noite e, por qualquer motivo, espancar as três. Sempre que, desesperada, ameaçava chamar a polícia, ele ficava ainda mais violento. Não foram poucas as vezes em que terminava uma surra esfregando cocô de cachorro no seu rosto. Não suportando mais, Marisa decidiu agir. Colocou estricnina na comida dele.

Empurrar, chutar, atirar objetos...

Paul Mullen, da Universidade de Otago, Nova Zelândia, documentou uma série de comportamentos violentos numa amostragem de 138 pacientes encaminhados à terapia devido ao ciúme. Alguns atos de violência eram comuns, tais como empurrar, repelir com força, chutar, atirar objetos e destruir bens. Além disso, seis homens e duas mulheres brandiram uma faca enquanto emitiam ameaças verbais, e nove brandiram instrumentos rombudos como bastões grandes e atiçadores. Um homem encostou uma arma na cabeça da esposa enquanto ameaçava a vida dela. Dez relataram estrangular as esposas com intenção de matar, um tentou envenenamento com gás, onze bateram nas esposas com instrumentos rombudos, fraturando ossos em quatro casos. Cinquenta e sete por cento da amostragem de pacientes ciumentos tinham histórico de atos de violência conjugal. A maioria parecia ter a intenção de causar dano corporal.[134]

Por que as vítimas não vão embora?

Não há necessidade de uso da força para subjugar o outro; meios sutis, repetitivos, velados, ambíguos podem ser empregados com igual eficácia. Atos ou palavras desse tipo são muitas vezes mais perniciosos do que uma agressão direta, que seria reconhecida como tal e levaria a uma reação de defesa. A psicanalista francesa Marie-France Hirigoyen faz uma severa crítica aos psicanalistas que consideram que as mulheres que permanecem na relação experimentam uma satisfação masoquista em ser objeto de sevícias. "É preciso que esse discurso alienante cesse, pois, sem uma preparação psicológica destinada a submetê-la, mulher alguma aceitaria os abusos psicológicos e muito menos a violência física."[135]

Por que muitos homens agridem as mulheres

Não é nada fácil para o homem corresponder ao ideal masculino que a sociedade patriarcal exige dele — força, sucesso, poder, coragem, ousadia, nunca falhar. Homens e mulheres têm necessidade de trocar afeto, expressar emoções, criar vínculos. A questão é que perseguir esse ideal impede a satisfação das necessidades, e a impossibilidade de alcançá-lo gera frustração. Está aberto o espaço para a violência masculina no dia a dia. Essa ideia se confirma quando os estudos mostram que a violência contra as mulheres não é a mesma em todos os lugares. É muito maior onde se cultua o mito da masculinidade.

Ciúme e abandono

O estudo mais extenso de homicídios contra parceiros consistiu em 1.333 mulheres e 416 homens assassinados por seus parceiros íntimos no Canadá entre 1974 e 1990. Ampla variedade de estudos aponta para o ciúme como o principal motivo para o assassinato de parceiros e rivais. A descoberta da infidelidade e a determinação em terminar a relação são os catalisadores mais comuns.[137]

Vítimas ameaçadas

O sociólogo Peter Chimbos conduziu extensas entrevistas com 34 assassinos de esposas no Canadá. A fonte primordial do conflito foram as "questões sexuais" (casos e rejeições), que ocorreram em 85% dos casos. Nesse estudo, 76% dos assassinos emitiram ameaças às vítimas no dia do assassinato, e 47% declararam que suas brigas na época do homicídio centravam-se nas rejeições sexuais ou casos extraconjugais. No Texas, Estados Unidos, até 1974, não era crime matar os amantes se isso fosse feito antes de eles saírem da cama.[138]

Agressão física x Agressão psicológica

Os efeitos da violência conjugal são devastadores para a saúde física e mental das mulheres e de seus filhos. Por meio do processo de submissão, um círculo vicioso se instala: quanto mais frequentes e mais graves as agressões, menos a mulher tem meios psicológicos de se defender. Marie-France ressalta ainda que embora as consequências físicas da violência sejam mais facilmente percebidas, as mais graves são as psicológicas. As marcas de uma agressão física desapareçam, ao passo que as ofensas e humilhações deixam marcas indeléveis. Por essa razão, para ajudar as mulheres é essencial levar em conta todos os aspectos da violência, e não apenas a violência física.[139]

Mudanças

Mas não há dúvida de que as mentalidades estão mudando; muitos homens já compreenderam que a virilidade tradicional é bastante arriscada e cada vez mais aceitam que atitudes e comportamentos sempre rotulados como femininos são necessários para o desenvolvimento de seres humanos. A consequência é a gradual destruição de valores tidos como inquestionáveis no que diz respeito ao amor, ao casamento e à sexualidade, trazendo a perspectiva do fim da guerra entre os sexos e o surgimento de uma sociedade onde possa haver parceria entre homens e mulheres.

O FIM DE UM RELACIONAMENTO

Rejeição no amor

A antropóloga americana Helen Fisher, em sua pesquisa entre universitários dos Estados Unidos, concluiu que 93% de ambos os sexos disseram ter sido rejeitados por alguém que amavam apaixonadamente; 95% também disseram que tinham rejeitado alguém que estava profundamente apaixonado por eles. A autora afirma que quase ninguém no mundo escapa das sensações de vazio, desesperança, medo e fúria que a rejeição pode criar.[140]

Discriminação

Até os anos 1970, as mulheres que se separavam do marido sofriam muito. O casamento era a sua principal fonte de segurança financeira. Além disso, ela e os filhos eram discriminados. Atualmente, entretanto, o fim de um casamento é apenas a solução de um problema e não uma tragédia.

Vínculos econômicos

Os defensores do casamento insistem na sua importância social e na necessidade desse vínculo para a felicidade humana. Os mais liberais alegam que, se não der certo, as pessoas podem se separar. No entanto, além de todas as questões emocionais que envolvem a separação, a interferência de vínculos econômicos contribui para dificultá-la.

Grave acidente

Em muitos casamentos, as pessoas não se separam porque dependem uma da outra emocionalmente, precisam do parceiro para não se sentirem sozinhas e para que ele seja o depositário de suas limitações, fracassos, frustrações e também para responsabilizá-lo pela vida sem graça que levam. "Há casamentos que vão enferrujando tão completamente que, afinal, se quebram em pedaços, e os dois se divorciam como se estivessem abandonando uma peça de maquinaria que parou, sem possibilidade de conserto. Há casamentos que morrem de morte violenta, como um carro que bate num poste telefônico, liberando dois corpos, que vão aterrar nas contorcidas posições de pessoas com os ossos quebrados."[141]

Diminuição do próprio desejo

Numa separação, o cônjuge rejeitado não é o único a sofrer. Há casos em que o parceiro que não deseja mais permanecer junto se vê ressentido, responsabilizando o outro pela diminuição do seu próprio desejo sexual e pelo fato da convivência cotidiana não lhe proporcionar mais prazer.

Sobre o ressentimento no casal

Em alguns casos o ódio surgido entre o casal resulta do sentimento de ver traída a expectativa que tanto alimentaram. Imaginavam que através da relação amorosa se colocariam a salvo do desamparo, e que encontrariam a mesma satisfação que tinham no útero da mãe, quando os dois eram um só. "Profissionalmente já participei de várias audiências de separação judicial. Quem for da área jurídica compreenderá o que estou dizendo: é lamentável o que se vê nesse tipo de situação. Tem dias em que custo a acreditar no que presencio. Os casais se ofendem, se expõem intimamente, são mesquinhos na divisão do patrimônio amealhado em comum, usam os filhos para atingir o outro e só falta se pegarem de tapa no meio de advogados e juízes. Realmente há muito ressentimento nos casais. Acho que a separação tardia piora muito as coisas."[142]

Culpada

Em geral, a mulher se sente culpada pelo fracasso da relação. As revistas femininas a massacram com conselhos de como ser mais atenciosa, mais atraente, mais hábil na cama... como se a solução dependesse só dela.

Filhos de pais separados

A socióloga Constance Ahrons, de Wisconsin, Estados Unidos, acompanhou por vinte anos um grupo de 173 filhos de divorciados. Ao atingir a idade adulta, o índice de problemas emocionais entre esse grupo era equivalente ao dos filhos de pais casados. Mas Ahrons observou que eles "emergiam mais fortes e mais amadurecidos que a média, apesar — ou talvez por causa — dos divórcios e recasamentos de seus pais".

Contágio?

O divórcio é contagioso, como um vírus. Esta é a conclusão de um estudo realizado nos Estados Unidos por pesquisadores da Universidade Harvard, Universidade da California-San Diego e da Universidade Brown, em Rhode Island. Segundo o estudo, se você tem um amigo que se divorciou, suas chances de se divorciar aumentam em 75%. Quem tem um colega de trabalho divorciado eleva sua probabilidade de se divorciar em até 55%. Curiosamente, a influência de um irmão ou irmã divorciado é bem menor: nesses casos, as chances de divórcio aumentam em 22%.

Vingança

Em março de 2006, uma chinesa que queria se vingar do marido por ele ter pedido o divórcio explodiu o edifício em que ele morava, informou a polícia de Leye (sul da China). Segundo um oficial, a mulher de 37 anos comprou o explosivo por 23 dólares e, com a ajuda de três cúmplices, detonou a carga no edifício residencial de três andares, deixando um saldo de nove mortos e quatro feridos.

A dor de ser rejeitado no amor

A rejeição amorosa provoca um desespero na pessoa rejeitada que se aproxima da loucura. Ela não tem como dizer a si mesma que não tem mais acesso ao outro. Então tenta de tudo: vai ao local de trabalho do ex-parceiro, surpreende-o num horário inconveniente, visita os locais onde foi feliz com ele. O rejeitado quer o retorno ao passado custe o preço que custar. Busca incansavelmente qualquer sinal que lhe dê esperança.

Medeia

A raiva por ser abandonado às vezes se transforma em violência, que pode variar de agressões verbais até o assassinato. *Medeia* é uma tragédia grega, de Eurípides, datada de 431 a.C. Ela era filha de Aetes, rei da Cólquida, que possuía o velocino de ouro — lã de ouro do carneiro alado Crisómalo. Jasão e os argonautas — tripulantes da nau Argo — buscavam o velocino para que ele retomasse o trono de Iolco, mas Aetes o mantinha guardado por um dragão. Medeia apaixonou-se por Jasão e se opôs ao pai para ajudá-lo, salvando a vida do herói grego. Fugiu com ele da Cólquida em seu navio rumo à Grécia. Após alguns anos juntos, Jasão a abandonou para se casar com a filha de Creonte, rei de Corinto, e permitiu que este a exilasse junto aos filhos. Injustiçada e furiosa Medeia não poupa esforços para se vingar de Jasão: envia um presente de casamento à noiva de Jasão — um vestido envenenado que ao ser usado rompe em chamas e queima até a morte a princesa de Corinto e o rei. Mas não é o fim. Ela mata os dois filhos que tivera com Jasão.

O desespero na separação

Antropólogos recolheram evidências dessa dor. Uma chinesa abandonada confidenciou: "Não posso suportar viver. Todos os meus interesses na vida desapareceram"; "Fiquei solitária, realmente triste, e chorei. Parei de comer e não dormia bem; não conseguia me concentrar no trabalho", lamentou uma polinésia rejeitada. Perto do rio Sepik, na Nova Guiné, um homem rejeitado compôs canções trágicas de amor que eles chamam de "namai", canções sobre casamentos que "podiam ter sido". E na Índia, homens e mulheres magoados formaram um clube, a *Sociedade para o estudo dos corações partidos*. A cada ano, no terceiro dia de maio, eles comemoram o Dia Nacional dos Corações Partidos, contando histórias e se consolando mutuamente.

Protesto e resignação

A rejeição por um amado afunda o amante em uma das dores emocionais mais profundas e perturbadoras que um ser humano pode suportar. Tristeza, raiva e muitos outros sentimentos podem passar pelo cérebro com tal vigor que mal se consegue comer ou dormir. Os graus e nuances desta enfermidade poderosa devem ser tão variados quanto os seres humanos. E, no entanto, psiquiatras e neurocientistas dividem a rejeição romântica em duas fases gerais: "protesto" e "resignação/desespero". Durante a fase de protesto, os amantes abandonados tentam obsessivamente reconquistar os amados. Quando se estabelece a resignação, eles desistem completamente e caem em desespero.[143]

Patrulhamento

Mulheres separadas, com filhos, sofrem constante patrulhamento, velado ou explícito, da sua conduta como mães. Diferentemente de algumas décadas atrás, hoje existem muitas possibilidades de lazer, de desenvolver interesses variados e de fazer novos amigos. É cada vez mais difícil resistir a esses apelos e continuar desempenhando o papel de mãe abnegada que vive só para os filhos. A sensação de estar transgredindo o modelo de boa mãe determinado como natural, torna a mulher vulnerável a críticas.

Quem critica?

Disso se aproveitam não só as pessoas que a cercam, como também as instituições empenhadas em mantê-las sob controle. Cada uma delas, acenando com o crime de abandono dos filhos, tenta imobilizar a mulher na função de mãe. Quase sempre os motivos dos ataques são pessoais e inconscientes, mas, amparados pelos dogmas da maternidade, adquirem aparência de verdade indiscutível. Dessa forma, os filhos são usados como pretexto para que maridos ciumentos, ex-maridos rejeitados, mães e amigas invejosas projetem suas impossibilidades na mulher que ousa desafiar a moral estabelecida.

Não é o que se pensa

Quando alguém é trocado por outro(a), o sofrimento é intenso e é difícil elaborar essa perda. Mas é muito importante saber que ser trocado por outro não significa que se é inferior. Em muitos casos, a troca ocorre porque a pessoa objeto da nova paixão possui algum aspecto que satisfaz inconscientemente uma exigência momentânea do outro, sem haver uma vinculação necessária com o parceiro rejeitado.

Rompimento radical

Geralmente, quando uma mulher quer romper um casamento ela tenta conversar, buscar em conjunto uma solução amigável. Isso acontece mesmo que ela não esteja envolvida em outra relação amorosa. Nem sempre os homens conseguem comunicar sua decisão de se separar de forma tranquila. É possível que a culpa por estar se afastando dos filhos e mesmo da mulher — há anos comprometido em proteger — leve-os a fugir para não enfrentar uma situação tão delicada. O resultado pode ser rompimentos radicais e muito sofrimento desnecessário.

Meta a ser alcançada

Até o século XX, os casamentos aconteciam por interesses econômicos das famílias dos jovens. As mudanças começaram a ocorrer mais claramente após a década de 1940. O casamento por amor passou a ser sinônimo de felicidade e, por conseguinte, uma meta a ser alcançada por todos. Da mesma forma que antes era inadmissível casar por amor, surge uma crítica severa a quem se casa sem amor. Depois que o amor entrou no casamento, as separações começaram a acontecer.

Dor e renascimento na separação

A separação é dolorosa porque impõe o rompimento com a fantasia do par amoroso idealizado, abala a autoestima e exacerba as inseguranças pessoais. Não se chora só a perda do momento, mas também todas as situações de desamparo vividas algum dia e que ficaram inconscientes. Os sentimentos depois de uma separação se misturam. O hábito muitas vezes se confunde com saudade e até com amor. Em muitos casos observa-se um certo entusiasmo quando a separação é vivida como nova oportunidade de crescimento e de desenvolvimento pessoal.

Condições necessárias

Após uma separação, o alívio é maior do que o sofrimento, e pode haver uma forte sensação de estar renascendo se havia qualquer tipo de opressão no casamento; se na relação que acabou já não havia mais desejo; se há a perspectiva de uma vida social interessante, pelo círculo de amizades; se existe liberdade sexual para novas experiências. É necessário haver autonomia, ou seja, não se submeter à ideia de que estar só é sinônimo de solidão ou desamparo.

Esposa tagarela

As pessoas se divorciam em todas as partes do mundo. E isso pode ser feito de um jeito simples ou complicado, com raiva ou tranquilidade. Alguns povos encaram com naturalidade a dissolução do casamento. Um bom exemplo são os mongóis da Sibéria, que simplesmente adotam o óbvio ao estabelecer que "se duas pessoas não conseguem viver juntas, é melhor que vivam separadas". E chegamos ao extremo, na velha China, onde uma lei permitia ao homem se divorciar da esposa tagarela.

Expectativas traídas

Desde cedo somos levados a acreditar que a vida só tem graça se encontrarmos um grande amor. Se acontece, a expectativa é a de que vamos nos sentir completos para sempre, nada mais nos faltando. Isso é impossível, evidente, mas as pessoas se esforçam para acreditar e só desistem depois de fazer inúmeras concessões inúteis. E quando a frustração se torna insuportável, então se separam.

Angústia do vazio

Para a psicanalista Malvina Muskat, "a separação denuncia o fim do amor e o fim dessa condição especial, definindo um estado de carência, uma ameaça de extinção, pela anulação de si mesmo como 'ser amado' e como 'ser que ama'. A fantasia do 'par amoroso', até então sustentada ainda por mecanismos ilusórios, desfaz-se inevitavelmente, obrigando-nos a enfrentar a angústia do vazio e da solidão".[144]

Raiva na separação

Homens e mulheres rejeitados desperdiçam muito tempo e energia em um parceiro que está indo embora. Mas raiva, que é comum aparecer nessas situações, não anula necessariamente o desejo de ter ao lado a presença do parceiro que parte. A atenção concentrada no parceiro que abandona, o impulso para reconquistar o amado, a ansiedade de separação, o pânico, até a raiva: tudo se dissipa com o tempo.

"Não perdi nada"

Os casais precisam saber que a verdadeira aceitação da sua própria individualidade e da do outro e a independência são fundamentais para uma relação amorosa satisfatória. Mas o medo da perda gera receio e insegurança. O escritor português Miguel Sousa Tavares, diz no seu livro *Equador*: "E de novo acredito que nada do que é importante se perde verdadeiramente. Apenas nos iludimos, julgando ser donos das coisas, dos instantes e dos outros. Comigo caminham todos os mortos que amei, todos os amigos que se afastaram, todos os dias felizes que se apagaram. Não perdi nada, apenas a ilusão de que tudo podia ser meu para sempre."

Sofrimento na separação

Sofrer muito na separação não significa necessariamente que havia um grande amor. É comum, nesses casos, o outro nem significar tanto, mas sua falta ser sentida de forma dramática por reeditar, inconscientemente, vivências de perdas anteriores.

Motivo curioso de divórcio

Em março de 2006, uma egípcia pediu e obteve o divórcio em um tribunal do Cairo, alegando não suportar a falta de higiene e o mau cheiro do marido. O casal vivia junto há oito anos e morava com seus três filhos. Os juízes convocaram o marido para dar explicações, e como ele não compareceu ao tribunal, decidiram conceder o divórcio por "incompatibilidade de odores".

"Fracasso" de um projeto amoroso

Quando um projeto amoroso fracassa, a pessoa perde o referencial na vida e sua autoestima fica abalada. Entretanto, se as crianças fossem ensinadas a enxergar as coisas como elas são, quando ficassem adultas saberiam que, na maior parte das vezes, as relações amorosas duram apenas um tempo, sem significar fracasso de alguma das partes quando terminam. Mas isso só será possível quando mais pessoas tomarem consciência dos prejuízos causados pela ideia de que dois se transformam num só.

O processo de separação

Os escritores Leonie Linssen e Stephan Wik acreditam que quando duas pessoas se separam surgem sentimentos intensos e variados: descrença, negação, impotência, tristeza e raiva, que se alternam. A frustração é grande por acreditarem ter feito tudo para salvar a relação, sem ter conseguido. A despedida que se aproxima é dolorosa. Sentimos um grande vazio e solidão. Além de dizer adeus ao nosso parceiro, é também um adeus a uma estrutura familiar que conhecíamos.[145]

Bridge para evitar separações

Em 1929, em Cleveland, Estados Unidos, o bridge se tornou matéria escolar obrigatória. A razão apresentada para essa estranha inovação era que "o lar americano se encontra em decadência, por nele já quase não se jogar o bridge. Muitos casamentos se desfizeram porque os esposos, em vez de jogar o bridge entre si, ou em boa companhia, passaram a sair cada um para o seu lado. As escolas municipais contrataram doze professores da referida matéria. Ao ensinar o bridge às crianças, espera-se não só que fiquem preparadas para uma vida conjugal sólida, mas também que possam exercer uma benéfica influência sobre os seus pais, cuja maioria se encontra desunida."[146]

As separações hoje

Ao contrário da época em que, excetuando os casos de intenso sofrimento, ninguém se separava, hoje a duração dos casamentos é cada vez menor. Para o filósofo francês Pascal Bruckner, o medo de perder a independência prevalece sobre o pudor de antigamente. É o que procuram as sociedades modernas: por a lei a serviço das paixões, em vez de enquadrar as paixões na lei. Acompanhar cada mudança nos costumes, mesmo que seja necessário reformular as instituições para melhor adaptá-las.[147]

Talaq, talaq, talaq

Uma indiana recebeu um bilhete do marido com as palavras "talaq, talaq, talaq". O bilhete recebido por ela é parte de uma tradição do Islã que, hoje em dia, só existe praticamente na Índia. O "triplo talaq" permite aos homens muçulmanos se divorciar de suas esposas em minutos, simplesmente repetindo as palavras "talaq, talaq, talaq". A decisão é unilateral, sem consulta à mulher. E pode ser feita tanto oralmente quanto por e-mail e até mesmo mensagens de texto, em aplicativos como o WhatsApp.[148]

Por que os casamentos duram pouco?

É cada vez menor o tempo de duração de um casamento satisfatório. Algumas pessoas alegam que hoje ninguém tem paciência, que por vivermos numa sociedade de consumo, onde tudo é descartável, o cônjuge também deve ser sempre substituído. Mas a questão não é essa. As dúvidas em relação a manter ou não um casamento começaram a surgir depois que o cônjuge passou a ser escolhido por amor e não mais por interesses familiares.

Quando se é trocado por outro (a)

Ser trocado por outra pessoa não é uma situação fácil de se viver. Quando isso acontece, o sofrimento é intenso e é difícil elaborar essa perda. Quando o parceiro se apaixona por alguém e vai embora, quem é excluído se sente profundamente desvalorizado, com a autoestima bastante comprometida. Acredita que falhou em alguma coisa e que sua falta de atrativos foi a grande responsável. Imagina que a pessoa escolhida é muito mais interessante, mais bonita, mais inteligente e melhor no sexo.

Sem prazer de estar junto

A dor da separação é comparada por alguns ao sofrimento diante da morte de uma pessoa querida. Romper uma relação é resultado de um processo lento, muitas vezes inconsciente. Um desgaste cotidiano, que vai liquidando o prazer de viver junto. Mas a percepção de que o casamento traz mais frustrações do que alegrias é uma conclusão difícil. Muitas vezes tenta-se rejeitar os motivos que levam à separação, movidos pelas expectativas depositadas na vida a dois.

A vida não é nenhuma maratona

Ao contrário do que muitos pensam o filósofo francês Pascal Bruckner diz que a vida a dois não é nenhuma maratona que se deva aguentar o maior tempo possível, mesmo quando é insatisfatória. Os vínculos devem ser rompidos quando se deterioram. Ele acredita que a brevidade não é um crime, assim como a persistência nem sempre é uma virtude: certos encontros fugazes podem ser uma obra-prima da concisão, deixando marcas para sempre, e convívios de meio século se revelarem, às vezes, torturas de tédio e renúncia.[149]

É necessário enriquecer a relação

Observa-se uma tendência a não se desejar mais permanecer numa relação insatisfatória apenas para ter alguém ao lado. É necessário que o outro enriqueça a relação, acrescente algo novo, possibilite o crescimento individual. "O homem atual passa por uma nova Renascença — todas as aventuras são desejáveis, continentes novos devem ser descobertos e explorados, navegações por mares estranhos são encorajados, limites devem ser transpostos... desde que para dentro de si mesmo. O novo mundo a ser descoberto é o próprio homem."[150]

Alívio na separação

O psicólogo italiano Edoardo Giusti, após quatro anos de pesquisas e estudos acerca da separação de casais, afirma que é certamente uma novidade para nossa cultura, centrada no sacrifício e na abnegação, poder evidenciar o alívio muitas vezes sentido ao término de uma união.

Reações extremas

O filósofo francês Pascal Bruckner pergunta: "Como se espantar que certas separações enlouqueçam e provoquem reações extremas, e que certos divorciados pareçam boxeadores zonzos com as pancadas?" Como exemplo disso um cidadão francês em 2009, depois de judicialmente condenado a dividir todos os seus bens com a ex-mulher, serrou ao meio todos os móveis, das televisões aos computadores e tapetes do apartamento. Na Alemanha, há um serviço telefônico que se propõe a romper no seu lugar, para evitar cenas de confronto."[151]

Divórcio grisalho: em busca de novas experiências

Pessoas de mais de 60 e 70 anos também estão se divorciando. De maneira geral, há algumas décadas o número de divórcios em todo o mundo ocidental não para de crescer. Desapareceram a maioria dos imperativos — sociais, econômicos e religiosos — que pesavam a favor da duração do casamento. O aumento da longevidade e a crescente independência econômica das mulheres colaboram para isso. Relato que ouvi no consultório de um homem de 74 anos, casado há quarenta: "Nossa vida é muito sem graça há bastante tempo. Nós temos temperamentos diferentes. Eu quero aproveitar a vida, sair, me divertir, viajar e minha mulher só pensa em paparicar os netos. Sinto desejo sexual por outras mulheres, mesmo porque para a minha parece que sexo não existe. Assim não dá. Há algum tempo penso em morar sozinho e fazer o que quiser da minha vida. Tomei coragem. Estou livre para o que der e vier."

É comum adiar uma decisão

Tentando adiar a decisão definitiva de se separar, a pessoa é consumida pela dúvida e alimenta a esperança de ter avaliado mal o que ocorre no relacionamento. O medo de tomar uma atitude e se arrepender depois é grande. Além disso há o receio de ficar sozinho, de não encontrar um novo amor, de não ter com quem sair no sábado à noite...

Dor da separação na MPB

Na música popular brasileira encontramos incontáveis exemplos da dor da separação. Aí vão alguns exemplos das últimas décadas. "Meu mundo caiu e me fez ficar assim"; "Você está vendo só do jeito que eu fiquei e que tudo ficou"; "Risque meu nome do seu caderno, pois não suporto o inferno do nosso amor fracassado"; "Triste é viver na solidão, na dor cruel de uma paixão"; "Me agarrei nos teus cabelos, nos teus pelos, teu pijama, nos teus pés, aos pés da cama (...) reclamei baixinho"; "Tire seu sorriso do caminho que eu quero passar com a minha dor"; "Volta, vem viver outra vez ao meu lado, não consigo dormir sem teu braço pois meu corpo está acostumado."

Esperança de ter interpretado mal

A separação inicia seu processo lentamente, na maior parte das vezes de forma inconsciente. A relação vai se desgastando e a vida cotidiana do casal deixa de proporcionar prazer. Aos poucos, o desencanto se instala. "Muitas vezes, apesar de se ter uma visão clara do que está ocorrendo, adia-se qualquer tipo de decisão. Antes de mais nada o indivíduo começa a se sentir corroído pela dúvida e pela esperança de ter interpretado mal as coisas, apesar de seu mal estar confirmar a exatidão das conclusões a que chegou. Todavia, continua a adiar uma decisão definitiva, na esperança secreta de que um milagre o faça voltar aos felizes tempos em que eram amantes e companheiros de vida."[152]

Depois de algum tempo

Apesar do sofrimento inicial, aquele que de alguma forma não desejava a separação pode concluir depois de algum tempo que foi a melhor coisa que poderia ter lhe acontecido. Isso é frequente. A aquisição de nova identidade, totalmente desvinculada da do ex-parceiro, abre possibilidades de descobertas de si próprio e do mundo. A oportunidade de crescimento e desenvolvimento pessoal gera um entusiasmo pela vida há muito tempo esquecido.

Quem é o responsável?

Num passado recente, a separação de um casal era sempre atribuída a um dos dois, que não suportou mais e apelou para essa medida extrema: o fim do casamento. Parentes e amigos comentavam o caso como se fosse um falecimento. Hoje, não. Há soluções amigáveis e aceitáveis sem que a coloração trágica tome conta do fato em si. A separação passou a ser vista, pela maioria, como a solução de um problema.

Relação com os ex

Demorei para descobrir por que meu avô considerava "pouca vergonha" pessoas separadas conversarem ou até se cumprimentarem. Quem viveu na primeira metade do século XX não podia mesmo entender. Na maioria dos países ocidentais, o casamento constituía um contrato duradouro e não era permitido o rompimento, a não ser em casos de faltas gravíssimas cometidas por um dos cônjuges. Entre elas estavam o abandono do lar, adultério, alcoolismo e violência física. "Depois de tanto ultraje, como podem ficar amigos?", ele devia se perguntar.

Medo da solidão

O psicoterapeuta e escritor Roberto Freire não tem dúvida de que risco é sinônimo de liberdade e que o máximo de segurança é a escravidão. Ele acredita que a saída é vivermos o presente através das coisas que nos dão prazer. A questão, segundo ele, é que temos medo, os riscos são grandes e nossa incompetência para a aventura nos paralisa. Entre o risco no prazer e a certeza no sofrer, acabamos sendo socialmente empurrados para a última opção.[153]

Linguagens que não nos servem mais

Zeldin nos diz algo importante para uma reflexão. Na história do amor foram inventados vários tipos de conversa amorosa, e cada uma delas foi dando uma forma diferente aos nossos relacionamentos. Mas todas acabaram se transformando em linguagens que não nos servem mais. Precisamos inventar um novo tipo de conversa de amor, capaz de satisfazer as aspirações que temos hoje em dia.[154]

PARTE VIII

*É POSSÍVEL VIVER BEM
SEM UM PAR AMOROSO?*

No Ocidente somos incentivados a acreditar só ser possível encontrar a realização afetiva através da relação amorosa fixa e estável com uma única pessoa. A busca da "outra metade" se torna então incessante e muitas vezes desesperada. É fundamental desenvolver a capacidade de ficar bem sozinho. Uma relação não pode ser por necessidade do outro, e sim pelo prazer de estar junto.

A condição essencial para ficar bem sozinho é o exercício da autonomia pessoal. É importante ter uma nova visão do amor e do sexo e se libertar da dependência amorosa de alguém que é vista como a salvação. O caminho fica livre para um relacionamento mais profundo com os amigos, com crescimento da importância dos laços afetivos.

É com o desenvolvimento individual que se processa a mudança interna necessária para a percepção das próprias singularidades e do prazer de estar só. E quando se perde o medo de ser sozinho, percebe-se que isso não significa necessariamente solidão.

Sem depender de fatores externos

A ideia de que é impossível ser feliz sozinho condiciona as pessoas de tal forma, que a maioria não se conforma em não ter um par amoroso. A propaganda a favor é tão poderosa que a busca da "outra metade" se torna incessante e muitas vezes desesperada. E quando surge um parceiro disposto a alimentar esse sonho, pronto: além de se inventar uma pessoa, atribuindo a ela características que geralmente não possui, se abdica facilmente de coisas importantes, imaginando que, agora, nada mais vai faltar. E o mais grave: com o tempo passa a ser fundamental continuar tendo alguém ao lado, mesmo quando predominam as frustrações. Não ter um par significaria não estar inteiro, ser incompleto, ou seja, totalmente desamparado.

A importância dos amigos

Entre as pessoas que não desejam uma relação fixa com um único parceiro, dois fatores são comuns: a importância que dão às relações de amizade — consideram-nas verdadeiras relações de amor — e a liberdade sexual. Existe uma resistência geral em admitir que o amor pode ser vivido de forma intensa e profunda fora de uma relação fechada entre duas pessoas. São muitas as maneiras possíveis de se viver o amor, entretanto, por ser ainda a mais tradicional e aceita, a maioria ainda prefere uma ligação estável com outra pessoa.

Solteiros (as) x casados (as)

Há pessoas solteiras que têm uma vida bem mais interessante do que a da maioria das pessoas casadas. Longe da rotina e da monotonia de uma relação estável, elas têm liberdade de sair com quem quiser sem se sujeitar aos ciúmes e inseguranças do parceiro. Podem viajar para qualquer lugar e com quem bem entenderem, chegar em casa a qualquer hora, sem dar explicações, ter experiências sexuais com parceiros variados sem sentir medo ou culpa. Sem dúvida, pertence cada vez mais a um passado distante a música de Tom Jobim que diz: "É impossível ser feliz sozinho..."

Nunca foi tão fácil não ser sozinho

Não é verdade que a solidão seja uma praga moderna. Os hindus dizem, em um dos seus mais antigos mitos, que o mundo foi criado porque o Ser Original se sentia solitário. Theodore Zeldin diz que a crença de que a sociedade moderna condena os indivíduos à solidão é infundada. Com a popularização da internet, dizia-se que o ser humano estaria definitivamente perdido e que as pessoas, cada vez mais solitárias, iriam se relacionar exclusivamente com a máquina. Acreditavam que o avanço tecnológico vencia, subjugando a todos, e em breve não haveria qualquer possibilidade de troca afetiva nas relações humanas. Mas a internet surpreendeu. Os solitários conheceram gente, os tímidos ganharam coragem para trocar ideias e falar de si, e muitos grupos se formaram.

A própria companhia

É preciso mudar a ideia de que é impossível viver bem sozinho. É uma crença bastante limitante, que gera sofrimento. Não há nada grave em se desejar um par amoroso. Grave é a crença de que só se pode ser feliz se houver um par amoroso. Ter amigos de verdade, interesses variados, projetos, fazer coisas que dão prazer. Não ter preconceito em relação ao sexo, claro. São aspectos que podem contribuir para que se descubra o prazer da própria companhia.

Potencialidade vital

O psicoterapeuta e escritor Roberto Freire afirma que lhe custou muita dor, solidão e desespero aprender que sentir amor era uma potencialidade vital sua, produção criativa própria, e que para amar dependia apenas dele mesmo. A expressão e comunicação do seu amor eram produtos da liberdade pessoal e social conquistada. "Em minha inocência e ignorância, eu atribuía a algumas pessoas o poder de liberar, produzir, fazer exercer-se e se comunicar o amor em mim e de mim. Esse amor pertencia, pois, exclusivamente a essas pessoas, ficando eu delas dependente para sempre. Se, por alguma razão, me deixassem ou não quisessem produzi-lo em mim, eu secava de amor e — o que é pior — ficava em seu lugar, na pessoa e no corpo, uma sangrenta ferida, como a de uma amputação, que não cicatrizaria jamais."[155]

Deseja ou aprendeu a desejar?

Acredita-se que só é possível alcançar a aceitação social quando se age igual aos outros. Todos, então, se tornam parecidos e desejam as mesmas coisas. As particularidades de cada um desaparecem, chegando a um ponto em que não dá mais para saber o que realmente se deseja ou o que se aprendeu a desejar. Que o ser humano necessita se unir e se comunicar com outras pessoas não há dúvida. Mas isso não significa que ele tenha, necessariamente, que se relacionar com uma pessoa de forma exclusiva. Quando alguém diz que não quer viver sozinho, está se referindo a não ter um parceiro amoroso.

Corrente atada a um pé

O historiador inglês Theodore Zeldin afirma que o medo da solidão assemelha-se a uma bola e uma corrente que, atados a um pé, restringem a ambição, são um obstáculo à vida plena, tal e qual a perseguição, a discriminação e a pobreza. Se a corrente não for quebrada, para muitos a liberdade continuará um pesadelo. Para ele, a crença mais gasta, pronta para a lixeira, é que os casais não têm em quem confiar salvo neles próprios.

Rede de amigos

Pela primeira vez na história humana, algumas pessoas de países ocidentais começaram a escolher seus parentes, criando uma nova rede de parentesco baseada na amizade, e não no sangue. As associações são compostas de amigos. Os membros se falam regularmente e compartilham suas vitórias e dificuldades. Quando um adoece, os outros cuidam dele. Essa rede de amigos é considerada como uma família, que Helen Fisher acredita poderá gerar novos termos de parentesco, novos tipos de política de seguro, novos parágrafos nos planos de saúde, novos acordos de aluguel, novos tipos de desenvolvimento de moradia e muitos outros planos legais e sociais.

A vida dos solteiros não é inferior ao da maioria dos casados

Uma pesquisa comparativa feita na França, há alguns anos, concluiu que os solteiros compram três vezes mais livros do que os casados, vão duas vezes mais a restaurantes, nove vezes mais ao cinema. Suas despesas de fim de semana e de férias são dez vezes superiores às de um casal.[156]

Opções equivocadas

Não há dúvida de que o medo da solidão é responsável por muitas opções equivocadas de vida. Fazemos qualquer coisa para nos sentir aconchegados e protegidos através da relação com outra pessoa, tentando nos convencer de que assim não seremos mais sozinhos. A ideia, tão valorizada e difundida pelo amor romântico, de que devemos buscar um parceiro que nos complete só contribui para que não enxerguemos o óbvio: a solidão é uma das nossas características existenciais.

Pré-requisito para a felicidade

Não é fácil deixar o hábito de formar um par. Fomos condicionados a desejá-lo, convencidos de que se trata de pré-requisito para a felicidade. Para complicar mais as coisas, há ainda os que, por equívoco ou pela própria limitação, se utilizam de argumentos psicológicos para não deixar ninguém escapar dos modelos. Para esses, maturidade emocional implica manter uma relação amorosa estável com uma única pessoa do sexo oposto. Não faltam psicoterapeutas para reforçar esse absurdo na cabeça de seus pacientes. E o pior é que eles acreditam e sofrem bastante, se sentindo no mínimo incompetentes por não ter alguém.

PARTE IX

QUESTÕES DE GÊNERO

A divisão da humanidade entre masculino e feminino se consolidou de forma aparentemente irrefutável há milênios. Essa distribuição de quem é quem se tornou a estrutura essencial do patriarcado. Masculino e feminino eram as indiscutíveis duas versões do ser humano. Nossas crianças sempre foram orientadas em relação a suas vestimentas, articulação das palavras e interesses na direção do gênero a que pertenciam.

Mas isso está mudando. Vários países estão percebendo os prejuízos da limitação dos gêneros. A questão da sexualidade é fator determinante. É onde mais se percebe a repressão dos setores autoritários. Enfim, o sexo é biológico — homens, mulheres e intersexuais —, a sexualidade está ligada ao desejo de cada um, e o gênero é como nos percebemos e queremos ser identificados no mundo.

MASCULINO E FEMININO

Comportamentos ensinados

Comportamentos femininos ou masculinos são ensinados às crianças desde muito cedo, e elas acabam se confundindo acreditando que essa ou aquela atitude fazem parte da natureza. Os pais e aqueles que cercam a criança deixam claro através dos gestos, do jeito de falar, da escolha de brinquedos e roupas, a que sexo ela pertence, condicionando, assim, seu modo de pensar e de viver. Isso afeta todas as suas escolhas futuras.

O segundo sexo

A mais famosa declaração de Simone de Beuavoir — "Uma pessoa não nasce, e sim torna-se mulher" — e a sua convicção de que as mulheres seriam sempre o segundo sexo se dependessem economicamente dos homens para viver tornaram-se credos do movimento feminista nas décadas seguintes. Ela não tinha dúvida de que os gêneros masculino ou feminino são socialmente construídos.

Diferenças se anulam

A mentalidade patriarcal, que definiu com tanto rigor o masculino e o feminino, está perdendo as suas bases. É cada vez mais difícil encontrar diferenças entre anseios e comportamentos de homens e mulheres. Todos desejam ser o todo, não ter que reprimir aspectos de sua personalidade para corresponder às expectativas de atitudes consideradas masculinas ou femininas.

Opostos

Até algumas décadas atrás, os papéis masculinos e femininos sempre foram muito bem definidos. O homem para ser considerado masculino tinha que ser corajoso, ousado e nunca falhar, no sexo principalmente. Da mulher feminina esperava-se que fosse meiga, gentil, cordata, deixasse claro que não gostava muito de sexo e se esforçasse, acima de tudo, para corresponder ao que o homem esperava dela.

Qual é o sexo do bebê?

A primeira coisa que se quer saber quando um casal vai ter um filho é o sexo da criança. Mesmo antes do nascimento o papel social que ela deverá desempenhar está claramente definido: masculino ou feminino. Os meninos são presenteados com carrinhos, revólveres e bolas, enquanto as meninas recebem bonecas, panelinhas e mamadeiras. E isso é só o início.

Modelos estabelecidos

Os padrões de comportamento são distintos e determinados para cada um dos sexos. A escolha das roupas e da decoração do quarto das crianças, as opções de carreiras variam de acordo com o sexo. São estimuladas ou inibidas atitudes, comportamentos e capacidades das crianças e adolescentes de acordo com os modelos estabelecidos.

Correspondendo às expectativas

A expectativa da sociedade é de que as pessoas cumpram seu papel sexual, que sofre variações de acordo com a época e o lugar. Até algumas décadas atrás, não se admitia que um homem usasse cabelo comprido e muito menos brinco. Eram coisas femininas. O homem não podia lavar o cabelo com shampoo, não era coisa de macho. Só podia lavar com sabão de coco e olhe lá... As mulheres, por sua vez, não sonhavam usar calças, nem dirigir automóveis. Era masculino.

Menino veste azul, menina veste rosa

Um bom exemplo aconteceu quando o pai de uma menina de um mês, Steve Rold, se surpreendeu quando a creche em que deixa seus filhos, nos Estados Unidos, enviou um recado solicitando que ele e a esposa vestissem o bebê com roupas mais femininas. O macacão que ela usava era azul.

Mas de onde surgiu essa diferença tão profunda entre os sexos?

É uma antiga e longa história. Como vimos na Parte I, quando o sistema patriarcal se estabeleceu entre nós, há cinco mil anos, dividiu a humanidade em duas — homens e mulheres — e definiu que as mulheres são inferiores ao homens. Determinou com clareza o que é masculino e feminino, subordinando ambos os sexos a esses conceitos. E ao fazer isso dividiu cada indivíduo contra si próprio, porque para corresponder ao ideal masculino ou feminino da nossa cultura, cada um tem que rejeitar uma parte de si, de alguma forma, se mutilando.

Mudanças no jeito de se vestir

A evolução das roupas traduz a diluição dos papéis e das posições sociais. O desaparecimento dos papéis sexuais tão marcados pode ser percebido na diminuição do uso de saias. Na França, em 1965, foi a primeira vez que a produção de calças de mulher superou a de saias, e em 1971 foram fabricadas 14 milhões de calças, num total de 15 milhões de roupas. Foi o triunfo do jeans unissex, cuja produção quadriplicou entre 1970 e 1976. Já não era tão simples distinguir os sexos. Os rapazes deixavam crescer o cabelo e usavam colares e braceletes; as moças dissimulavam suas formas sob blusões soltos.[157]

Burneshas

Um fenômeno interessante, que revela a histórica repressão a que as mulheres sempre foram submetidas, são as chamadas "burneshas". É o nome que se dá às mulheres albanesas que decidiram, por escolha própria ou a mando da família a se assumirem como homens. Vivem, vestem-se e agem como homens, menos é claro quanto à sexualidade. Permanecem virgens toda a vida. Sua encenação lhes dá direito a algumas liberdades masculinas: votam, fumam, bebem, jogam como os homens da região. Essa era uma tradição comum no século XV que ainda permanece viva em algumas áreas rurais no norte da Albânia. As meninas eram comumente forçadas ao matrimônio em casamentos arranjados, muitas vezes com homens muito mais velhos de aldeias distantes. Como alternativa, elas poderiam fazer o voto de virgindade, se tornando 'burneshas'.

Agressividade

Pesquisas mostram que os bebês meninas são mais carregados no colo que os bebês meninos. Os pais são mais vigorosos e violentos ao brincar com os meninos. Isso tem um resultado imediato: as meninas são menos agressivas do que os meninos. Espera-se que seja assim!

As brincadeiras

Se um menino gosta de brincar com as meninas de casinha, fazendo comida para as bonecas, raros são os pais que não se afligem. Imediatamente sugerem que ele vá brincar com "coisas de menino".

The Mask You Live In

Os comportamentos femininos ou masculinos, ensinados às crianças desde muito cedo, na maioria das vezes podem causar graves consequências. Um bom exemplo é o depoimento de Joe Ehrman, treinador e antigo jogador da NFL, no documentário *The Mask You Live In*. "Minha memória mais antiga é do meu pai me levando ao porão da casa da minha mãe, levantando as mãos e me ensinando a dar golpes e socos. Foi ali que ele me disse aquelas duas palavras: 'Seja homem!' 'Pare de chorar, pare de se emocionar. Se vai ser um homem no mundo, é bom aprender a dominar e a controlar as pessoas e as situações.' Peço a todos os homens para lembrar que idade tinham quando ouviram que tinham de ser homens. Creio que essa é uma das frases mais destrutivas na nossa cultura."

Homens e mulheres: sedução diferente

Para o sociólogo italiano Francesco Alberoni estamos diante de uma diferença fundamental entre o erotismo masculino e o feminino. Para ele, o erotismo masculino é ativado pela forma do corpo, pela beleza física, pelo fascínio, pela capacidade de sedução. Não pelo reconhecimento social, pelo poder. Se um homem pendura na parede do seu quarto uma foto de Marilyn Monroe nua, é porque ela é uma belíssima mulher nua. E se ele tiver de escolher entre fazer sexo com uma atriz famosa, mas feia, ou com uma deliciosa garota desconhecida, não terá dúvidas em escolher a segunda. A sua escolha é feita na base de critérios eróticos pessoais.[158]

Erotização da relação com o poderoso

Alberoni acredita que na mulher seria diferente: o erotismo profundamente influenciado pelo sucesso, pelo reconhecimento social, pelo aplauso, pela classificação no elenco da vida. O homem quer fazer sexo com uma mulher bonita e sensual. A mulher quer fazer sexo com um artista famoso, com um líder, com quem é amado pelas outras mulheres, com quem é respeitado pela sociedade. (Idem) Mas isso é fácil de entender, se lembrarmos que as mulheres, durante milênios, para se sentirem protegidas, aprenderam a erotizar a relação com o poderoso. O tipo de sedução que havia perdeu grande parte do seu significado em uma sociedade em que as mulheres passaram a lutar pela igualdade de direitos, inclusive no sexo.

Fronteira que se dilui

Observamos a dissolução da fronteira entre masculino e feminino, que vai possibilitar uma sociedade de parceria, longe do modelo de dominação de uma parte da humanidade sobre a outra, que existiu nos últimos milênios. Hoje, não há mais nada que interesse aos homens e não interesse às mulheres e vice-versa. Ambos se tornam mais livres para usufruir da vida em nível de igualdade, longe dos papéis estereotipados anteriormente exigidos. Mas como é impossível todos mudarem sua visão de mundo ao mesmo tempo, assim como sua forma de sentir e pensar, nos surpreendemos, nesse período de transição, com comportamentos totalmente díspares convivendo lado a lado.

Pronome pessoal neutro

Há alguns países no Ocidente, Suécia, Finlândia e Noruega à frente, em que a igualdade entre masculino e feminino já foi assumida, incorporando um pronome pessoal neutro, "hen". A nova palavra não revela o gênero da pessoa, objeto ou animal, seja porque este é desconhecido ou porque a informação é irrelevante para a sentença. "Essa é uma maneira de tratar seres humanos como seres humanos e não como pessoas definidas pelo sexo", dizem.

Contra os estereótipos

Na Suécia há uma tentativa de combater os estereótipos dos papéis sexuais. Uma pré-escola do distrito de Sodermalm, de Estocolmo, incorporou uma pedagogia sexualmente neutra que acaba completamente com a distinção de comportamento entre meninos e meninas, eliminando todas as referências a masculino e feminino. Os professores e funcionários da pré-escola Egalia evitam usar palavras como "ele" ou "ela". Os alunos podem escolher livremente brincar de boneca ou carrinho, independentemente do sexo de cada um.

Sem papéis definidos

A diretora da escola Lotta Rajalin disse que a instituição contratou um pedagogo de diversidade sexual para ajudar os professores e funcionários a remover as referências masculinas e femininas na linguagem e conduta, indo ao ponto de garantir que os jogos infantis de blocos Lego e outros brinquedos de montagem sejam mantidos próximos aos brinquedos de utensílios de cozinha a fim de evitar que algum papel sexual tenha preferência. A professora Jenny Johnsson disse: "A sociedade espera que as meninas sejam garotinhas gentis e elegantes, e que os meninos sejam viris, duros e expansivos. A escola dá uma oportunidade fantástica de ser quem eles queiram ser."[159]

Ampliando a perspectiva

As crianças poderão imaginar que possuem características consideradas masculinas e femininas, e isso amplia a perspectiva delas. Além disso, não há livros infantis tradicionais como *Branca de Neve*, *Cinderela* ou os contos de fadas clássicos, disse Rajalin. Em vez disso, as prateleiras têm livros que lidam com duplas homossexuais, mães solo, filhos adotados e obras sobre "maneiras modernas de brincar". A diretora dá um exemplo concreto: "Quando as meninas estão brincando de casinha e o papel de mãe já foi pego por uma elas começam a disputar. Então sugerimos duas ou três mães e assim por diante."

Metas inatingíveis

As características do homem masculino numa cultura patriarcal são a força, o sucesso, a coragem, a ousadia, e tantas outras do gênero, sem esquecer, claro, aquela cobrança que atormenta todo menino: "Homem não chora." São todas metas inatingíveis para a maioria. A mulher feminina, ao contrário, deve ser delicada, frágil, sensível, dependente, gentil, submissa, pouco competitiva, se emociona à toa, chora com facilidade, indecisa, pouco ousada, recatada. Mas tanto o homem como a mulher podem ser fortes e fracos, corajosos e medrosos, agressivos e dóceis, passivos e ativos, independente do sexo. Depende só das circunstâncias e das características de personalidade de cada um. Na realidade, a diferença entre homens e mulheres é anatômica e fisiológica. O resto é produto de cada cultura ou grupo social.

Como resolver essa questão?

Talvez a solução seja mesmo os homens se unirem às mulheres para derrubar esse mito da masculinidade, que muita gente acha natural e desejável. Insistir em manter os conceitos de feminino e masculino é prejudicial para ambos os sexos; isso limita as pessoas, que acabam aprisionadas a estereótipos.

Ser o todo

A mentalidade patriarcal, que definiu com tanto rigor o masculino e o feminino, está perdendo as suas bases. É cada vez mais difícil encontrar diferenças entre anseios e comportamentos de homens e mulheres. Todos desejam ser o todo, não ter que reprimir aspectos de sua personalidade para corresponder às expectativas de atitudes consideradas masculinas ou femininas.

IDENTIDADE DE GÊNERO

Construção da identidade de gênero

Gênero é a forma de identificação de cada pessoa com o gênero masculino, feminino, ou com os dois, ou com nenhum, enfim, as possibilidades são muitas. Essas formas podem convergir ou divergir da maneira como a sociedade te enxerga desde que você nasceu. Quando elas convergem, utilizamos a palavra "cisgênero". Quando elas divergem, "transgênero".

Sem identificação com o próprio corpo

Para a maioria das pessoas o ser humano apresenta características de um sistema binário que é feminino e masculino. Isso divide homens e mulheres de acordo com seus órgãos genitais e comportamento social esperado de cada sexo. Mas existem variações que tornam essa divisão menos simples do que parece. Há pessoas que não se sentem identificadas com o seu corpo, ou seja, sua identidade de gênero é diferente daquela designada no nascimento e tentam fazer a transição para o gênero oposto através de cirurgia de redesignação sexual.

Construção cultural

O gênero surge para nos mostrar que as diferenças entre homens e mulheres não são naturais, mas sim construídas culturalmente ao longo da história. Só que elas estão tão bem sedimentadas que chegamos ao ponto de naturalizarmos a inferioridade das mulheres em relação aos homens.

Várias possibilidades

Cisgênero é a pessoa que se identifica com o sexo que nasceu. Transgênero — transexual e travesti — é a pessoa que se identifica com o gênero oposto. Intersexual é a pessoa que nasce com os dois sexos e vai se identificar com apenas um. Drag Queens e Drag Kings são expressões de gênero que performam no feminino (queens) ou no masculino (kings). Não binário é o gênero fluido: pode ter uma fluidez dos gêneros ou assumir outras identidades.

Diferenças construídas

As diferenças entre homens e mulheres não são naturais, mas sim construídas por cada cultura ao longo da história. O gênero masculino surge como referente universal, como na utilização do termo homem ou homens — para mencionar toda a humanidade. Os papéis sociais não são determinados pela natureza. Não há determinação biológica para se afirmar "isso é coisa de mulher; isso é coisa de homem". A construção da identidade de gênero é o resultado da aprendizagem social desde o nascimento. Os modelos de comportamento e as características adequadas a cada sexo são estipulados com clareza.[160]

Pela biologia

Do ponto de vista biológico não se pode afirmar "isso é coisa de mulher; isso é coisa de homem". O órgão genital ou a aparência física não são suficientes para indicar como uma pessoa se sente no mundo em que vive. A filósofa francesa Catherine Malabou diz: "É impossível determinar de antemão como um corpo responderá às regras que o controlam."[161]

Gênero e fluidez

Dudu Bertholini, estilista e consultor de moda, meu companheiro na bancada do programa *Amor&Sexo*, da TV Globo, explica bem essa questão. Ele lembra que quando um homem trans (alguém que nasceu em corpo biológico de mulher e fez a transição para o de homem) escolhe se relacionar com outros homens trans, muitos ficam boquiabertos e fazem questão de não entender: "'Como assim? Virou homem para gostar de outro homem?'; 'Se você nasceu mulher e decidiu tornar-se homem, deveria gostar de mulheres, certo?' Não!", diz Dudu enfaticamente, que continua explicando que "Nossa sexualidade, nosso desejo, vem de outro lugar. E assim como o gênero, hoje em dia ela é muito mais fluída. A meu ver

FLUIDEZ é a palavra que melhor define gênero e sexualidade no século XXI. As antigas distinções binárias não funcionam mais." [162]

Sexo, gênero e sexualidade

SEXO é biológico, portanto homem, mulher e os intersexuais, antes chamados de hermafroditas.

GÊNERO é uma construção social, que assume cada vez mais formas. É como você se reconhece e escolhe se apresentar para o mundo.

SEXUALIDADE está ligada ao nosso desejo. Diferentemente do que muitos pensam, ela não está ligada ao nosso gênero. E é justamente isso que confunde as pessoas.

Escapando dos modelos

Transexuais vieram à superfície social há pouco tempo e são alvo de muitos preconceitos. Afinal, aceitar a ideia de que um homem deseja ser uma mulher e vice-versa é difícil de ser digerida pelos conservadores, que não aceitam quem escapa dos modelos.

Preconceito e ausência de empatia

Em maio de 2020, por 134 votos a 56, a Hungria revogou o reconhecimento de direitos de pessoas transgêneros no país. Os cidadãos trans húngaros não poderão mais mudar seus nomes e gêneros de registro em documentos. A nova lei define gênero como característica baseada em cromossomos apresentados no nascimento — a combinação popularmente conhecida como XX para mulheres, e XY para homens. A revogação recebeu muitas críticas. Krisztina Tamás-Arói, da Anistia Internacional, disse ao jornal inglês *The Guardian*: "Esta lei empurra a Hungria de volta para a Idade Média, e destrói os direitos de pessoas trans e interssexo, deixando-as mais expostas à discriminação."

Maior exposição

Por isso há tanta discriminação e, consequentemente, tanto sofrimento. Mas a exposição que os transexuais estão alcançando, na maioria dos países ocidentais, mostra que as mentalidades estão mudando. É possível que daqui a algum tempo em vez de hétero, homo, bi, trans, diremos simplesmente "sexualidade".

A transexualidade pela história

Pela história, desde a Antiguidade, há diversos exemplos da transexualidade. Um deles é o mito grego de Tirésias, profeta cego de Tebas — famoso por ter passado sete anos transformado em uma mulher. Outro exemplo é o de uma das figuras mais excêntricas da história, Heliogábalo, proclamado imperador romano aos 14 anos, no ano 218. Ele se vestia de mulher e expulsava as prostitutas dos bordéis, roubando-lhes a clientela. Apaixonado por um escravo vestiu-se de noiva no casamento, passando por uma cena de defloramento. Tinha como plano abdicar e fazer de seu marido imperador, tornando-se imperatriz de Roma, e oferecia metade de seu império ao médico que o equipasse com uma genitália feminina. Devido à sua conduta Heliogábalo foi perdendo a confiança do povo, do exército e do senado romano. Ele e sua família foram mortos pelos legionários.

O estudo de gênero

A explosão do termo gênero, na segunda metade do século XX, é uma revolução não só nos relacionamentos amorosos como também na definição das categorias sexuais e no confronto ideológico homem x mulher. Em 1955, o sexólogo americano John Money passou a utilizar o termo *gender*, que logo foi assumido pelas feministas. Constitui-se na semente da luta milenar pelos direitos das mulheres. "O sexo não necessariamente corresponde ao gênero. Está tudo aí. A distinção deve permitir a rejeição das normas impostas por uma sociedade em nome de uma 'essência' e de uma 'natureza', inclusive as normas que estabelecem uma diferença clara entre homens e mulheres", informa o premiado ensaísta argelino Jean-Claude Guillebaud.[163]

O que é ideologia de gênero

Ideologia é o modo de ver o mundo, as crenças e valores que se manifestam na vida individual ou na de um grupo. O sistema patriarcal, quando se instalou, há aproximadamente cinco mil anos, dividiu a humanidade em duas partes — homens e mulheres — e definiu que as mulheres são inferiores aos homens. Aí, foi criada uma ideologia de gênero. Os homens — gênero masculino — deveriam demonstrar sempre força, sucesso, poder, coragem ousadia e nunca falhar. Por outro lado, as mulheres — gênero feminino — deveriam ser delicadas, frágeis, dependentes, pouco competitivas, chorar com facilidade, indecisas, pouco ousadas, recatadas. Essa ideologia de gênero chega até nós com frases do tipo "homem não chora"; "Meninas vestem rosa e meninos vestem azul."

Acredite se quiser

Por ignorância ou má-fé algumas pessoas dizem que todos devem combater a ideologia de gênero porque ela significa querer transformar meninos em meninas e vice-versa. O pior é que há quem acredite nesse absurdo. Um bom exemplo é o que me disse um motorista de táxi: "Tenho medo de colocar meu filho na escola, por causa dessa história de gênero. Meu filho é um menino de 6 anos, mas na escola vão querer transformá-lo em menina."

Por que é tão difícil entender

Será que é tão difícil entender que o que se determina para o comportamento do gênero masculino e do gênero feminino é que é, na verdade, ideologia de gênero? Maíra Kubík, doutora em ciências sociais, diz: "A referência é o homem, branco, heterossexual, cisgênero. Acho que há uma intencionalidade aí de fazer com que as mulheres, os gays, as lésbicas, as bissexuais, as trans, enfim, todas as pessoas que não são a norma de gênero, permaneçam em uma posição de subjugados. É lamentável que esse tipo de discurso tenha reverberado tanto a ponto de excluir dos planos de educação toda reflexão sobre gênero nas práticas escolares. É como se o Legislativo brasileiro nos dissesse que quer manter o Brasil em primeiro lugar no vergonhoso ranking de país que mais mata travestis e trans no mundo."[164]

PARTE X

ORIENTAÇÃO SEXUAL

A divisão da humanidade em homens e mulheres/masculino e feminino, não esgota as possibilidades da vida sexual. As diversas variáveis convivem de forma mais ou menos explícita na sociedade de cada época. A moralidade das religiões e de setores conservadores sempre tentou bloquear as tentativas de normalizar a situação das minorias sexuais. Dessa opressão surgiu, na década de 1960, o Movimento Gay.

A trajetória da homossexualidade na história humana vai da aceitação quase institucional, passa por vetos da maioria das sociedades, e evolui para uma integração racional, em sintonia com a orientação sexual de cada um. Quase três mil anos transcorreram nesse trajeto.

A homossexualidade já foi considerada crime e duramente castigada, assim como todas as práticas que não levam à procriação. Depois passou a ser vista como doença a ser tratada. O surgimento da pílula anticoncepcional na década de 1960, ao permitir a dissociação entre o ato sexual e a reprodução, revolucionou os valores relativos à sexualidade e melhorou muito a situação dos homossexuais.

É possível, que num futuro próximo, com a dissolução da fronteira entre masculino e feminino, as pessoas escolham seus parceiros amorosos e sexuais pelas características de personalidade, e não mais por serem homens ou mulheres. A bissexualidade poderá se tornar então tão comum a ponto de predominar.

HETEROSSEXUALIDADE

Preconceito na definição

A palavra heterossexual é a junção das palavras "hétero" e "sexo", sendo que hétero vem do grego e significa "diferente", interesse pelo oposto: homem/mulher; mulher/homem. Mas quando a palavra surgiu, essa condição era considerada tão óbvia que o preconceito interferiu nos registros e o dicionário médico Dorland, de 1901, a definiu como "um apetite anormal ou pervertido em relação ao sexo oposto". A definição só mudou para "manifestação de paixão sexual por alguém do sexo oposto" em 1934.[165]

Exigência de se definir como heterossexual

Para Richard Miskolci, professor do departamento de Sociologia da UFSCAR (Universidade Federal de São Carlos), a sociedade exerce forte influência para que os indivíduos se definam como heterossexuais. "Todos têm essa possibilidade de se relacionar com o mesmo sexo, mas, no processo de socialização, as pessoas podem perdê-la. Desde crianças somos adestrados. Heterossexualidade não é algo natural, hoje sabemos que ela é compulsória. Nas ciências sociais, desde a década de 1960, começaram a surgir estudos que mostram que as pessoas são socialmente treinadas para gostar do sexo oposto", afirma o professor, que pesquisa o uso das mídias digitais voltadas para pessoas que buscam parceiros amorosos. "Muitos homens casados ou com noiva e namorada criam perfis buscando relacionamento com outro homem, a maioria em segredo."[166]

Sexualidade = construção cultural

A ideia de que sexo entre genitais diferentes sempre existiu presume que heterossexualidade é a mesma coisa que sexo reprodutivo. Essa afirmação é contestada por especialistas. Segundo o teórico queer David Halperin, professor da Universidade de Michigan, "O sexo não tem história porque é baseado no funcionamento do corpo. Mas a sexualidade seria uma 'construção cultural', como sua história demonstra."[167]

A palavra heterossexual

A palavra heterossexual entrou em nosso vocabulário no final dos anos 1860, em obra do jornalista húngaro Karl Maria Kertbeny. Ele criou também o termo homossexualidade, além de outros dois termos que não se consolidaram, sobre a masturbação e a bestialidade. A palavra se tornou conhecida quando o psiquiatra austríaco-alemão Richard von Krafft-Ebing a usou em seu catálogo de "doenças sexuais" chamado *Psicopatia Sexualis*.[168]

Para conter excessos

A heterossexualidade surgiu e se consolidou com o surgimento da classe média nos séculos XIX e XX, segundo o estudioso Hanne Blank que a explica em seu livro *Hétero: A surpreendentemente curta história da heterossexualidade*. Havia um movimento de populações, na Europa e nos Estados Unidos, vindas do interior para as capitais, com outros hábitos. "Em comparação com os vilarejos rurais, as cidades pareciam antros de excessos sexuais", escreve Blank. Foi necessário consolidar o heterossexual como a pessoa não pervertida que pode conter esses excessos.[169]

Culto à virilidade

Um dos aspectos negativos associados à heterossexualidade é o culto obsessivo à virilidade. Por vias como o cinema e a mídia, se consolidou a figura do "macho". A. Schlesinger escreveu sobre esse estereótipo masculino em sua obra *A crise da masculinidade americana*: "Os homens estão cada vez mais conscientes da virilidade não como um fato, mas como um problema. Os meios utilizados pelos americanos para afirmar a sua virilidade são incertos e obscuros. Na verdade, multiplicam-se os sinais que mostram que nada funciona na concepção que o macho americano faz de si mesmo."[170]

Heteronormatividade

Após a criação de terminologias dirigida à sexualidade, nos séculos XIX e XX, a heterossexualidade adquiriu status de única condição "normal", ou seja, o relacionamento amoroso e sexual com o sexo oposto. A "heteronormatividade" passou a funcionar como forma de marginalização de outras orientações sexuais.

HOMOSSEXUALIDADE

Ilhas grandes e pequenas

A luta pela aceitação social e legitimidade legal para a homossexualidade provocou o surgimento de outras organizações interessadas na promoção do pluralismo sexual. O sociólogo inglês Jeffrey Weeks declara: "Não parece mais um grande continente de normalidade cercado por pequenas ilhas de distúrbios. Em vez disso, podemos agora presenciar uma grande quantidade de ilhas, grandes e pequenas... Surgiram novas categorias e minorias eróticas. Aquelas mais antigas experimentaram um processo de subdivisão como preferências especiais, atitudes específicas, e as necessidades tornaram-se a base para a proliferação de identidades sexuais."[171]

Ódio e agressões

Por mais que se denuncie o absurdo que o ódio e a frequente agressão aos gays representam, a homofobia não deixará de existir num passe de mágica. Seu fim depende da queda dos valores patriarcais que, já em curso, vem trazendo nova reflexão sobre o amor e a sexualidade. Caminhamos para uma sociedade de parceria, e se nela o desejo de adquirir poder sobre os outros não for preponderante, a homossexualidade deixará de ser tratada como anomalia, passando a ser percebida como tão normal quanto a heterossexualidade.

Sodoma e Gomorra

O mais forte tabu homofóbico de nossa civilização vem do episódio bíblico de Sodoma e Gomorra. As duas cidades, da planície da Jordânia, na Idade do Bronze (2000-1500 a.C.), foram devastadas por um terremoto (1900 a.C.). O mito da destruição da cidade por Deus está no Gênesis e vem de uma longa tradição oral. Abraão, que conversava regularmente com o criador, ouve dele que destruirá a cidade em que o servo reside, porque lá há homens maus. Abraão avisa a seu sobrinho, Lot, que deixe a cidade, pois Deus enviará dois anjos para destruí-la. Lot fica a espera.

Os anjos chegam e ele os convida para um banquete. Os homens de Sodoma cercam a casa querendo conhecer os estrangeiros. Os anjos os cegam e incendeiam a cidade. Cabe observar que conhecer pode ter o sentido de praticar o ato sexual. Os corrompidos sodomitas queriam praticar sexo com os anjos e foram destruídos. Resumindo: é esse o mito que sustenta, quatro mil anos depois, a homofobia ocidental.

Sexo casual gay

Para o sociólogo inglês Anthony Giddens, seria errôneo considerar-se uma orientação para a sexualidade episódica apenas em termos negativos. Assim como as lésbicas, os gays questionam a tradicional integração heterossexual entre o casamento e a monogamia. Ele argumenta que da maneira como é compreendida no casamento institucionalizado, a monogamia sempre esteve ligada ao padrão duplo e, por isso, ao patriarcado. Quando os encontros episódicos não constituem um vício eles são, na verdade, explorações das possibilidades oferecidas pela sexualidade desvinculada da procriação. Assim, mesmo que os contatos sejam impessoais e passageiros, a sexualidade episódica pode ser uma forma positiva de experiência do cotidiano.[172]

Mão só um pouco pesada?

O historiador francês Philipp Ariès relata uma notícia do *Journal de Barbier*, datado de 6 de julho de 1750: "Hoje foram publicamente queimados na Place de Grève, às cinco horas da tarde, dois operários, a saber: um rapaz marceneiro e um salsicheiro, com 18 e 25 anos, que a patrulha encontrou em flagrante delito de sodomia. A opinião é que os juízes tiveram a mão um pouco pesada. Pelo visto, correu um pouco de vinho em excesso que levou a afronta a esse ponto."[173]

Príncipe gay da Índia transforma palácio em abrigo para LGBTs sem-teto

O príncipe gay indiano Manvendra Singh Gohil abriu seu palácio, instalado num terreno de quase 61 mil metros quadrados, para LGBTs em situação vulnerável, e iniciou a construção de mais edifícios para abrigar um número maior de pessoas. Esse ato, que já seria notável em qualquer lugar do mundo, ganha peso quando se considera que na Índia a homossexualidade é criminalizada e a homossexualidade permanece um dos grandes tabus da sociedade indiana. "Quero oferecer empoderamento social e financeiro para LGBTs, para que eles sejam capazes de sair do armário", diz Gohil. A notícia de que o príncipe havia declarado sua homossexualidade causou reações acaloradas na Índia e pessoas chegaram a queimar suas fotos nas ruas.[174]

Abertura e legitimidade

Em algumas cidades americanas como Nova York e São Francisco, no final da década de 1960, os gays começaram a sair do silêncio e levar a vida que desejavam. Mas em todas as outras regiões, tanto da Europa, América do Sul e mesmo dos Estados Unidos, a aceitação ainda era restrita a alguns grupos e lugares. O sociólogo inglês Anthony Giddens diz: "Alguns homossexuais se autodenominaram gays, e isso designará uma cultura específica e positiva.

Gay, é claro, sugere colorido, abertura e legitimidade, um grito muito diferente da imagem da homossexualidade antes sustentada por muitos homossexuais praticantes e também pela maioria dos indivíduos heterossexuais".[175]

O amor na Grécia

Há 2.500 anos, a mentalidade grega era tão patriarcal que os homens desprezavam profundamente as mulheres. Eles as consideravam inferiores e irracionais. Por conta disso, lhes negaram qualquer tipo de instrução. Não é de admirar então que para eles o homem estivesse mais próximo da perfeição. As expressões sinceras de amor eram proferidas não por homens e mulheres jovens que se desejassem reciprocamente, e sim por homossexuais cortejando criaturas de seu próprio sexo.

Príncipe William

O príncipe William, filho do príncipe Charles e neto da rainha Elizabeth II, fez história ao ser o primeiro membro da família real britânica a aceitar aparecer na capa de uma revista LGBT. No dia 12 de maio de 2016, sua alteza real, o duque de Cambridge convidou a revista *Attitude* a levar membros da comunidade LGBT para o palácio de Kensington para conhecer suas vivências de bullying homofóbico, bifóbico e transfóbico, e discutir as implicações sobre a saúde mental que elas trazem. O príncipe declarou à revista: "Ninguém deveria sofrer bullying pela sua sexualidade ou por qualquer outra razão, e ninguém deveria ter que suportar o tipo de ódio que esses jovens toleram durante suas vidas. Os jovens gays, lésbicas e trans que eu conheci são muito valentes por erguerem suas vozes e darem esperança a pessoas que estão passando por bullying nesse momento. Você tem que ter orgulho de quem você é, e não há nada do que se envergonhar."

Efebia

Por dois séculos, VI ao início do IV a.C., floresceu a efebia, que é a relação homossexual grega básica, e se dava entre um homem mais velho e um jovem. O jovem tinha qualidades masculinas: força, velocidade, habilidade, resistência e beleza. O mais velho possuía experiência, sabedoria e comando. O efebo — púbere — entregue a um tutor se transformava em cidadão grego. Era treinado, educado e protegido. Ambos desenvolviam paixão mútua, mas sabiam dominar essa atração. Esse controle era a base do sistema de efebia. Havia sexo, mas quando crescia se tornando um cidadão grego, deixava de ser o amante-pupilo e tornava-se o amigo do tutor; casava-se, tinha filhos e buscava seus próprios efebos.

Michael Jackson

Atualmente, o amor de um homem adulto por um jovem de doze, treze anos, não é aceito. Em 1993, Michael Jackson foi acusado pela primeira vez de pedofilia. O pai de Jordan Chandler, um menino de 13 anos, o processou por abusar sexualmente do seu filho. A queixa acabou sendo retirada e resolvida sem a intervenção dos tribunais, com um acordo de 20 milhões de dólares. Dez anos depois, numa entrevista, Michael Jackson disse que não havia mal nenhum em dormir na mesma cama com garotos e confessou que gostava de dormir ao lado dos seus convidados no rancho Neverland. Ao seu lado, aparece um garoto de 13 anos. Em 2005, outro jovem moveu um processo de pedofilia contra o cantor, que desta vez foi inocentado por unanimidade.

Conservadores

A homofobia deriva de um tipo de pensamento que equipara diferença a inferioridade. Alguns estudos indicam que os homofóbicos são pessoas conservadoras, rígidas, favoráveis à manutenção dos papéis sexuais tradicionais. Quando se considera, por exemplo, que um homem homossexual não é homem, fica clara a tentativa de preservação dos estereótipos masculino e feminino, típicos das sociedades de dominação que temem a igualdade entre os sexos.

O que importa é a conduta

Na Grécia clássica (século V a.C.), principalmente em Creta e Esparta, a homossexualidade era uma instituição e os gregos não se preocupavam em julgá-la. Constituía, assim como o amor pelas mulheres, uma manifestação legítima do desejo amoroso. Não consideravam o amor por alguém do seu próprio sexo e o amor pelo sexo oposto como dois tipos de comportamento radicalmente diferentes. Se havia elogio ou reprovação, não era à pratica de homossexualidade, mas à conduta dos indivíduos.

Discriminação sofrida

Num estudo com profissionais LGBT, entre 18 e 50 anos, de 14 estados brasileiros, 40% dos entrevistados disseram que já sofreram discriminação direta. E todos relataram ter sofrido discriminação velada no trabalho. Por medo de serem discriminados, demitidos ou terem sua capacidade profissional colocada em xeque, muitos profissionais preferem manter em segredo sua orientação sexual. Somente 47% disseram se assumir no trabalho, sendo que desses 32% falaram para o chefe imediato e apenas 2% para o gestor de recursos humanos.[176]

O Batalhão Sagrado de Tebas

Era um batalhão formado por tropas de choque composto inteiramente de casais homossexuais. Platão dizia que um punhado de amantes armados, lutando ombro a ombro, pode conter todo um exército. Isso porque seria intolerável para o amante que seu amado o visse desertando das fileiras ou atirando longe suas armas. Ele preferia mil vezes morrer a ser tão humilhado... Em tais ocasiões, o pior dos covardes seria inspirado pelo deus do amor, a fim de provar-se igual a qualquer homem naturalmente bravo. Após 33 gloriosos anos, o Batalhão Sagrado de Tebas foi aniquilado na batalha de Queronéia. Todos os seus trezentos membros foram mortos.

Safo

No século VII a.C., Safo viveu na ilha de Lesbos — a palavra lésbica se refere à ilha onde nasceu — e dirigia uma escola onde mulheres aprendiam música, poesia e dança. Ela se apaixonou por algumas dessas mulheres e manifestou o seu amor em poemas sensuais. Desde a Antiguidade, foi chamada de a "décima Musa". Foi glorificada por seu talento, mas mesmo assim seu nome será sempre ligado aos amores que ela cantou, à homossexualidade.

A história toma outro rumo

Com o cristianismo houve uma mudança radical em relação à Grécia, e na Idade Média havia uma oposição clara à homossexualidade. Nos séculos XII e XIII começou na Europa uma repressão maciça da homossexualidade, como parte de uma campanha contra heresias de toda natureza, que evoluiu até o terror da Inquisição. Os reis Eduardo I da Inglaterra e Luís IX da França chegaram, inclusive, ao ponto de decretar a morte dos homossexuais na fogueira. E Afonso X de Castela determinou que deviam ser castrados e pendurados pelas pernas até morrer. Sendo assim, foram colocados no mesmo nível dos assassinos e traidores.

Stonewall

Anos de luta conferiram aos homossexuais militantes muita experiência. Mas, em 28 de Junho de 1969, um único momento definiu a causa gay. Um clube em Greenwich Village, Nova York, Estados Unidos, o Stonewall Inn, lugar de encontro de gays, lésbicas e travestis foi invadido pela polícia. Os bares gays dos Estados Unidos sofriam inspeções rotineiras. Os policiais prendiam os travestis mais provocantes e todos os que vestiam mais de três peças do sexo oposto. Não havia nada de especial na batida do Stonewall, a não ser que, pela primeira vez, os gays reagiram.

Ouvido no mundo inteiro

Seis meses mais tarde, a FLG (Frente de Libertação Gay) havia discursado em 175 campus universitários. A ideia da discrição homossexual começava a ruir. Um ano mais tarde, na primeira semana do Gay Pride, a primeira marcha se organiza: 15 mil gays vão de Greenwich Village até o Central Park. Logo, marchas semelhantes acontecem em São Francisco, Los Angeles e Chicago. Como disse um militante, Stonewall foi como a queda de um grampo que é ouvida no mundo inteiro. Dez anos mais tarde a cultura gay estava implantada. As paradas gays comemorando Stonewall foram organizadas em todo o mundo.

Homofobia: uma estratégia

O conflito homossexual, por maior que seja, vem do meio social. A homofobia — ódio aos homossexuais — pode se manifestar entre os heterossexuais, pelo temor secreto dos próprios desejos homossexuais e também pela angústia que causa o contato com os gays. Nesse contato, os heterossexuais são levados a perceber suas próprias características reprimidas — sensibilidade e passividade — que, por não serem consideradas masculinas, indicariam fraqueza. A homofobia pode ser, então, um mecanismo de defesa psíquica, uma estratégia para evitar o reconhecimento de uma parte inaceitável de si. Dirigir a própria agressividade contra os homossexuais é um modo de exteriorizar o conflito e torná-lo suportável. E pode ter também uma função social: um heterossexual exprime seus preconceitos contra os gays para ganhar a aprovação dos outros e assim aumentar a confiança em si mesmo.

Cultura da sauna

O sociólogo inglês Anthony Giddens acredita que a sexualidade gay episódica semelhante à do tipo da cultura da sauna é o sexo libertado de sua antiga subserviência ao poder diferencial, e por isso expressa uma igualdade que está ausente na maioria dos envolvimentos heterossexuais, incluindo os transitórios. Por sua própria natureza, ela só permite o poder sob a forma da prática sexual. O único determinante é o gosto sexual. E este, para Giddens, certamente faz parte do prazer e da realização que a sexualidade episódica pode proporcionar, quando despojada de suas características compulsivas.[177]

Leis e atitudes começam a mudar

O Movimento Gay, surgido nos anos 1970, estava disposto a mostrar que a heterossexualidade não é a única forma de sexualidade normal, questionando o privilégio dos machos e, dessa forma, contribuindo bastante para a reflexão feminista. Nos Estados Unidos e em algumas cidades da Europa, as leis e atitudes face à homossexualidade são reavaliadas devido à crescente força desse movimento e às atitudes mais liberais quanto à sexualidade em geral.

A contribuição da pílula

Por conta das perseguições, a homossexualidade se tornou perigosa e clandestina. No século XIX, foi incorporada ao campo da medicina, passando a ser encarada pelos mais liberais como uma doença a ser tratada. Só na década de 1960 — com o surgimento dos anticoncepcionais — houve a dissociação entre ato sexual e reprodução. E a homossexualidade, representante máxima dessa dissociação, tornou-se mais aceita. A partir daí, a prática homo e a hétero se aproximam e o sexo pode visar exclusivamente o prazer. Os gays começaram a sair da clandestinidade.

Deixa a categoria de doença

Em 1973, a Associação Médica Americana retira a homossexualidade da categoria de doença. Mas nem isso é suficiente para acabar com o preconceito, pois a sociedade patriarcal impõe um ideal masculino a ser perseguido por todos os homens e insiste em identificar masculinidade com heterossexualidade. O resultado é que, apesar de toda a liberação dos costumes, os gays continuam sendo hostilizados por muita gente.

Terremotos e pestes

O imperador bizantino Justiniano (527 a.C.-65 a.C.) impôs a pena de morte para atos homossexuais. Ele acreditava que essa violação da natureza provocava a retaliação da mesma. "Por causa destes crimes ocorrem fomes coletivas, terremotos e pestes." Um teólogo, Guilherme de Auvergne, declarou no século XIII que a homossexualidade levava à lepra e à insanidade e que seus praticantes eram culpados de homicídio — desperdiçando seu sêmen improdutivamente — e de sodomia — depositando seu sêmen em recipiente impróprio.

Ninguém percebeu

O caso de impacto profundo envolvendo lésbicas aconteceu com Murray Hall, importante político do partido democrata. Durante as décadas de 1880 e 1890, Murray foi influente amigo de senadores, frequentador de festas e bares da moda, onde bebia uísque e fumava grandes charutos. Casado pela segunda vez, o segredo de Murray só foi descoberto quando ele morreu, vítima de câncer no seio. Um amigo comentou: "Se era mulher deveria ter nascido homem, porque parecia com um e viveu como tal."

Gay's studies

Surgem os *gay's studies*, um conjunto de trabalhos sobre a homossexualidade, sua história, sua natureza e sua sociologia. Na década de 1970, em várias partes do mundo assistiu-se ao surgimento de uma nova minoria que reivindicava sua legitimidade. Tendo cultura e estilo de vida próprio, ao se tornar visível causou impacto sobre toda a sociedade, por buscar a afirmação da homossexualidade como parte importante de sua vida e não mais como algo privado e escondido. A sexualidade se torna mais livre; ao mesmo tempo que gay é algo que se pode "ser" e "descobrir-se ser".

Condecoração x condenação

Nada melhor para ilustrar a homofobia e a hipocrisia da sociedade em que vivemos — na qual a maioria das pessoas defende os direitos humanos — do que a frase de Leonard Matlovich, soldado da Força Aérea Americana condecorado por sua atuação na Guerra do Vietnã e expulso da corporação em 1975 por homossexualidade:

"A Força Aérea me condecorou por matar dois homens no Vietnã e me expulsou por amar um."

Lésbicas de elite

A fechadíssima sociedade de Boston, berço da aristocracia americana, curiosamente foi pioneira na consolidação de relacionamentos homossexuais femininos. Algumas herdeiras ricas mantiveram longos casamentos entre si. O costume se tornou tão influente que as relações lésbicas estáveis passaram a se chamar "Casamento de Boston". Henry James, o célebre escritor, que se tornou espécie de cronista da elite cultural dos Estados Unidos, descreveu essas amizades estáveis em seu romance "Os bostonianos", de1885.

Heranças fabulosas: um complicador

O detalhe que complicou tudo é que as fabulosas heranças eram transferidas para as parceiras homossexuais. Foi o que bastou para que grupos conservadores e familiares das envolvidas levantassem a possibilidade do lesbianismo ser uma espécie de alienação mental. Uma forma de afastá-las do controle do dinheiro. O caso não rendeu mais do que notícias sensacionalistas, mas a ideia de que mulheres de elite pudessem viver com outras damas da melhor sociedade foi absorvida.

Casos se tornaram públicos

Vários casos de lésbicas bem situadas ou intelectualmente brilhantes vieram a público. Um deles, na Universidade de Cornell, situa bem a mentalidade machista do período. Tratava-se de uma bela jovem, que foi a uma festa da escola acompanhada de um rapaz elegante. Os dois aproveitaram a noite e tudo estaria bem se não houvesse a descoberta de que o rapaz era "ela". Uma outra estudante com roupa de homem. No dia seguinte a bela jovem que não se travestira foi expulsa da Universidade. Moral da história: a que fazia o papel de homem não sofreu castigo.

Primeira, segunda e terceira ofensa

Em 1260, a França iniciou a perseguição aos homossexuais ao estabelecer a pena de amputação dos testículos na primeira ofensa, do pênis na segunda e da morte na fogueira em caso de terceira reincidência.

Sêmen fora do recipiente adequado

No final do século XII, Alain de Lille em seu *Liber poenitentialis*, definiu o pecado contra a natureza como o despender do sêmen fora do recipiente apropriado, e condenou a masturbação, a relação oral ou anal e a bestialidade, estupro e adultério como incluídos nessa categoria. Seus sermões sobre pecados capitais classificam sodomia e homicídio como os dois crimes mais sérios. Caesarius de Heiterbach, acrescentou outras advertências sobre os perigos de desperdiçar o sêmen. Afirmou que os demônios colhiam sistematicamente o sêmen humano desperdiçado para moldá-lo na forma de corpos masculinos e femininos e os usavam nas aparições que faziam para atormentar e perseguir a humanidade.

Desde meninos

Na nossa sociedade, os meninos aprendem desde cedo que não devem ter qualquer tipo de contato físico com homens. As amizades masculinas são raras, se restringindo geralmente a encontros em grupo ou competições esportivas. O abraço entre dois homens é pouco frequente e o afeto é manifestado no máximo com aperto de mão ou tapinha nas costas.

"Desvio"

Se o século XVIII oprimiu a homossexualidade em nome da lei, no século XIX foi a ciência que tomou as rédeas da repressão. Havia de se encontrar a causa para o "desvio". Ela foi chamada de disfunção sexual. O que fora um pecado contra Deus, depois uma transgressão legal, passou a ser uma inadequação psicológica. Os novos doutores, produzidos pela burguesia, identificariam todos os comportamentos dentro de suas especialidades. Era preciso provar que a ciência não tinha nenhuma dúvida sobre o mundo e os homens.

Semelhança de ideias

Em 1824, Louis-René Villermé decretou a hereditariedade da homossexualidade. O médico Karoly Benkert foi quem cunhou o termo, em 1848. Ele escreveu: "Além do impulso sexual normal de homens e mulheres, a natureza, com seu poder soberano, dotou alguns indivíduos, ao nascer, de impulso homossexual, deixando-os assim numa dependência sexual que os torna física e psiquicamente incapazes de uma ereção normal. Esse impulso cria, antecipadamente, um claro horror ao sexo." Estamos no século XXI e, espantosamente, encontramos pessoas com a mentalidade igual à do século XIX.

Pai gay

O novo "relatório Kinsey" descreve o caso de um homem de 65 anos que ficou viúvo depois de 45 anos de um casamento feliz. Um ano após a morte da esposa, ele se apaixonou por um homem. Segundo seu relato, jamais havia sentido atração por outro homem ou fantasiado sobre atos homossexuais. Ele não esconde sua orientação sexual do momento e só se preocupa com o que vai dizer para os filhos. Para outros, contar para os filhos que é homossexual pode não representar grandes dificuldades.

Acusação de bruxaria

A partir do século XIV, a homossexualidade tornou-se uma parte cada vez mais importante das acusações de bruxaria. Havia uma pregação constante contra a sodomia. O mais notável dos pregadores foi São Bernadino de Siena. Franciscano, incentivado pelo governo, pregava para imensas multidões, esbravejando contra a prática da homossexualidade. Ele responsabilizava a indulgência dos pais, as modas provocativas, a negligência com a confissão e a comunhão, e os estudos clássicos, os quais exaltavam o erotismo, o paganismo e a pederastia. Para ele, os sodomitas deveriam ser afastados da sociedade: "Assim como o lixo é retirado das casas, de modo que não as infecte, os depravados devem ser afastados do comércio humano pela prisão ou pela morte. O pecado tem que ser destruído pelo fogo e extirpado da sociedade. Ao fogo!", esbravejava São Bernadino em sua assembleia. [178]

Descobrindo-se gay

Homens e mulheres são educados para se relacionar afetiva e sexualmente com o sexo oposto. Geralmente é na adolescência que a orientação afetivo-sexual começa a ser percebida. É comum o adolescente se sentir diferente, não compartilhar dos mesmos interesses do grupo de amigos, não entender bem o que se passa com ele, mas sofrer muito com isso. Mas é cada vez maior o número de homens que, já na adolescência, aceitam e vivem a homossexualidade como natural, não se deixando afetar pelos preconceitos sociais.

Sodomia

O termo homossexual era desconhecido na Idade Média. O termo usado era sodomia e embora utilizado para descrever as relações anais masculinas, também era aplicado à masturbação ou a qualquer prática sexual que não levasse à procriação.

Calamidades

Após a Idade Média pregadores populares e teólogos associavam a homossexualidade a uma sucessão de calamidades: "Por causa deste pecado detestável, o mundo foi uma vez destruído por um dilúvio universal, e as cinco cidades de Sodoma e Gomorra foram queimadas pelo fogo celestial, de modo que seus habitantes desceram vivos ao inferno. Igualmente por causa desse pecado — que suscita a vingança divina —, fomes coletivas, guerras, pestes, enchentes, traições de reinos e muitas outras calamidades acontecem com mais frequência, como atesta a Sagrada Escritura." [179]

Também no clero

Apesar de toda a punição, o clero foi acusado de praticar a homossexualidade. Havia muito mexerico sobre o que acontecia nos mosteiros. As autoridades temiam o contato sexual entre os monges e desencorajavam as relações de amizade mais íntimas entre eles. Regulamentos foram criados para reduzir os perigos de encontros noturnos. A regra do mestre, por exemplo, continha uma cláusula onde todos os monges deveriam dormir na mesma peça, com a cama do abade no centro e a regra de São Bento prescrevia que os monges deveriam dormir vestidos, com a luz do dormitório acesa a noite toda.[180]

BISSEXUALIDADE

All That Jazz

Ocorre um episódio divertido em *All That Jazz: O show deve continuar*, de Bob Fosse. A versão para a tela da autobiografia do diretor-coreógrafo foi filmada pouco antes do seu coração falhar. Fosse (Roy Scheider), enquanto está conversando com um belo Anjo da Morte (com aparência feminina), pede desculpas porque não consegue se ligar afetivamente em um nível profundo a uma mulher. Ele recorda com carinho como em certa época viveu harmoniosamente com duas mulheres. Certa manhã, acordou e percebeu que uma delas havia partido e deixado um bilhete sobre a escrivaninha: "Não posso mais dividir você. Quero você só para mim ou então nada. Por favor, tente compreender." O anjo pergunta se ele ficou triste por perdê-la. Fosse, um Casanova moderno, responde que não, que ficou lisonjeado por ela tê-lo levado tão a sério. E o anjo replica: "Tem certeza de que o bilhete era para você?"

Há trinta anos

Nunca se falou tanto em bissexualidade como dos anos 1990 para cá. A manchete de capa da revista americana *Newsweek* de julho de 1995 era: "Bissexualidade: nem homo nem hetero. Uma nova identidade sexual emerge" A atriz americana Jodie Foster teve seu desejo sexual por mulheres revelado num livro escrito por seu próprio irmão. Entrevistada pelos jornais, declarou: "Tive uma ótima educação, que nunca me fez diferenciar homens e mulheres."

Discussão antiga

Essa discussão existe desde a década de 1970. A *Newsweek* de 27 de maio de 1974 trouxe uma matéria em que a cantora Joan Baez declarava que um dos maiores amores de sua vida havia sido uma mulher e que, após quatro anos de relacionamentos exclusivamente lésbicos, estava namorando um homem.

Alvo de preconceitos

"O bissexual sofre muito preconceito. Já ouvi muitas vezes que não existe bissexual, mas homossexual que não quer se assumir. Isso não é verdade", afirma o psiquiatra e diretor do departamento de Sexualidade da Associação Paulista de Medicina Ronaldo Pamplona da Costa.[181]

Cena de sexo em grupo

Em pesquisa feita pelo americano Harry Harlow, mais de 50% das mulheres, numa cena de sexo em grupo, se engajaram em jogos íntimos com o mesmo sexo, contra apenas 1% dos homens. Entretanto, quando o anonimato é garantido a proporção de homens bissexuais aumenta a um nível quase idêntico.

Evidências de que a bissexualidade existe

Pesquisadores da Northwestern University, Illinois, Estados Unidos, encontraram evidências científicas de que alguns homens que se identificam como bissexuais são, de fato, sexualmente excitados por homens e mulheres. Para melhorar suas chances de encontrar homens estimulados por mulheres, assim como homens estimulados por homens, os pesquisadores recrutaram sujeitos de espaços on-line especificamente dedicados a promover encontros entre bissexuais.[182]

Estudo II

Outro estudo foi publicado, também em 2011, para relatar um padrão distinto de excitação sexual entre os homens bissexuais. Em março, um estudo na revista *Archives of Sexual Behavior* relatou os resultados de uma abordagem diferente para a questão. Como no estudo da Northwestern, os pesquisadores mostraram aos participantes vídeos eróticos de dois homens e duas mulheres. Os participantes foram também monitorados genitalmente, assim como sua excitação subjetiva. Os vídeos também incluíram cenas de relações sexuais entre homens, assim como entre uma mulher e outro homem.

Escala Kinsey

Seríamos todos bissexuais dependendo apenas da permissividade da cultura em que vivemos? O pesquisador americano Alfred Kinsey acredita que a homossexualidade e a heterossexualidade exclusivas representam extremos do amplo espectro da sexualidade humana. Para ele a fluidez dos desejos sexuais faz com que pelo menos metade das pessoas, sintam, em graus variados, desejo pelos dois sexos. Em 1948, ele desenvolveu a famosa escala Kinsey para medir a homo, a hetero e a bissexualidade. Entrevistando doze mil homens e oito mil mulheres, elaborou uma classificação da sexualidade de zero a seis:

0 → Exclusivamente heterossexual
1 → Predominantemente heterossexual, apenas incidentalmente homossexual
2 → Predominantemente heterossexual, mais do que eventualmente homossexual

3 → Igualmente heterossexual e homossexual
4 → Predominantemente homossexual, mais do que eventualmente heterossexual
5 → Predominantemente homossexual, apenas incidentalmente heterossexual
6 → Exclusivamente homossexual

Os prejuízos das crenças culturais

A respeitada antropóloga americana Margareth Mead, em 1975, declarou acreditar que já era hora de reconhecer a bissexualidade como uma forma normal de comportamento humano, mas que não vamos realmente retirar a carapaça de nossas crenças culturais sobre escolha sexual se não admitirmos a capacidade bem documentada (atestada no correr dos tempos) de o ser humano amar pessoas de ambos os sexos.

Namoro com meninas e meninos

Não são poucas as adolescentes que namoram jovens de ambos os sexos. A dificuldade de uma mãe aceitar que a filha se relacione com outra menina se deve, entre outras razões, à expectativa criada em relação ao seu comportamento. Desde pequenas as meninas são educadas para o casamento com o sexo oposto e para o papel materno. O mesmo conflito que surge na adolescência, quando percebem que seu desejo amoroso e sexual é dirigido para pessoas do seu próprio sexo, é vivido pelos pais, que reagem de variadas formas.

Hétero, homo ou bi

Tradicionalmente, sempre se acreditou que é melhor que as qualidades do sexo oposto permaneçam em segundo plano para que uma forte identidade de gênero seja estabelecida e preservada. As pessoas, em sua maioria, acreditam pertencer a uma das três categorias: heterossexuais, homossexuais ou bissexuais. Caso não se aceitem membros de uma categoria fixa, buscam modificações para se enquadrarem numa delas. A psicóloga americana June Singer diz: "Acredito que essas categorias sexuais, quando usadas como rótulos, fixam na mente uma ideia que não deveria ser fixa, mas extremamente fluida. Nós só estamos encapsulados numa categoria quando deixamos que isso aconteça conosco."[183]

Em cima do muro?

Os que transam com os dois sexos sempre foram acusados de indecisos, de estar em cima do muro, de não conseguir se definir. Muitos heterossexuais costumam ver a bissexualidade como um *estágio* e não como uma condição alcançada na vida. Há gays e lésbicas que desprezam os bissexuais acusando-os de insistir em manter os "privilégios heterossexuais" e de não ter coragem de se assumir. Não concordo com essas afirmações por me parecerem preconceituosas.

Equívocos comuns

Quando se fala sobre bissexualidade, observamos ser comum haver alguns equívocos: que ela significa atração simultânea por homens e mulheres; que ela significa atração igual por homens e mulheres; e que ela significa atividade sexual com homens e mulheres. Enquanto essas suposições podem ser verdadeiras para alguns bissexuais, para outros, não. Há bissexuais que se sentem atraídos por sexos diferentes em fases diferentes da vida; atraído de forma mais forte por um dos sexos; sexualmente ativo com apenas um, ou nenhum, sexo.[184]

Discussão na mídia

Dois psiquiatras com pontos de vista opostos foram chamados a comentar o assunto. "A bissexualidade é um desastre para a cultura e a sociedade", proclamou um, enquanto o outro, presidente eleito da Associação Psiquiátrica Americana, anunciou: "Está chegando o ponto em que a heterossexualidade pode ser vista como uma inibição." Na mesma semana a revista *Time* descreveu num artigo chamado "Os novos bissexuais" os triunfos e os fracassos dessa orientação sexual, indo das biografias de atrizes e escritores consagrados ao surgimento de romances, memórias e filmes bissexuais.

Antigas crenças

Marjorie Garber, professora da Universidade Harvard que elaborou um profundo estudo sobre o tema da bissexualidade, compara a afirmação de que os seres humanos são heterossexuais ou homossexuais às crenças de antigamente, como: o mundo é plano, o sol gira ao redor da terra. E pergunta: "Será que a bissexualidade é um 'terceiro tipo' de identidade sexual, entre a homossexualidade e a heterossexualidade — ou além dessas duas categorias?" Acreditando que a bissexualidade tem algo fundamental a nos ensinar sobre a natureza do erotismo humano, ela sugere que em vez de hétero, homo, auto, pan e bissexualidade, digamos simplesmente "sexualidade".[185]

ASSEXUALIDADE

Sem desejo sexual

Dados do Programa de Estudos da Sexualidade do Instituto de Psiquiatria do Hospital das Clínicas da Faculdade de Medicina da USP (ProSex-IPq) mostram que cerca de 7,7% das mulheres brasileiras e 2,5% dos homens, entre 18 e 80 anos, são assexuais. "Os assexuais são pessoas que não têm uma sexualidade orientada nem para hetero, nem para homo nem para a bissexualidade, não sentem atração sexual nenhuma e vivem muito bem assim, não sentem necessidade de fazer sexo"[186], define a psiquiatra Carmita Abdo, coordenadora do ProSex e presidente da Associação Brasileira de Psiquiatria.

É possível alguém se tornar assexual?

Para Carmita Abdo, apenas após intensos traumas emocionais, por disfunções que atingem o sistema nervoso ou por distúrbios hormonais — geralmente, uma combinação dos três elementos. A médica ainda explica que há dois fatores principais para que a assexualidade atinja mais mulheres que homens. A primeira é cultural, porque elas falam mais de sua sexualidade sem inibição. "Começa pela questão cultural porque o homem é, desde muito cedo, induzido a gostar, a se interessar, a praticar sexo e acaba, por vezes, nem se permitindo a avaliar se ele iria ou não começar naquele momento, praticar daquele jeito, é meio que automático na vida de um homem ter uma vida sexual"[187], diz a médica.

Sem problemas de saúde

Os assexuais não são considerados pessoas com problemas de saúde. "Não há disfunção se não há sofrimento", explica Carmita Abdo. Mas eles sofrem no dia a dia com a sua diferenciação. Nos depoimentos que estão nos sites especializados no tema, fica bem claro que desejam ter relacionamentos, mas sem sexo. O que não quer dizer que algumas vezes não se submetam ao ato sexual para agradar o outro(a). Não lhes causa nenhum mal físico praticar sexo, mas eles não sentem prazer.

Sem contato sexual

Uma pessoa assexual pode estabelecer relações afetivas com um parceiro ou parceira. Podem namorar ou até mesmo casar e viver sem contato sexual. A ginecologista obstetra e sexóloga Lorena Baldotto explica que num primeiro momento os assexuais podem imaginar que há algo errado, mas depois descobrir que não há nada anormal. "É importante ressaltar que os assexuais podem tranquilamente manter relacionamentos afetivos e até mesmo ter relações sexuais ou se masturbarem, porém em menor frequência. Parece complicado? De fato, explicando assim parece complicado, mas, quem acredita que essa é sua orientação sexual ou tem qualquer dúvida em relação a isso, deve procurar um profissional, como um terapeuta sexual para ajudar a identificar o quadro e assim a pessoa ficará mais confortável consigo mesmo"[188], sugeriu a médica.

Grupos de assexuais

Os assexuais, como preferem ser identificados, criaram inúmeras organizações e comunidades nas redes sociais. A maior e mais conhecida delas é a *Asexual Visibility and Education Network* (AVEN), (Rede de Visibilidade e Educação Assexual) fundada em 2001 por David Jay. Ele era um jovem, da universidade Wesleyan, que criou a comunidade on-line da assexualidade. No início de 2009, no Brasil, o pernambucano Júlio Neto também criou o site "Refúgio Assexual", que se transformou no primeiro espaço na web brasileira sobre assexualidade. Ali eles definem que assexual estrito é a pessoa que não tem interesse na prática sexual com outra pessoa.

Desacordo

Ainda se discute se a assexualidade pode ser considerada uma orientação sexual. Não é tão simples diferenciar a assexualidade da disfunção denominada "inibição do desejo sexual" ou do celibato e da abstenção de atividade sexual. "Entretanto, a maior parte dos argumentos contrários à assexualidade se dão tomando como base as pesquisas relacionadas à falta de atração sexual, que não é sinônimo de assexualidade, já que a falta de atração sexual possui várias causas possíveis. Já as pesquisas voltadas diretamente à área da assexualidade têm concluído que os assexuais não são portadores de patologias e de problemas psicológicos comumente atribuídos a outras pessoas que, por algum problema, não sentem ou deixaram de sentir atração sexual."[189]

PARTE XI

O MUNDO EM TRANSFORMAÇÃO...

Os movimentos dos anos 1960 mudaram tudo. Após duas guerras e uma devastação planetária, explodiu no Ocidente um desejo pela revolução cultural. Veio primeiro através da música, com os festivais de Woodstock e outros, depois com os movimentos hippie, feminista e gay, que ocorreram a partir do advento da pílula anticoncepcional. Preconceitos vieram abaixo e hoje, com a conexão das redes sociais vivemos um debate constante. Há luta contra os preconceitos de todos os tipos e observamos o crescimento das relações não monogâmicas.

A contracultura

Os movimentos de contracultura — Movimento Hippie, Movimento Feminista, Movimento Gay, Revolução Sexual, constituem o início de um modelo ocidental radicalmente diferente do passado. Eles alteraram as correlações de força na sociedade, desfizeram preconceitos, ridicularizaram falsos poderes e criaram novos paradigmas culturais que vieram para ficar, como o modo de se vestir, de fazer arte e de se relacionar.

Marionetes

Os valores de uma sociedade são na maioria das vezes tão imperiosos que determinam até os desejos. Não questioná-los é permitir sua influência autoritária. É abrir mão da autonomia e, impotentes, se deixar manipular como marionetes. Mas, no momento em que os modelos de amor, casamento e sexo se tornaram insatisfatórios, abriu-se espaço para novas experimentações no relacionamento afetivo-sexual. E é exatamente o que algumas pessoas já começaram a fazer.

Relações amorosas múltiplas e os filhos.

A mudança das mentalidades é lenta e gradual. Até os anos 1970 se imaginava que uma criança, filha de pais separados, teria problemas psicológicos sérios. Hoje, sabemos que isso não procede; a separação se tornou comum, e é vista com outros olhos. Se o poliamor vier a predominar, daqui a vinte, trinta ou quarenta anos, vai ser a mesma coisa. Além disso, uma criança para se desenvolver de forma saudável necessita ser amada, valorizada, respeitada. Independentemente da forma que os pais vivam suas relações amorosas.

Sem fantasias românticas

Acredito que as relações amorosas no futuro serão mais livres e, por isso mesmo, mais satisfatórias. Não alimentando fantasias românticas de fusão com outra pessoa, cada um tem a oportunidade de pretender se sentir inteiro, sem necessitar de outra pessoa para completá-lo. Aí então será possível descobrir as incontáveis possibilidades do amor e como ele pode se apresentar para cada pessoa em cada momento de diferentes maneiras. Amar e ser amado vai significar muito mais.

Vamos refletir!

A grande maioria das nossas escolhas não é livre. Elas estão condicionadas a tudo o que nos ensinaram desde que nascemos. Quando chegamos à idade adulta, não sabemos mais o que realmente desejamos e o que aprendemos a desejar. Por isso, é importante refletir para não ficarmos só repetindo o que ouvimos.

A busca pelo prazer

Você acha que as pessoas realmente procuram o prazer? Procuram as coisas boas, agradáveis, que fazem bem? Duvido muito. Quando numa palestra falo da importância de sempre se buscá-lo, muita gente protesta com ar de censura e a frase feita: "Mas a vida não é só prazer!" Para Freud, existem duas formas de o ser humano buscar a felicidade: visando evitar a dor e o desprazer ou experimentar fortes sensações de prazer. Numa cultura em que sofrimento é virtude, não é de se estranhar a falta de ousadia de se tentar viver de forma verdadeiramente prazerosa. A felicidade e a alegria são vistas como alienação, ao contrário da angústia existencial, que é respeitada.

Reaprendendo a amar

A filósofa francesa Elisabeth Badinter apresenta nosso triplo desafio: conciliar o amor por si próprio e o amor pelo outro; negociar nossos dois desejos — de simbiose e de liberdade —; adaptar, enfim, nossa dualidade à do nosso parceiro, tentando constantemente ajustar nossas evoluções recíprocas. O peso do indivíduo coloca o casal em xeque. A duração da relação passa a ser um ideal e não mais uma obrigação.

Transformação da intimidade

O sociólogo inglês Anthony Giddens chama de "transformação da intimidade" o fenômeno sem precedentes de milhares de homens e mulheres que, estimulados pelos amplos movimentos sociais atuais, estão tentando, consciente e deliberadamente, desaprender e reaprender a amar.

Mudanças na forma de pensar e viver

Estamos vivendo um processo de profunda mudança das mentalidades. Nem precisamos ir tão longe para comprovar isso. Nos anos 1950/1960 a virgindade era valor; uma moça que não a preservasse teria dificuldade em se casar. Viviam-se as separações de forma dramática. Mulher e os filhos sofriam discriminação a ponto de vários colégios não aceitarem filhos de pais separados. Não existe o ser humano natural; o comportamento é modelado pela cultura.

Libertação

A derrubada de práticas obscurantistas, como o tabu da virgindade, a discriminação de pessoas separadas, a justificação de crimes passionais em nome da honra e outras aberrações de comportamento do mesmo quilate, passaram a ser objetivo prioritário das novas gerações. Essas mudanças marcaram o século XX e, embora incompletas, abriram caminho para uma libertação mais ampla e saudável nas primeiras décadas do século XXI.

Sem sacrifício!

À medida em que se começa a desconfiar que a complementação através do outro não passa de uma ilusão, torna-se cada vez mais difícil fazer coisas contra a vontade, assim como diminui muito a disposição para sacrifícios visando manter uma relação. Hoje, ao contrário de outras épocas, é comum as pessoas terem vários interesses além dos amorosos e já encontramos quem acredite que se desenvolver como pessoa é mais importante do que ter alguém ao lado.

Sem autonomia e liberdade

O condicionamento cultural a que estamos submetidos impede a autonomia e a liberdade de escolha quando indica apenas um caminho para o amor. A crença de que uma relação amorosa estável e duradoura com uma só pessoa seja a única saída para o desamparo humano é limitadora e gera, em muitos casos, infelicidade.

Poliamor

No poliamor uma pessoa pode amar seu parceiro fixo e amar também as pessoas com quem tem relacionamentos extraconjugais ou até mesmo ter relacionamentos amorosos múltiplos em que há sentimento de amor recíproco entre todas as partes envolvidas. Os poliamoristas argumentam que não se trata de procurar novas relações pelo fato de ter essa possibilidade sempre em aberto, mas sim de viver naturalmente tendo essa liberdade em mente.

Descobrir o prazer

Saber descobrir e sentir prazer é um talento e uma arte que precisa ser cultivada. E não é tão simples. Os controles políticos, sociais e religiosos sobre o prazer continuam existindo em todas as partes do mundo. Certos prazeres são aceitos, alguns condenados, outros proibidos mesmo. Não é sem motivo. Controlar os prazeres das pessoas é o mesmo que controlar as pessoas.

Depois... não percebe mais nada

O psicoterapeuta e escritor José Ângela Gaiarsa considera que os sistemas sociais são extremamente coercitivos e restritivos. O que cada sociedade exclui como impróprio, perigoso, inadequado, pecaminoso é exagerado em relação às aptidões humanas que podem se desenvolver e à compreensão mais abrangente do mundo. Para Gaiarsa, de uma maneira geral, o processo de socialização consiste em ensinar às crianças a dizerem que elas estão vendo aquilo que os adultos dizem que estão vendo. As regras fundamentais da socialização levam o indivíduo a não sair da coletividade na qual e da qual ele existe — para não sair do contexto. Ele conclui que depois de cegado e emudecido se pode levá-lo para qualquer lugar que ele não percebe quase nada. Depois de automatizado, serve ao sistema. [190]

Geração Beat

Muitos jovens, no pós-guerra, nos Estados Unidos, se recusam a dar continuidade a um estilo de vida que achavam medíocre e superficial. Surge então a Geração Beat, jovens intelectuais que regados a jazz, drogas, sexo livre e pé na estrada fazem sua própria revolução cultural através da literatura. Eles são os precursores dos movimentos de contracultura dos anos 1960/1970.

Reformulações no casamento

O modelo de casamento que conhecemos dá sinais de que será radicalmente modificado. A insatisfação na vida a dois da grande maioria dos casais impulsiona as mudanças. Entretanto, acredito que um casamento pode vir a ser ótimo, mas para isso as pessoas precisam reformular as expectativas que alimentam a respeito da vida a dois. É fundamental que haja respeito total ao outro, ao seu jeito de ser e de pensar, às suas escolhas; liberdade de ir e vir, ter amigos em separado e programas independentes, e principalmente, não haver controle de qualquer aspecto da vida do parceiro. Caso contrário, as relações, com o tempo, se tornam profundamente insatisfatórias.

Amar pode ser diferente

O amor romântico, calcado na idealização do parceiro e que prega a ideia de que duas pessoas se completam, nada mais lhes faltando, ainda está presente nas novelas, mas na vida real seus dias estão contados. Aos poucos surge uma nova forma de amar, baseada na amizade e no companheirismo, na qual você vai se relacionar com o outro sem idealização. A cobrança de exclusividade sexual deve deixar de existir. Acredito que, daqui a algumas décadas, menos pessoas estarão dispostas a se fechar numa relação a dois e se tornará comum ter relações estáveis com várias pessoas ao mesmo tempo, escolhendo-as pelas afinidades.

Sede do novo

No passado, o que os amantes provavelmente mais temiam era a solidão. Embora muita gente continue ainda presa à ideia de que viver só é uma coisa triste, diminui progressivamente o esforço para se salvar uma união insatisfatória. O aprisionamento numa relação estática tornou-se preocupante. "A sede de novas experiências, do desconhecido, do novo, é maior do que nunca. Assim, unir dois exilados para formar uma família segura e autossuficiente deixou de ser satisfatório. A tentação moderna é por uma criatividade mais ampla. O fascínio pelo novo é tal e qual o jogo, um passo para a criatividade."[191] Na mesma medida, aumenta o número dos que aceitam o risco de viver sem parceiro fixo, recusando-se a uma vida a dois.

Anos 1960: início de profunda mudança

Após a Segunda Guerra Mundial, com a destruição de Hiroshima e Nagasaki, a ameaça da bomba atômica paira na cabeça dos jovens. Com o sentimento de insatisfação que isso provoca, eles começam a questionar os valores de seus pais. O rock 'n' roll libera a juventude do conformismo.

Hair

O musical *Hair* é um dos ícones da cultura hippie. O espetáculo conta, através de seu painel musical, a história de uma tribo de hippies de Nova York que vê um de seus integrantes ser convocado pelo exército para a Guerra do Vietnã. *Hair* teve sua primeira estreia na Broadway em 1967, reflexo da explosão do movimento hippie nas grandes cidades, e foi responsável por uma revolução do comportamento cujo impacto se observa até hoje.

O período em que o sexo foi livre

Para os jovens dos anos 1960, a geração "sexo, drogas e rock' n' roll", e *make love, not war,* o sexo vinha indiscutivelmente em primeiro lugar. Ele foi o traço de comportamento que caracterizou o Flower Power dos hippies. O slogan contra a guerra foi usado nos protestos pelo fim do conflito no Vietnã. John Lennon e Yoko Ono foram entrevistados nus na cama, buscando uma chance à paz. Durante vinte anos, entre 1960 e 1980, houve mais celebração ao sexo do que em qualquer outro período da história; já reinava a pílula anticoncepcional e ainda não havia o HIV.

O amor romântico está saindo de cena

O amor romântico, pelo qual a maioria de homens e mulheres do Ocidente tanto anseiam, prega a ideia de que os dois se transformarão num só. Entretanto, a busca da individualidade caracteriza a época em que vivemos; nunca homens e mulheres se aventuraram com tanta coragem em busca de novas descobertas, só que, desta vez, para dentro de si mesmos. Esse tipo de amor propõe o oposto à individualidade, ou seja, a fusão de duas pessoas, o que começa a deixar de ser atraente, porque vai no caminho inverso aos anseios contemporâneos. O amor romântico começa a sair de cena levando com ele a sua principal característica: a exigência de exclusividade. Sem a ideia de encontrar alguém que lhe complete, abre-se um espaço para novas formas de relacionamento amoroso, com a possibilidade de se amar e de se relacionar sexualmente com mais de uma pessoa ao mesmo tempo.

Relato de um amor a três

Barbara, Michael e Letha já estavam vivendo juntos havia vinte anos quando Bárbara faz o seguinte relato: "Quando Arno Karlen, um psicanalista que vive próximo de nós em Greenwich Village, decidiu escrever *Threesomes*, um estudo dos ménages contemporâneos, percebeu que os sexólogos não tinham ideia de como lidar com o fenômeno. As audiências dos programas de entrevistas foram céleres em decidir: insultaram as tríades duradouras que Karlen levou como convidados. Conosco tem acontecido coisas similares. Até mesmo conhecidos casuais podem fazer perguntas íntimas e embaraçosas, como quem dorme com quem e quem paga as contas. Como é típico, uma mulher em uma festa, que estava obviamente interessada em Michael, insinuou a Letha que ela deveria procurar outra pessoa para amar e que seu papel com terceira era imoral e antinatural. Enquanto isso, um rapaz pendurou-se em Bárbara, imaginando que ela devia fazer jogo aberto. Todos esperam ciúme e violência entre uma tríade, e ficam chocados ao descobrir que o nosso ménage já dura tanto tempo."[192]

O Festival de Woodstock

No fim de semana de 15 a 17 de agosto de 1969, quinhentos mil jovens se reuniram em Woodstock, Nova York, para o Woodstock Music & Art Festival. Dia e noite, sob sol ou chuva, a música rolou quase sem parar. O festival superou todas as expectativas e se revelou um fenômeno. Calcula-se que um milhão de pessoas não tiveram como chegar ao local. A área foi considerada de calamidade pública, pela falta de condições para abrigar tanta gente. A expectativa dos organizadores era de cinquenta mil pessoas. O evento acarretou num dos piores engarrafamentos em Nova York, mas foram três noites e três dias sem nenhuma violência. Afinal, o lema era "paz e amor".

Jimi Hendrix

O lema era três dias de paz e amor, próprio da contracultura e continha o sentimento antiguerra, o conceito da Era de Aquarius. No amanhecer de segunda-feira, dia 18 de agosto, Jimi Hendrix subiu ao palco, brindando aqueles que ainda não tinham ido embora do local, com sua interpretação do hino nacional dos Estados Unidos, "The Star Spangled Banner", arrancando de sua guitarra explosões de bombas, granadas, rajadas de metralhadoras e roncos de helicópteros, numa clara alusão à guerra do Vietnã. Woodstock foi, sem dúvida, uma cerimônia de consagração da contracultura.

Alegrias e desafios de uma tríade

Leonie Linssen e Stephan Wik acreditam que no relacionamento monogâmico, o nível de intimidade pode levar a tipos de interação certo/errado, será/não será, ter/não ter. Mesmo com as melhores intenções pode ser difícil não cair nesses padrões, que muitas vezes podem levar a rigidez e a falhas na comunicação, pois defendemos posições fixas. "A tríade oferece uma dinâmica completamente diferente. Por exemplo, durante uma interação interpessoal difícil, um terceiro parceiro pode atuar como observador amoroso. O terceiro, como testemunha, pode ajudar os parceiros que estão interagindo a tomar consciência de suas ações e reações. Essa autoconsciência pode produzir interações mais flexíveis, abertas e receptivas.

Quando não procuramos mais ter intimidade com apenas uma pessoa pode nos ajudar a relaxar e a simplesmente nos deixarmos amar. Podemos nos sentir mais reconhecidos e valorizados e a nossa própria energia vital pode fluir mais livremente e beneficiar a todos os que estão envolvidos conosco."[193]

Não aos modelos!

As pessoas sempre tiveram que se enquadrar em modelos para serem aceitas socialmente. O problema dos modelos é que todos se tornam parecidos, as singularidades desaparecem. A grande vantagem do momento em que vivemos é cada um poder escolher a sua forma de viver. Se alguém quiser ficar casado durante quarenta anos e só fazer sexo com o parceiro(a), pode. E ter três parceiros estáveis ao mesmo tempo, também pode. Viver sem parceiro fixo é uma opção. Essa liberdade era impensável há algumas décadas.

Relações livres

Os autores do livro "Relações Livres — Uma introdução" dizem haver uma autonomia plena entre eles para se relacionar afetiva e sexualmente com outras pessoas. "O mote é amar e permanecer livre. Livre para o flerte, a 'ficada' de uma noite, as paixões, o sexo casual, experiências maravilhosas. Sem excluir as relações amorosas, de longa duração. Cada relação permite uma experiência, todas enriquecedoras da condição humana." Para eles, a monogamia nos faz desenvolver uma dependência do outro focada na aposta que aquela é "a" pessoa. Geralmente, o amor romântico pressupõe um nível de anulação da identidade pessoal muito alto, em benefício da identidade de casal. "Quando a relação acaba, a gente já nem lembra direito quem é. Às vezes, nem sabe por onde andam as velhas amizades. Não se perde só a relação, perde-se também uma parte da identidade. Já relações livres pressupõem cultivo da autonomia, em vez de buscar a fusão do casal."[194]

"Fico feliz por saber que você está sendo amada(o) por outra pessoa"

Você já se imaginou ficando feliz ao saber que seu parceiro ou parceira, que você ama, está bem contente por se relacionar com outra pessoa? Isso tem um nome: compersão. Há quem acredite ser impossível ter esse sentimento. "A compersão é algo que pode acontecer não só em relações livres, mas em quaisquer outras relações nas quais se procura superar a possessividade. É o sentimento oposto ao ciúme. É quando a gente fica feliz em saber que a pessoa que a gente ama está curtindo se relacionar com outra — seja algo casual, seja uma relação amorosa profunda. Quando começa a desmoronar a falsa percepção de que a outra pessoa nos pertence, torna-se possível vivenciar esse sentimento. (...) Compersão não é um destino nem uma necessidade. É uma perspectiva boa no horizonte. Um sentimento agradável que pode ocorrer. Não garante nada. Mas é sempre um bom indício no caminho rumo a relações cada vez mais livres."[195]

Medos e inseguranças

As pessoas sofrem demais com seus desejos, medos, culpas, frustrações. A maioria repete o que aprendeu, sem questionar. Através da reflexão podemos nos livrar de crenças e valores que tanto limitam nossa vida. A questão é que mesmo se frustrando no amor e no sexo, muitos temem o novo. Não ter modelos para se apoiar gera insegurança, o desconhecido apavora. Então, se agarram aos modelos tradicionais de comportamento apesar de todo o sofrimento que isso provoca. Para se viver bem é preciso ter coragem.

As diversas faces do amor

A psicóloga Noely Moraes acredita que o amor tem diversas faces, assim como nós. Não temos uma única dimensão, nossa identidade é bem mais complexa do que um produto unificado e acabado. "Temos necessidades variadas e contraditórias que às vezes se expressam em diferentes envolvimentos com diferentes pessoas, sem se esgotar numa única forma. Há relacionamentos amorosos baseados no compromisso e em projetos comuns (casamento), outros com ênfase no aspecto erótico, outros em afinidades intelectuais ou outras, alguns sobrevivem às distâncias e ao tempo, outros exigem proximidade, e assim por diante".[196]

Quem são os menos inteligentes?

Pesquisa realizada na Universidade de Ontário, Canadá, e publicada na revista *Psychological Science*, revelou que pessoas menos inteligentes são mais conservadoras, preconceituosas e racistas.

Amar duas pessoas ao mesmo tempo

É possível amar mais de uma pessoa ao mesmo tempo? Acredito que sim. Não só filhos, irmãos e amigos, mas também aqueles com quem mantemos relacionamentos afetivo-sexuais. E podemos amar com a mesma intensidade, do mesmo jeito ou diferente. Acontece o tempo todo, mas ninguém gosta de admitir. Há a cobrança de rapidamente se fazer uma escolha, descartar uma pessoa em favor da outra, embora essa atitude costume vir acompanhada de muitas dúvidas e conflitos.

Dúvidas e mais dúvidas...

Para quem está vivendo a situação, surgem muitas dúvidas a respeito dos próprios sentimentos, na mesma medida em que o sofrimento é grande para quem descobre que o parceiro(a) está amando outro alguém. Ao fazer com que todos acreditem ser impossível amar duas pessoas ao mesmo tempo, o nosso modelo de amor torna inquestionável a conclusão: "Se amo uma pessoa, não posso amar outra" e "se ele ama outra pessoa é porque não me ama".

Amor a três

O jornal americano *Chronicle* saudou com hostilidade uma reapresentação na televisão do filme de 1982 *Amantes de verão*, com Daryl Hannah, Peter Gallagher e Valerie Quennessen, dirigido por Randal Kleiser. O filme, rodado nas ilhas gregas, começa mostrando uma típica mistura de jovens turistas em busca de diversão. Um jovem casal americano vai a Santorini em sua primeira viagem juntos. Lá, o rapaz conhece uma arqueóloga francesa por quem se apaixona. Dividido no amor, reluta para não perder a namorada e a convence, com a ajuda da arqueóloga, de que poderão viver a três. O triângulo amoroso se forma. Quando uma das mulheres sai de cena, o casal se sente frustrado e resolve voltar para os Estados Unidos. Mas a francesa vai ao encontro dos dois no aeroporto e os três, abraçados, retornam juntos para a casa em que viviam na ilha. Isso aconteceu há quase quarenta anos. Mas já é um sinal claro da mudança das mentalidades que está em curso.

Transformações no amor

Estamos vivendo um momento de transição, em que os antigos valores estão sendo questionados, mas novas formas de viver e pensar ainda geram insegurança. Há os que sofrem por se sentir impotentes para fazer escolhas livres, mas o fim de muitos tabus a respeito do amor e do sexo é só uma questão de tempo.

Coparentalidade

Agora, homens e mulheres podem buscar o pai ou mãe de seu futuro filho por meio da internet, sem que isso implique numa relação amorosa ou mesmo em convivência entre eles. Os interessados nesse novo modelo de família se manifestam, mencionam suas características e a troca de mensagens se inicia. Para os possíveis pretendentes à coparentalidade, são levadas em consideração questões como características físicas, nível de escolaridade, distância geográfica e até opiniões políticas. Os métodos utilizados por quem busca a coparentalidade são inseminação caseira, inseminação artificial, fertilização in vitro, relação sexual ou adoção. A partir do nascimento, pai e mãe dividem os gastos com a criança, além da educação e dos cuidados com ela.

Múltiplos parceiros

A psicóloga americana Deborah Anapol diz que nossa cultura coloca tanta ênfase na monogamia de modo que poucas pessoas se dão conta de que podem decidir sobre quantos parceiros amorosos/sexuais desejam ter. Ainda mais difícil de aceitar é a ideia de que uma relação de múltiplos parceiros possa ser estável, responsável, consensual, enriquecedora e duradoura.[197]

O maior desafio vivido pelos casais

Atendo no consultório há 46 anos em terapia individual e de casal. De aproximadamente cinco anos para cá passei a receber casais trazendo novos conflitos, que ocorrem porque uma das partes propõe a abertura da relação — partir para uma relação não monogâmica —, relações livres, poliamor, amor a três e a outra parte se desespera com essa possibilidade e se sente desrespeitada, não amada. Muitos vivem grandes conflitos nesse período de transição entre antigos e novos valores.

NOTAS

PARTE I — O INÍCIO...

1. Simonnet, Dominique. *A mais bela história do amor*. Rio de Janeiro: Difel, 2003, p.15.
2. Eisler, Riane. *O prazer sagrado*. Rio de Janeiro: Rocco, 1995.
3. Ibidem.

PARTE II — HOMENS & MULHERES

4. Hunt, Morton M. *Historia natural do amor*. São Paulo: Ibrasa, 1963.
5. Telegraph Men. "A crisis of Masculinity: Men are struggling to cope with life". *The Telegraph*, 19 nov. 2014. Disponível em: <http://www.telegraph.co.uk/men/thinking-man/11238596/A-crisis-of-­-masculinity-men-are-struggling-to-cope-with-life.html>.Acesso em: 20 ago. 2020.
6. Eisler, R., op.cit.
7. Badinter, Elisabeth. *XY — Sobre a identidade masculina*. Rio de Janeiro: Nova Fronteira, 1993, p.134.

8. Coltrane, Scott. *Family man: Fatherhood, Housework and Gender Equity*. Oxford: Oxford University Press, 1997.
9. Giddens, Anthony. *A transformação da intimidade*. São Paulo: Editora Unesp, 1992.
10. Bassanezi, Carla. *Virando as páginas, revendo as mulheres*. Rio de Janeiro: Civilização Brasileira, 1996.
11. Ibidem.
12. Kreps, Bonnie. *Paixões eternas, ilusões passageiras*. São Paulo: Saraiva, 1992.
13. Eisler, R., op.cit.
14. Kreps, B., op.cit.
15. Murstein, Bernard I. *Amor, sexo e casamento através dos tempos*. Rio de Janeiro: Artenova, 1976, Tomo II, p. 69.
16. Tannahill, Reay. *O sexo na história*. Rio de Janeiro: Francisco Alves, 1983, p.104.
17. Hunt, M., op.cit.
18. Ibidem, p. 362.
19. Barstow, Anne Llewellyn. *Chacina de feiticeiras*. Rio de Janeiro: José Olympio, 1994.
20. Eisler, R., op.cit., p. 348.
21. Kreps, B., op.cit.
22. Maíra Kubik em comunicação pessoal à autora.
23. Bruckner, Pascal. *Fracassou o casamento por amor?* Rio de Janeiro: Difel, 2013.

PARTE III — SEDUÇÃO E CONQUISTA

24. Fisher, Helen. *Anatomia do amor*. São Paulo: Eureka, 1995.
25. Ibidem.
26. Fontenele, Marcelo. "O cheiro da sedução! Comer alho deixa os homens mais atraentes". *Cidade Verde*, 2015. Disponível em: <https://cidadeverde.com/vida/73062/o-cheiro-da-seducao-comer-alho-deixa-os-homens-mais-atraentes>. Acesso em: 20 ago. 2020.

PARTE IV — A PAIXÃO

27. Kreps, B., op.cit.
28. Giddens, A., op.cit.
29. Perel, Esther. *Sexo no cativeiro*. Rio de Janeiro: Objetiva, 2007, p. 30.
30. Idem.
31. Bruckner, P., op.cit., p. 68.
32. Rougemont, Denis de. *O amor e o Ocidente*. Rio de Janeiro: Guanabara, 1988.
33. Giddens, A., op.cit.
34. Badinter, Elisabeth. *Um é o outro*. Rio de Janeiro: Nova Fronteira, 1986.

PARTE V — O AMOR

35. Bataille, Georges. *O erotismo*. Lisboa: Antígona, 1988, p.16.
36. Perel, E., op.cit., p. 43.
37. Solomon, Robert. *O Amor: Reinventando o romance em nossos dias*. São Paulo: Saraiva, 1992.
38. Freire, Roberto. *Ame e dê vexame*. São Paulo: Sol e Chuva, 1987, p. 28.
39. Salomé, Jacques. *Casamento e solidão*. Petrópolis: Vozes, 1995, p. 40.

PARTE VI — O AMOR ROMÂNTICO

40. Johnson, Robert. *We: A chave da psicologia do amor romântico*. São Paulo: Mercuryo, 1987.
41. Kreps, B., op.cit.
42. Theodore Zeldin em comunicação pessoal à autora.
43. Solomon, R. op.cit., p. 93.
44. Ibidem, p. 94.
45. Peck, Scott M. *O caminho menos percorrido*. Portugal: Sinais de Fogo, 1999, p. 98.

46. Idem.
47. Kreps, B., op.cit.
48. Ibidem.
49. Ibidem.
50. Zeldin, T., op.cit.

PARTE VII — VIDA A DOIS

51. Rossella, Simone. *D La Repubblica delle donne.*
52. Fisher, H., op.cit., p. 47.
53. Salomé, J., op.cit., p.18.
54. Zeldin, Theodore. *Conversação.* Rio de Janeiro: Record, 1998, p. 45.
55. Simonnet, Dominique. *A mais bela história do amor.* Rio de Janeiro: Difel, 2003, p.128.
56. Willi, Jürg. *Psicología del amor: El crecimiento personal en la relación de pareja.* Barcelona: Herder Editorial, 2004.
57. Carotenuto, Aldo. *Eros e Pathos.* São Paulo: Paulus, 1994.
58. Comunicação pessoal do psicoterapeuta e escritor José Ângelo Gaiarsa à autora.
59. Miller, Michael Vincent. *Terrorismo íntimo.* Rio de Janeiro: Francisco Alves, 1995, p.116.
60. Carotenuto, Aldo. op.cit., 1994.
61. Pasini, Willy. *Intimidade.* Rio de Janeiro: Rocco, 1996, p.43.
62. Idem
63. Carotenuto, Aldo. op.cit.,1994.
64. Perel, E., op.cit., p. 62.
65. Giddens, Anthony., op.cit., p. 141.
66. Perel, E., op.cit.
67. Miller, Michael Vincent. op.cit.
68. Badinter, Elisabeth. op.cit., 1986.
69. Perel, E., op.cit.
70. Kipnis, Laura. *Contra o amor.* Rio de Janeiro: Record, 2005, p. 28.
71. José Ângelo Gaiarsa em comunicação pessoal à autora.

72. Programa *Fantástico*, TV Globo, 07/04/1996.
73. Marina Colasanti em comunicação pessoal à autora.
74. Bassanezi, C., op.cit.
75. Badinter, E., op.cit., 1986, p. 278.
76. Reich, W. *Casamento indissolúvel ou relação sexual duradoura?*, São Paulo: Martins Fontes, 1972, p. 30.
77. Ibidem, p. 33.
78. José Ângelo Gaiarsa, comunicação pessoal à autora.
79. Rougemont, D., op.cit., p.195.
80. Murstein, tomo II, p. 73.
81. Kipnis, L., op.cit., p. 68.
82. Perel, E., op.cit.,p. 32.
83. Peck, S., op.cit., p. 106.
84. Carotenuto, A., op.cit., p. 64.
85. Pasini, W., op.cit., p.15
86. Perel, E., op.cit., p. 29
87. Luiz Alfredo Garcia-Roza em comunicação pessoal à autora.
88. Buss, David M. *A paixão perigosa*. Rio de Janeiro: Objetiva, 2000, p. 19.
89. Lemos, Paulo. *Educação afetiva*. São Paulo: Lemos Editorial, 1995, p. 52.
90. Zeldin, Theodore. *Uma história íntima da humanidade*. Rio de Janeiro: Record, 1996.
91. *Annals of Behavioral Medicine*, Oxford Academic.
92. José Ângelo Gaiarsa em comunicação pessoal à autora.
93. Zeldin, T., op.cit., 1998, p. 31.
94. Miller, M. V., op.cit., p.54.
95. Zeldin, T., op.cit., 1998.
96. Fisher, H., op.cit., p. 104.
97. Kinsey, A.C., *Sexual Behavior in the Human Female*. Filadélfia: W.B. Saunders, 1953, p. 410.
98. Posadas, Carmen. *Um veneno chamado amor*. Rio de Janeiro: Objetiva, 1999, p. 137.
99. Kinsey, A.C., *op.cit.*, p. 409.

100. Gaiarsa, J.A., *Sexo, Reich e eu*. São Paulo: Editora Ágora, 1985, p. 167.
101. Fisher, H., op.cit. p. 86.
102. Kipnis, L., op.cit., p.148.
103. Época. "Ter um caso faz bem ao casamento". Disponível em: <http://revistaepoca.globo.com/ideias/noticia/2012/10/catherine-hakim-ter-um-caso-faz-bem-ao-casamento.html> Acesso em: 20 ago. 2020.
104. Regueira Leal, Paula. "Província Indonésia proíbe contratação de secretárias bonitas". UOL Notícias, 2013. Disponível em: <https://noticias.uol.com.br/ultimas-noticias/efe/2013/08/09/provincia-indonesia-proibe-contratacao-de-secretarias-bonitas.htm>. Acesso em: 29 jul. 2020.
105. Garber, Marjorie. *Vice-Versa: Bissexualidade e o erotismo na vida cotidiana*. Rio de Janeiro: Record, 1997, p.475.
106. Phillips, Adam. *Monogamia*. São Paulo: Companhia das Letras, 1997, p.2.
107. Werber, Cassie. "The Idea of Monogamy as a Relationship is Based on Flawed Science". 2017. Disponível em: <https://qz.com/938084/the-idea-of-monogamy-as-a-relationship-ideal-is-based-on-flawed-science/?utm_source=parBBC>. Acesso em: 20 ago. 2020
108. Idem.
109. Idem.
110. Reich, op.cit., p. 23.
111. Bozon, Michel. *Sociologia da sexualidade*. Rio de Janeiro: FGV Editora, 2002, p. 57.
112. Moraes, Noely Montes. *É possível amar duas pessoas ao mesmo tempo?*, São Paulo: Musa, 2005.
113. Ibidem.
114. Freire, Roberto. *Sem tesão não há solução*. Rio de Janeiro: Guanabara, 1987, p.135.
115. No dia 30 de junho de 2011, a revista de domingo do *New York Times* publicou uma matéria de capa intitulada "A infidelidade que nos mantêm juntos".
116. Perel, E., op.cit., p.183.
117. Lemos, P., op.cit.

118. Perel, E., op.cit., p. 195.
119. Badinter, E., op.cit., p. 278.
120. Salomé, J., op.cit., p. 41.
121. Bozon, M., op.cit, p. 57.
122. Perel, E., op.cit.
123. Perel, E., op.cit., p. 46.
124. Perel, E. op.cit., p. 124.
125. Russel, Bertrand. *O casamento e a moral*, São Paulo: Companhia Editora Nacional, 1955, p.107.
126. Perel, E., op.cit.
127. Ibidem, p. 15.
128. Hirigoyen, Marie-France. *A violência no casal*. Rio de Janeiro: Bertrand Brasil, 2005.
129. Ibidem.
130. Ibidem.
131. Buss, D. M., op.cit., p. 140.
132. Hirigoyen, M., op.cit., p. 45.
133. Idem.
134. Buss, David M., op.cit., p. 95.
135. Hirigoyen, M., op.cit., p. 14.
136. Buss, David M., op.cit., p. 140.
137. Idem.
138. Ibidem, p. 138.
139. Hirigoyen, M., op.cit.
140. Fisher, H., op.cit.
141. Miller, M. V., op.cit., p. 161.
142. Renata Nicodemos em comunicação pessoal à autora.
143. Fisher, H., op.cit.
144. Porchat, Ieda,. *Amor, casamento e separação: A falência de um mito*. São Paulo: Brasiliense, 1992, p.98.
145. Linssen, Leonie; Wik, Stephan. *Amor sem barreiras*. São Paulo: Pensamento, 2012, p.196.
146. Reich, op.cit., p.27.
147. Bruckner, P., op.cit., p.20.

148. BBC News Brasil, "O que é o 'divórcio instantâneo via WhatsApp' na Índia, que poderá ser punido com cadeia". 2017. Disponível em: <http://www.bbc.com/portuguese/internacional-42204781>. Acesso em: 20 ago. 2020.
149. Bruckner, P., op.cit., p. 90.
150. Porchat, I., op.cit., p. 132.
151. Bruckner, P., op.cit., p. 62
152. Giusti, Edoardo. *A arte de separar-se*. Rio de Janeiro: Nova Fronteira, 1987, p. 36.
153. Roberto Freire em comunicação pessoal à autora.
154. Zeldin, T., op.cit., p. 35.

PARTE VIII — É POSSÍVEL VIVER BEM SEM UM PAR AMOROSO?

155. Freire, R., op.cit., p.41.
156. Badinter, E., op.cit.

PARTE IX — QUESTÕES DE GÊNERO

157. Prost, Antoine (org.) ; Ariès, P. e Duby, G. (direção), *História da vida privada vol. 5: Da Primeira Guerra a nossos dias*. São Paulo: Companhia das Letras, 1992, p.138.
158. Alberoni, Francesco. *O Erotismo*. Rio de Janeiro: Rocco, 1993.
159. CBS News. "No 'him' or 'her'; Preschool fights gender bias", 2011. Disponível em: <https://www.cbsnews.com/news/no-him-or-her-preschool-fights-gender-bias/>. Acesso em: 29 jul. 2020.
160. Graeff, Lucas. "Curso de Antropologia Cultural — Identidade e gênero", YouTube, 2017. Disponível em: <https://www.youtube.com/watch?v=hn2Jc82tKT4>. Acesso em: 29 jul. 2020.
161. Guillebaud, Jean-Claude. *A vida viva: Contra as novas dominações*. Rio de Janeiro: Bertrand Brasil, 2011, p.11.
162. Dudu Bertholini em comunicação pessoal à autora

163. Guillebaud, J., op.cit., p. 34.
164. Maíra Kubik em comunicação pessoal à autora.

PARTE X — ORIENTAÇÃO SEXUAL

165. Ambrosino, Brandon. "Como foi criada a heterossexualidade como a conhecemos hoje". BBC News, 2017. Disponível em: <https://www.bbc.com/portuguese/vert-fut-40093671>. Acesso em: 29 jul. 2020.
166. Francisco, Cleo. "'Heterossexualidade não é natural, é compulsória', diz sociólogo". UOL, 15 de abril de 2013. Disponível em: <https://www.uol.com.br/universa/noticias/redacao/2013/04/15/heterossexualidade-nao-e-natural-e-compulsoria-diz-sociologo.htm?cpVersion=instant-article>. Acesso em 25 ago. 2020.
167. Ambrosino, B., op cit.
168. Idem.
169. Idem.
170. Schelsinger Jr., Arthur. "The crisis of American Masculinity". Esquire Classic, 1958. Disponível em: <https://classic.esquire.com/article/1958/11/1/the-crisis-of-american-masculinity>. Acesso em 29 jul. 2020.
171. Giddens, Anthony. *A transformação da intimidade*. São Paulo: Editora Unesp, São Paulo, 1992, p. 23.
172. Giddens, A., op.cit.
173. Prost, Antoine (org.) ; Ariès, P. e Duby, G. (direção), op. cit.,, p. 368.
174. Caparica, Marcio. "Príncipe gay da Índia transforma palácio em abrigo para LGBTs sem-teto". Lado Bi, 2018. Disponível em: <https://www.ladobi.com.br/2018/01/principe-gay-manvendra-singh-gohil/>. Acesso em 29 jul. 2020.
175. Giddens, A., op.cit., p. 23.
176. Consultoria de engajamento Santo Caos.
177. Giddens, A., op.cit.

178. Richards, Jefffrey. *Sexo desvio e danação: As minorias na Idade Média.* Rio de Janeiro: Jorge Zahar Editor, 1993, p. 150.
179. Ibidem, p. 139.
180. Ibidem.
181. Francisco, Cléo. "'Heterossexualidade não é natural, é compulsória', diz sociólogo". Universa UOL, 2013. Disponível em: <https://www.uol.com.br/universa/noticias/redacao/2013/04/15/heterossexualidade-nao-e-natural-e-compulsoria-diz-sociologo.htm?cpVersion=instant-article>. Acesso em: 29 jul. 2020.
182. Jornal *O Globo.* "Estudo mostra que o desejo bissexual existe", 2011. Disponível em: <https://oglobo.globo.com/sociedade/saude/estudo-mostra-que-desejo-bissexual-existe-2686906>. Acesso em: 29 jul. 2020.
183. Singer, June. *Androginia.* São Paulo: Cultrix, 1990, p. 36.
184. Garber, M., op.cit.
185. Ibidem, p. 27
186. Freitas, Hyndara. "Assexualidade: pouco discutida, mais comum do que se imagina". *O Estado de S.Paulo,* 2017. Disponível em: <https://emais.estadao.com.br/noticias/comportamento,assexualidade-pouco-discutida-mais-comum-do-que-se-imagina,70002028481>. Acesso em: 29 jul. 2020.
187. Agnez, Larissa. "Já ouviu falar de pessoas assexuais? Condição afeta até 3% dos homens e 8% das mulheres". Folha Vitória, 2019. Disponível em: <https://www.folhavitoria.com.br/saude/noticia/08/2019/ja-ouviu-falar-de-pessoas-assexuais-condicao-afeta-ate-3-dos-homens-e-8-das-mulheres>. Acesso em: 29 jul. 2020.
188. Wikipédia. "Assexualidade". Disponível em: <https://pt.wikipedia.org/wiki/Assexualidade>. Acesso em: 29 jul. 2020.

PARTE XI — O MUNDO EM TRANSFORMAÇÃO...

189. José Ângelo Gaiarsa em comunicação pessoal à autora.
190. Zeldin, T., op.cit., p. 80.

191. Foster, Barbara; Foster, Michael e Hadady, Letha, *Amor a três*, Rio de Janeiro: Editora Rosa dos Tempos, 1998, p. 13.
192. Linssen, L.; Wik, S., op.cit., p. 242.
193. O livro *Relações Livres: Uma introdução* pelo Coletivo RLi E é produto do movimento que gerou o Relações Livres do Brasil, iniciado em 2006, no Rio Grande do Sul.
194. Ibidem.
195. Moraes, N., op.cit., p. 111.
196. Anapol, Deborah. *Polyamory: The New Love without Limits*, Intinet Resource Center, 1997.

REFERÊNCIAS

Ackerman, Diane. *Uma história natural do amor*. Rio de Janeiro: Bertrand Brasil, 2003.
Alberoni, Francesco. *O erotismo*. Rio de Janeiro: Rocco, 1993.
Almeida, Armando Ferreira. "A contracultura ontem e hoje". Artigo apresentado em um ciclo de debates sobre o assunto realizado em Salvador, Bahia, abril de 1996.
Anapol, Deborah. *Polyamory: The New Love without Limits*, Intinet Resource Center, 1997.
Ariès, P. e Duby, G. (direção). *História da vida privada*, volumes 1, 2, 3, 4 e 5, Companhia das Letras, 1992.
Azevedo, Thales de. *As regras do namoro à antiga*. São Paulo: Ática, 1986.
Badinter, Elisabeth, *Rumo equivocado*. Rio de Janeiro: Civilização Brasileira, 2005.
_____ *O conflito: A mulher e a mãe*. Rio de Janeiro: Record, 2011.
_____ *Émile, Émile: A ambição feminina no século XVIII*. Rio de Janeiro: Paz e Terra, 2003.
_____ *Um é o outro*. Rio de Janeiro: Nova Fronteira, 1986.
_____ *XY: Sobre a identidade masculina*. Rio de Janeiro: Nova Fronteira, 1992.

Badiou, Alain. *Elogio ao amor*. São Paulo: Martins Fontes, 2013.
Bakhtin, Mikhail. *A cultura popular na Idade Média e no Renascimento*. São Paulo: Hucitec, 1996.
Bantman, Béatrice. *Breve história do sexo*. Lisboa: Terramar, 1997.
Barash, David. P.; Lipton, Judith Eve. *O mito da monogamia*. Rio de Janeiro: Record, 2002.
Barbosa, Mônica. *Poliamor e relações livres*. Rio de Janeiro: Multifoco, 2015.
Barstow, Anne Llewellyn. *Chacina de feiticeiras*. Rio de Janeiro: José Olympio, 1994.
Barthes, Roland. *Fragmentos de um discurso amoroso*. Rio de Janeiro: Francisco Alves, 1988.
Bassanezi, Carla. *Virando as páginas, revendo as mulheres*. Rio de Janeiro: Civilização Brasileira, 1996.
Bataille, Georges. *O erotismo*. Lisboa: Antígona, 1988.
Beauvoir, Simone de. *O segundo sexo*. Rio de Janeiro: Nova Fronteira, 1980.
Bloch, Howard. *Misoginia medieval*. Rio de Janeiro: Editora 34, 1995.
Boccaccio. *Decamerão*. São Paulo: Rialto, 1974.
Bologne, Jean-Claude. *História do casamento no Ocidente*. Lisboa: Temas e Debates, 1999.
_____ *História do pudor*. Rio de Janeiro: Elfos, 1990.
Bowker, David (org.), *O livro de ouro das religiões*, Rio de Janeiro: Ediouro, 2003.
Bozon, Michel. *Sociologia da sexualidade*. Rio de Janeiro: FGV Editora, 2002.
Bruckner, Pascal. *Fracassou o casamento por amor?* Rio de Janeiro: Difel, 2013.
Bueno, André. *O que é a geração beat*. São Paulo: Brasiliense, 1984.
Bulfinhc, Thomas (org.). *O livro de ouro da mitologia*. Rio de Janeiro: Ediouro, 1999.
Buss, David M. *A paixão perigosa*. Rio de Janeiro: Objetiva, 2000.
Capelão, André. *Tratado do amor cortês*. São Paulo: Martins Fontes, 2000.
Carneiro, Henrique. *A Igreja, a medicina e o amor*. São Paulo: Xamã, 2000.
Carotenuto, Aldo. *Eros e Pathos*. São Paulo: Paulus, 1994.
_____ *Amar, trair*. São Paulo: Paulus, 1997.
Caruso, Igor. *A separação dos amantes*. São Paulo: Cortez, 1986.

Cavalcante, Dr. Mourão. *O ciúme patológico*. Rio de Janeiro: Rosa dos Tempos, 1997.
Cawthorne, Nigel. *A vida sexual das divas de Hollywood*. Porto: Livros e Livros, 1997.
Cook, Michael. *Uma breve história do homem*. Rio de Janeiro: Zahar, 2005.
Costa, Ronaldo, P. *Os onze sexos*, São Paulo: Editora Gente, 1994.
Couto, E.S.; Souza, J. D. F. de; Nascimento, S.P. Grindr e Scruff: *Amor e sexo na cibercultura*. Simpósio em tecnologias digitais e sociabilidade, novas tecnologias e práticas interacionais, Salvador- Bahia, 10 e 11 de outubro de 2013.
Dabhoiwala, Faramerz. *As origens do sexo*. São Paulo: Globo, 2013.
Darmon, Pierre. *O tribunal da impotência*. Rio de Janeiro: Paz e Terra, 1979.
Davis, Melinda. *A nova cultura do desejo*. Rio de Janeiro: Record, 2003.
De Laclos, Choderlos. *As ligações perigosas*. São Paulo: Abril, 1978.
De Rose, Mestre. *Hiper orgasmo: Uma via tântrica*. São Paulo: Martin Claret, 1998.
Del Priore, Mary. *História do amor no Brasil*. São Paulo: Contexto, 2005.
Del Priore, Mary (org.) *História das mulheres no Brasil*. São Paulo: Contexto, 2006.
Dias, Lucy. *Anos 70: Enquanto corria a barca*. Rio de Janeiro: Senac, 2003.
Duby, Georges. *Idade Média, idade dos homens*. São Paulo: Companhia das Letras, 1990.
Eisler, Riane. *O prazer sagrado*. Rio de Janeiro: Rocco, 1995.
Engels, Friedrich. *A origem da família, da propriedade privada e do Estado*. Rio de Janeiro: Civilização Brasileira, 1978.
Evola, Julius. *A metafísica do sexo*. Portugal: Vega, 1993.
Faludi, Susan. *Backlash: O contra-ataque na guerra não declarada contra as mulheres*, Rio de Janeiro: Rocco, 2001.
Faria, Lia. *Ideologia e utopia nos anos 60: Um olhar feminino*. Rio de Janeiro: EdUerj, 1997.
Ferreira-Santos, Eduardo. *Ciúme, o medo da perda*. São Paulo: Ática, 1996.
Ferreira dos Santos, Joaquim. *Feliz 1958: O ano que não devia terminar*. Rio de Janeiro: Record, 2003.
Ferro, Marc. *Os tabus da história*. Rio de Janeiro: Ediouro, 2002.

Figueiredo, L. B. de; Souza, R. M. de. *Tinderellas: O amor na era digital.* São Paulo: Ema Livros, 2016.

Fisher, Helen. *Anatomia do amor.* São Paulo: Eureka, 1992.

_____ *Por que amamos.* Rio de Janeiro: Record, 2004.

Flandrin, Jean-Louis. *O sexo e o Ocidente.* São Paulo: Brasiliense, 1988.

Flaubert, Gustave. *Madame Bovary.* Porto Alegre: L&PM, 2003.

Fo, Jacopo; Malucelli, Laura; Tomat, Sergio. *O livro negro do cristianismo.* Rio de Janeiro: Ediouro, 2007.

Fontanel, Béatrice. *Sutiãs e espartilhos.* Rio de Janeiro: Salamandra, 1992.

Foster, Barbara; Foster, Michael; Hadady, Letha. *Amor a três.* Rio de Janeiro: Rosa dos Tempos, 1998.

Foucault, Michel. *História da sexualidade: O uso dos prazeres.* São Paulo: Edições Graal, 1984.

_____ *História da sexualidade: A vontade de saber,* São Paulo: Edições Graal, 1985.

Freire, Roberto. *Ame e dê vexame.* São Paulo: Casa Amarela, 1999.

_____ *Sem tesão não há solução.* Rio de Janeiro: Guanabara, 1987.

_____ *Utopia e Paixão.* São Paulo: Sol e Chuva, 1991.

Gaiarsa, José Ângelo. *Vida a dois.* São Paulo: Siciliano, 1991.

_____ *A família de que se fala e a família de que se sofre.* São Paulo: Ágora, 1986.

_____ *Poder e prazer.* São Paulo: Ágora, 1986.

_____ *Sexo, Reich e eu.* São Paulo: Ágora, 1985.

Gambaroff, Marina. *Utopia da fidelidade.* Porto Alegre: Artes Médicas, 1991.

Garber, Marjorie. *Vice-versa: Bissexualidade e o erotismo na vida* cotidiana. Rio de Janeiro: Record, 1997, p.26.

Giddens, Anthony. *A transformação da intimidade.* São Paulo: Editora Unesp, 1992.

Giusti, Edoardo. *A arte de separar-se.* Rio de Janeiro: Nova Fronteira, 1987.

Goffman, Ken; Joy, Dan. *Contracultura através dos tempos.* Rio de Janeiro: Ediouro, 2007.

Greer, Germaine. *A mulher eunuco.* Rio de Janeiro: Editora Artenova, 1971.

Gregersen, Edgar. *Práticas sexuais: A história da sexualidade humana.* São Paulo: Roca, 1983.

Grosz, Stephen. *A vida em análise*. Rio de Janeiro: Zahar, 2013.
Guillebaud, Jean-Claude. *A tirania do prazer*. Rio de Janeiro: Bertrand Brasil, 1999.
_____ *A vida viva: Contra as novas dominações*. Rio de Janeiro: Bertrand Brasil, 2011.
Hickman, Tom. *Um siècle d'amour charnel*. Paris: Éditions Blanche, 1999.
Highwater, Jamake. *Mito e sexualidade*. São Paulo: Editora Saraiva, 1992.
Hirigoyen, Marie-France. *A violência no casal*. Bertrand Brasil, Rio de Janeiro, 2005.
Hite, Shere. *O relatório Hite: Um profundo estudo sobre a sexualidade feminina*. Rio de Janeiro: Difel, 1979.
_____ Hite, Shere. *O relatório Hite sobre a sexualidade masculina*. Rio de Janeiro: Bertrand Brasil, 1981.
_____ *As mulheres e o amor*. Rio de Janeiro: Bertrand Brasil, 1987.
Hollander, Anne. *O sexo e as roupas*. Rio de Janeiro: Rocco, 1996.
Huizinga, Johan. *O declínio da Idade Média*. Lisboa: Ulisseia, 1996.
Hunt, Morton M. *Historia natural do amor*. São Paulo: Ibrasa, 1963
Johnson, Robert. *We: A chave da psicologia do amor romântico*. São Paulo: Mercuryo, 1987.
Kaplan, Helen. *A nova terapia do sexo*. Rio de Janeiro: Nova Fronteira, 1977.
Katz, Jonathan Ned. *A Invenção da heterossexualidade*. Rio de Janeiro: Ediouro, 1996.
Kehl, Maria Rita. *Anos 70: Trajetórias*. São Paulo: Iluminuras, 2006.
Kimmel, M. S. *The Gendered Society*. Nova York: Oxford University Press, 2013.
Kingma, Daphane Rose. *Separação*. São Paulo: Saraiva, 1993.
Kingston, Anne. *A importância da esposa*. Rio de Janeiro: Record, 2005.
Kinsey, A.C.. *Sexual Behavior in the Human Female*. Filadélfia: W.B.Saunders, 1953.
Kipnis, Laura. *Contra o amor*. Rio de Janeiro: Record, 2005.
Konder, Leandro. *Sobre o amor*. São Paulo: Boitempo, 2007.
Kreps, Bonnie. *Paixões eternas, ilusões passageiras*. São Paulo: Saraiva, 1992.
Lama, Dalai; Cutler, Howard. *A arte da felicidade*. São Paulo: Martins Fontes, 2000.

Laqueur, Thomas. *Inventando o sexo*. Rio de Janeiro: Relume Dumará, 2001.
Lawrence, D. H. *O amante de Lady Chatterley*. Rio de Janeiro: Civilização Brasileira, 1982.
Le Goff, Jacques. *O Deus da Idade Média*. Rio de Janeiro: Civilização Brasileira, 2007.
_____*Uma longa Idade Média*. Rio de Janeiro: Civilização Brasileira, 2008.
_____*Em busca da Idade Média*. Rio de Janeiro: Civilização Brasileira 2005.
Le Goff, Jacques; Truong, Nicolas. *Uma história do corpo na Idade Média*. Rio de Janeiro: Civilização Brasileira, 2006.
Lemos, Paulo. *Educação afetiva*. São Paulo: Lemos Editorial, 1995.
Lerner, Gerda. *The Creation of Patriarchy*. Oxford: Oxford University Press, 1986.
L'Histoire. *Amor e sexualidade no Ocidente*. Porto Alegre: L&PM Editores, 1992.
Linssen, Leonie; Wik, Stephan. *Amor sem barreiras*. São Paulo: Pensamento, 2012.
Macfarlane, Alan. *História do casamento e do amor*. São Paulo: Companhia das Letras, 1986.
Maciel, Luiz Carlos. *Anos 60*. Porto Alegre: L&PM, 1987.
_____*As quatro estações*. Rio de Janeiro: Record, 2001.
Marcuse, Herbert. *Eros e Civilização*. Rio de Janeiro: Zahar, 1968.
Marques da Costa, Ângela; Schwarcz, Lilia. *Virando séculos: 1890-1914 no tempo das certezas*. São Paulo: Companhia das Letras, 2002.
Mello e Souza, Gilda de. *O espírito das roupas*. São Paulo: Companhia das Letras, 1993.
Miller, Michael Vincent. *Terrorismo íntimo*. Rio de Janeiro: Francisco Alves,1995.
Montagu, Ashley. *Tocar*. São Paulo: Summus Editorial, 1988.
Montero, Rosa. *Paixões*. Rio de Janeiro: Ediouro, 1999.
Moraes, Noely Montes. *É possível amar duas pessoas ao mesmo tempo?* São Paulo: Musa, 2005.

Morgado, Belkis. *A solidão da mulher bem-casada*. Rio de Janeiro: José Olympio, 1985.
Muchembled, Robert. *O orgasmo e o Ocidente*. São Paulo: Martins Fontes, 2007.
Muraro, Rose Marie. *Textos da fogueira*. Brasília: Letraviva, 2000.
Murstein, Bernard I., *Amor, sexo e casamento através dos tempos*. Tomos I, II e III. Rio de Janeiro: Artenova, 1976.
Navarro Lins, Regina. *A cama na varanda*. Rio de Janeiro: Best Seller, 2007.
_____ *O livro do amor*. Rio de Janeiro: Best Seller, 2012.
_____ *Novas formas de amar*. São Paulo: Planeta, 2017.
Neumann, Erich. *Amor e psiquê*. São Paulo: Cultrix, 1971.
Ovídio. *A arte de amar*. Porto Alegre: Editora L&PM, 2003.
Pasini, Willy. *Ciúme*. Rio de Janeiro: Rocco, 2006.
_____ *Intimidade*, Rocco, Rio de Janeiro, 1996.
Paz, Octavio. *A dupla chama: Amor e erotismo*. São Paulo: Siciliano, 1993.
Peck, Scott M. *O caminho menos percorrido*. Portugal: Sinais de Fogo, 1999.
Perel, Esther. *Sexo no cativeiro*. Rio de Janeiro: Objetiva, 2007.
Perrot, Michele. *As mulheres e os silêncios da história*. São Paulo: Edusc, 2005.
Phillips, Adam. *Monogamia*. São Paulo: Companhia das Letras, 1998.
Platão. *O banquete*. Rio de Janeiro: Difel, 1986.
Posadas, Carmen. *Um veneno chamado amor*. Rio de Janeiro: Objetiva, 1999.
Porchat, Ieda. *Amor, casamento e separação: A falência de um mito*. São Paulo: Brasiliense, 1992.
Rabelais, François. *Gargantua e Pantagruel*. São Paulo: Rialto, 1972.
Reich, Wilhelm. *Casamento indissolúvel ou relação sexual duradoura?* São Paulo: Martins Fontes, 1972.
Richards, Jeffrey. *Sexo, desvio e danação: As minorias na Idade Média*. Rio de Janeiro: Zahar, 1993.
Rinne, Olga. *Medeia: O direito à era e ao ciúme*. São Paulo: Cultrix, 1988.
Rodrigues, Marcos *et al*. *Relações Livres: Uma introdução*. Porto Alegre: Coletivo Rli-E, 2017.
Rouge, Kenneth; Lenson, Barry. *A síndrome de Otelo*. Rio de Janeiro: BestSeller, 2006.

Rougemont, Denis de. *O amor e o Ocidente*. Rio de Janeiro: Guanabara, 1988.

Rousselle, Aline. *Porneia: Sexualidade e amor no mundo antigo*. São Paulo: Brasiliense, 1984.

Ruffié, Jacques. *O sexo e a morte*. Rio de Janeiro: Nova Fronteira, 1979.

Russel, Bertrand. *O casamento e a moral*. São Paulo: Companhia Editora Nacional, 1955.

Sallmann, Jean-Michel. *As bruxas noivas de Satã*. Rio de Janeiro: Objetiva, 2002.

Salomé, Jacques. *Casamento e solidão*. Petrópolis: Vozes, 1995.

Savage, Jon. *A criação da juventude*. Rio de Janeiro: Rocco, 2009.

Seixas, Heloísa (org.). *As obras primas que poucos leram*, volumes 1, 2, 3 e 4. Rio de Janeiro: Record, 2005.

Sevcenko, Nicolau. *O Renascimento*. Campinas: Editora Unicamp, 1988.

_____. *A corrida para o século XXI*. São Paulo: Companhia das Letras, 2001.

Simonnet, Dominique. *A mais bela história do amor*. Rio de Janeiro: Difel, 2003.

Singer, June. *Androginia*. São Paulo: Editora Cultrix, 1990.

Sohn, Anne-Marie. *História do corpo* (vol. 3). Petrópolis: Vozes, 2008.

Solomon, Robert. *O amor: Reinventando o romance em nossos dias*. São Paulo: Saraiva, 1992.

Sprenger, James; Kramer, Heinrich. *O martelo das feiticeiras*. Rio de Janeiro: Rosa dos Tempos, 1997.

Stearns, Peter N. *História das relações de gênero*. São Paulo: Contexto, 2007.

Tannahill, Reay. *O sexo na história*. Rio de Janeiro: Francisco Alves, 1983.

Tiger, Leonel. *A busca do prazer*. Rio de Janeiro: Objetiva, 1993.

Vainfas, Ronaldo. *Casamento, amor e desejo no Ocidente cristão*. São Paulo: Ática, 1992.

Varella, Drauzio. "Estratégias sexuais". Folha Ilustrada, 19 de fevereiro de 2005. Disponível em: <https://www1.folha.uol.com.br/fsp/ilustrad/fq1902200524.htm>. Acesso em 30 de jul. 2020.

Vargas, Marilene. *Manual do orgasmo*. Rio de Janeiro: Civilização Brasileira, 1995.

Vários autores. *Anos 70: Trajetórias*, São Paulo: Iluminuras, 2006.
Veyne, Paul. *Sexo & poder em Roma*. Rio de Janeiro: Civilização Brasileira, 2005.
Vrissimtzis, Nikolaos. *Amor, sexo & casamento na Grécia Antiga*. São Paulo: Odysseus, 2002.
Walton, Stuart. *Uma história das emoções*. Rio de Janeiro: Record, 2004.
Wiser, William, *Os anos loucos*. Rio de Janeiro: José Olympio, 1991.
_____ *Os anos sombrios*. Rio de Janeiro: José Olympio, 2010.
Yalom, Marilyn. *A história da esposa*. Rio de Janeiro: Ediouro, 2001.
Zeldin, Theodore. *Uma história íntima da humanidade*. Rio de Janeiro: Record, 1996.
_____ *Conversação*. Rio de Janeiro: Record, 1998.

Este livro foi composto na tipografia
Adobe Garamond Pro, em corpo 12,5/17, e impresso
em papel off-white no Sistema Digital Instant Duplex
da Divisão Gráfica da Distribuidora Record.